긍정적인 메리드 인격을 위한
커플 심리

긍정적인 메리드 인격을 위한

커플 심리

수잔 M. 알렉산더 지음 | 송설희 옮김

베이직북스

차례

Part 1 메리드 인격에 대한 모든 것

Part 2 메리드 인격의 이해와 계발

부록 메리드 인격 계발 활동과 연습 문제

메리드 인격에
대한
모든 것

"사람들의 마음속에는 무척 많은 것들이 담겨 있다. 그 짐들은 너무 무거워서 주기적으로 내려줘야 한다. 그런데 스스로 나서서 그 짐을 들어주고 싶어 하는 사람은 거의 없다. 당신은 비판 없이 기꺼이 배우자의 이야기를 들어주는 최고의 경청자가 되어야 한다. 절대로 술집의 바텐더나 낯선 사람이 그 역할을 대신하게 두어서는 안 된다. 또한 배우자의 친구조차 당신의 자리를 빼앗아서는 안 된다."

— 칼릴 A. 카바리와 수 윌리스톤 카바리의 《영원히 함께》

《커플 심리》의 구성

Part 1 ─ 메리드 인격에 대한 모든 것

행복하고 유쾌한 결혼생활을 위해서 부부가 함께 배우고 훈련하는 과정과 갖춰야 할 메리드 인격에 대한 모든 것을 12개의 주제로 분류해 정리했다.

Part 2 ─ 56가지 메리드 인격의 이해와 계발

56가지 메리드 인격의 특징을 이해하고, 긍정적인 행동을 통해 문제를 해결하는 능력을 연습하며, 살아가면서 만나게 될 도전에 능숙하게 대처하고, 서로 협력하여 인격의 '씨앗'에 물을 주고 가꿔나가는 발전적이고 적극적인 과정을 제시한다.

부록 ─ 메리드 인격 계발 활동과 연습 문제

도서관 안내

"결혼과 인간관계? … 예술과 과학 밑에 있어요."

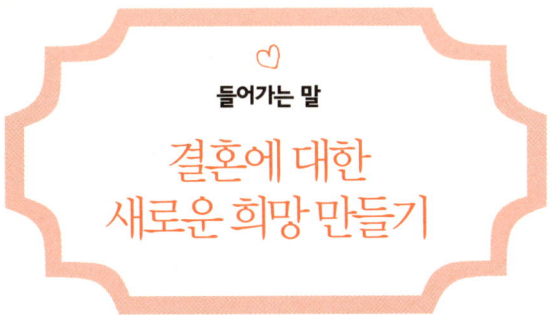

— 수잔 M. 알렉산더와 크레이그 A. 판스워스

불과 지난 몇 년 동안에 나의 일가 친척과 친구 몇 명이 짧은 결혼생활에 힘겨워하며 고통스러운 별거 단계를 거쳐 결국에는 이혼하기까지의 과정을 지켜본 적이 있다. 왜? 무엇이 이런 상황까지 오게 한 것일까?

이 책은 이 질문에 대한 답 중의 하나이다. 우리는 먼저 결혼생활을 유지한다는 것이 무엇인지에 대해 개인별 상황에 맞는 실험을 진행하고, 그 다음으로는 우리 두 사람이 함께 참여해 결혼생활을 견고하고 지속적으로 유지하기 위한 실험을 했다. 두 번째 실험은 정직성과 성실성, 사랑처럼 강력하고 지속적인 인성을 연습하는 데 아주 효과가 있었다. 이 실험의 경험이 여러분의 결혼생활에도 멋진 선물이 되리라고 확신한다.

결혼생활은 종종 부부가 서로의 관계를 원만하게 이끌어가는 지식과 기술을 갖추지 못했다는 단순한 이유로 흔들리기도 한다. 그래서 우리는 결혼한 두 사람이 함께 갖추어야 할 성품을 특별히 메리드 인격이라 이름붙이고 여러분이 그 인격을 이해하고 훈련하는 것을 돕고자 이 책을 만들었다. 이 책은 부부 관계를 더욱 단단하게 결속하고 풍부하게 개선하는 데 꼭 필요한 의사소통 기술을 배우고 훈련할 기회를 제공한다.

인격을 연구하는 과정에서 우리는 사람들 대부분이 세계의 종교 경전에서 인격을 배운다는 사실을 알게 되었다. 기독교, 바하이교(19세기 이슬람 시아파에 기원을 두고 이란에서 생겨난 신종교), 불교, 힌두교, 유대교, 이슬람교 같은 종교 경전은 친절, 용기, 동정심 같은 인성들을 자주 언급하며, 그것들을 종종 '미덕'이라고 정의한다. 이 책은 이러한 종교 경전에서 많은 부분을 인용했다. 우리는 여러분의 인격 형성 훈련을 돕고자 만일 하나님이나 다른 어떤 삶의 정신적 지주가 있다면 거기에 의지하라고 권한다. 물론 가끔은 그러는 것이 쉽지 않을 때도 있다.(주의 : 이 책에는 때때로 '하나님' 혹은 '창조주'라는 표현이 나온다. 만일 이 점이 여러분의 신조와 맞지 않다면 각자의 상황에 맞게 대체하기 바란다.)

또한 이 책의 주제에 대해 포괄적인 관점을 제공하고자 철학자, 결혼 전문가, 인간관계 전문가, 인격 전문가들의 연구도 인용했다. 여기에 '버츄 프로젝트(www.virtuesproject.com)'의 공동 창안자인 린다 캐벌린 포포프(Linda Kavelin Popov)와 댄 포포프(Dan Popov) 박사가 많은 도움을 주었다. 시대를 초월한 정신과 인격의 특성들을 일깨우고 가꾸도록 도와줄 연구 과제와 자료를 제공하여 일상생활에서 미덕을 쌓는 훈련을 하도록 한 것은 이들이 전 세계에서 최초이다. 국제연합(UN) 사무국에서는 이들의 연구에 '모든 정신문명을 위한 세계적인 모범 연구'라는 영예를 안겨주었다.

긍정적이고 협조적인 마음가짐으로 행동하면 모든 부부가 더욱 친밀해지리라고 확신한다. 그렇게 되도록 훈련하는 간단한 방법을 몇 가지 소개하자면, 부부가 거의 매일 함께 기도하고 종교 경전을 읽고 이 책에 나오는 인격에 대한 문장 몇 줄을 읽는 것 등이 있다. 그리고 그 날 하루 동안은 오로지 그 인격을 훈련하는 데 집중한다. 시간 여유가 좀 더 있다면 여러분의 결혼생활에 그 인격이 어떻게 적용되는지 배우자와 함께 심도 있게 논의해보는 것도 좋다. 우리는 여러분이 각자의 결혼생활에 맞게 이러한 훈련 방법을 계속해서 개발할 것을 권한다.

결혼은 모험인 동시에 결혼생활을 유지하고 더욱 풍요롭게 가꿔가도록 이성적인 선택과 변함없는 책임감을 필요로 한다. 여러분이 이 책을 그런 중요한 노력을 기울이기 위한 투자라고 생각하고 앞으로 행복하고 변함없는 결혼생활을 이어가길 바란다.

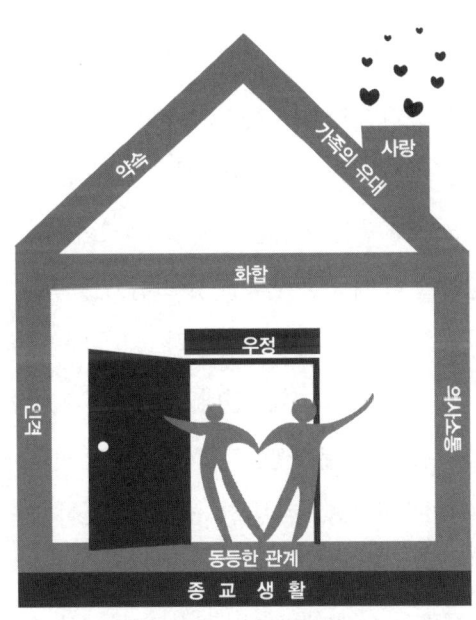

안정된 결혼생활의 기초

Chapter 1
인생의
터닝포인트

이 책은 결혼생활을 행복으로 바꾸는 모험에 대해 이야기하려고 한다. 이것은 도전해볼 만한 것인가? 물론이다. 이것은 또한 가치 있는 일인가? 당연하다! 그리고 여러분은 틀림없이 변할 수 있다. 예를 들어 광산에서 캐낸 금은 수많은 공정과 처리 과정을 거쳐 아름다운 모습으로 탈바꿈하고, 애벌레도 복잡하고 초자연적인 과정을 거쳐 마침내 화려한 나비로 변태한다. 금과 애벌레는 그 모든 과정을 훌륭하게 수행한 결과 확실히 변화했다. 이와 마찬가지로 여러분도 결혼생활에 집중하고 노력하며, 변화 과정을 거치면 행복한 결혼생활을 할 가능성이 열릴 것이다.

여러분은 이미 한 개인에게 매우 중대하고 또한 평생에 걸쳐 겪어야 하는 변화 과정을 시작했다. 이는 인내와 정의감, 지혜를 기르는 과정이다. 인성이 제대로 수련된다면, 그것은 부부가 변화하는 데 도움을 주고 부부의 관계를 이상적으로 발전시켜 나갈 것이다.

여러분이 인식하든 인식하지 못하든 간에 결혼생활은 늘 변화하고 있다. 그리고 인생은 그 자체가 여러분을 변화시킬 수 있다. 만약 이

점을 인식하지 못한다면 인생은 여러분이 원하지 않는 방향으로 변화할 테고, 그 변화는 여러분의 결혼생활에 부정적인 영향을 미칠 것이다. 반면에 그 변화를 신중하게 살피며 의식한다면 여러분은 배우자와 함께 노력하여 결혼생활을 이상적으로 변화시킬 수 있다.

변화란 무엇인가?

변화란 무언가에 혹은 누군가에게는 난해하면서도 꼭 필요한 전환의 과정이다. 다시 말해, 어떤 상태에서 다른 상태로 변하는 것이다. 변화는 때때로 신속하게, 그리고 뜻밖의 순간에도 일어난다. 여러분은 인성을 훌륭하게 수련한 결과 큰 발전을 경험했거나 중요한 깨달음을 얻은 적이 있을 것이다. 일단 큰 변화가 일어나면 그 이전의 모습들은 찾아보기 어려워진다. 변화는 대개 일생에 걸쳐 일어나며, 책임과 인내가 필요하다. 그런데 이 과정은 너무 천천히 진행되어서 변화가 일어나는 정확한 시점을 파악한다는 것은 매우 어려운 일이다.

변화라는 것은 매력적인 개념이다. 자연과 비교해보면 그것이 우리 인생에 어떤 작용을 하는지 이해하기가 수월할 것이다. 예를 들어 식물이나 꽃, 나무는 아주 작은 씨앗에서 시작되는데, 씨앗만 봐서는 나중에 그 씨앗이 자라서 무엇이 될지 예상하기 어렵지 않은가? 변화에 대한 잠재력은 누구에게나 존재한다. 하워드 콜비 아이브스(Howard Colby Ives)의 저서인 《자유로 가는 입구(Portals to Freedom)》에서 인용한 아래의 글을 읽고 한 번 생각해보자.

어떤 사건이나 사람에게 변화를 일으키는 숨겨진 비밀은 무엇일까? 씨앗을 한 번도 본 적이 없거나 그 씨앗에 담겨 있는 인생에 대해 들어본 적이 없는 사람은 꽃봉오리를 피우고 매혹적인 향을 뿜는 장미로 성장하기까지 씨앗이 차가운 땅과 뜨거운 태양, 쏟아지는 소나기와 정원사의 보살핌을 바탕으로 기적 같은 변화를 일으킨다는 것을 믿기 어려울 것이다.

메리드 인격의 씨앗 가꾸기

씨앗이 식물이나 나무가 될 수 있는 잠재력을 담고 있는 것처럼 두 사람에게도 인성을 실현할 수 있는 잠재력이 있다. 두 사람이 함께 가꿔야 할 인격은 친절과 유익함과 신뢰다. 이러한 인격의 '씨앗'에 혼자서 물을 줄 수도 있지만, 되도록 두 사람이 함께 주어야 한다.

두 사람은 서로 사랑하고, 긍정적인 행동을 통해 문제를 해결하는 능력을 연습하고, 인생에서 맞이하게 될 도전에 능숙하게 대처하며, 서로 협력하여 인격의 '씨앗'에 물을 주고 가꿔나가야 한다.

또한 우리는 정신을 수양하고 일상생활에서도 영적인 훈련을 실천하면서 사람들과의 관계와 인격의 '씨앗'에 어떻게 물을 줄지 선택할 수 있다. 그 방법으로는 예를 들면 하나님을 사랑하고(loving) 숭배하기, 종교 서적 읽고 연구하기, 종교적 가르침 따르기, 기도와 명상, 영적 또는 종교적 모임이나 집회에 참여하는 것 등이 있다.

자연을 통해 본 씨앗의 모습은 결혼생활에도 존재한다. 누구나 막 결혼했을 때는 앞으로 만들어나가고 싶은 부부 관계와 가족에 대한 희망이 있지만, 정작 그것을 실현할 방법은 잘 모르는 것 같다. 그러나 서로에 대한 사랑과 발전하기 위한 노력이 여러분이 꿈꿔오던 결혼생활을 만들어줄 것이다. 꾸준한 인격 계발을 위해 서로 격려해준다면 여러분 자신은 물론 결혼생활도 변할 것이다.

인격을 계발하는 최고의 무대는 결혼생활이다. 두 사람 중에 한 사람만 인격을 훈련하기 위해 노력한다면, 그 노력은 배우자에게 부담을 줄 것이다. 그렇지만 여러분이 먼저 노력한다면 여러분의 배우자도 그 노력에 호응하여 인내심이나 동정심 혹은 다른 적절한 인격들을 수행하고자 노력하기 시작할 것이다. 그렇게 되면 배우자의 인격도 함께 발전할 수 있다.

아마 둘 중 한 사람은 배우자에게 필요한 인격을 이미 갖추고 있을 수도 있다. 그 인격을 눈으로 직접 본다면 변화가 시작되는 데 도움이 될 수 있다.

메리드 인격의 발달은 개인적으로 진행되기도 하지만, 두 사람이 함께 만들어가는 발전적이고 적극적인 과정이다. 두 사람이 더욱 화합하기 위해 노력할수록 변화의 가능성은 더더욱 커진다.

성장의 단계

결혼생활 중에 자녀가 생기면서 새로운 가족이 형성되면, 변화에 대해 다른 시각이 생긴다. 우리는 아이들의 삶을 통해 성장하고 발육하는 과정을 지켜볼 수 있다. 아기는 엄마의 자궁에서 아주 작은 존재로 시작해 새롭고 굉장히 낯선 세상으로 나오기 전까지 크나큰 변화 과정을 겪으며 엄마 뱃속에서 성장한다. 그리고 마침내 엄마 뱃속에서 나온 아이는 여러 해 동안 성장 단계를 거치는데, 인격의 성장도 이처럼 커다란 변화를 겪는다.

인간은 아무것도 모르는 상태에서 점차 지식을 쌓으며 변화하고 성장한다. 어머니와 아버지는 아이들을 교육하는 데 아주 중요한 역할을 맡는다. 그래서 부모는 다른 사람들에 대한 존경심을 기르는 동시에 기본적으로 자기 자신에 대한 존경심도 키워야 한다.

부모 다음으로는 교육 기관이 아이들이 글을 읽고 쓰고 교양을 갖추고 세상에 기여하는 사람이 되도록 양육하는 핵심적인 역할을 맡는다. 그 후 성인기에는 지식을 더욱 확장할 수 있는 기회가 제공된다. 새로운 정보를 얻고 통찰력을 갖추게 되는 과정은 결혼생활 안에서도 계속된다. 이 과정을 통해 우리는 새로운 방식으로 행동하게 되고 서로에게 영향을 미친다.

씨앗은 자기가 자랄 토양을 선택할 수 없지만 우리는 변화를 도와줄 토양을 선택할 수 있다. 우리는 지식과 이성의 토양에 자기 자신을 심을 수 있다. 하지만 아무리 좋은 토양이라도 음지에 있고 메말라 있으면 씨앗이 제대로 자라날 수 없다. 우리 인격의 씨앗이 무럭무럭 잘 성장하려면 햇빛과 물 같은 영적인 통찰력이 필요하다. 그 토양에는 돌멩이가 있고 잡초가 섞여 있을 수도 있는데, 이것들이 여러분의 앞길을 막는 장애와 문제점이 되는 것들이다. 인격의 씨앗이 장미 넝쿨로 변하려면 그 씨앗을 정성스럽게 가꿔줄 정원사가 필요하다.

씨앗은 좋은 토양에서 햇빛, 물, 정원사의 보살핌을 받아 장미 넝쿨이 된다. 우리도 지식, 이성, 영적인 통찰력과 길잡이를 통해 점차 변

할 것이다. 이러한 단계적인 관점은 행동의 변화와 그 변화들의 상호
작용으로 나타나는 결과들을 볼 수 있게 해주고, 더 나은 인생을 살기
위한 선택을 할 수 있도록 도와줄 것이다.

변화 과정을 통해 각자 자신의 인격을 발견하고, 그것을 어떻게 필
요에 맞게 개선할지 파악할 수도 있다. 이러한 통찰력은 종종 우리의
인생과 결혼생활을 즉시 변화시킬 수 있다.

현실적 대처법

처음에는 모든 것이 찬란하고 아름다워 보이겠지만, 살다보면 결혼
생활이 그동안 꿈꿔왔던 것과 다르다는 것을 깨닫게 된다. 화를 내는
방법이 서로 다르거나 집안일에 책임을 다하지 않아 문제가 생기기도
한다. 또, 서로의 관계를 너무 당연하게 생각해 부부 간에 지켜야 할
(최소한의) 예의와 친절을 잊기도 한다. 무엇보다도 육아가 상상했던 것
이상으로 힘든 일이라는 것을 깨닫게 될 것이다. 그러다보면 결혼에
대한 회의가 생겨난다. 심지어 때로는 이혼을 생각하기도 한다.

그러나 지금 여러분이 처한 성황이 아무리 나쁘다고 해도 변화는 얼
마든지 일어날 수 있다. 부부관계나 결혼생활의 발전을 이루는 가장
핵심적인 방법은 인성을 제대로 수련하는 것이다.

그 방법에 대해 이야기할 때, 아마 사람들 대부분은 배우자가 그런
인격을 수련하면 삶이 행복해질 것이라고 대답할 것이다. 또 배우자가
인격 수련에 적극적이지 않아 자기 혼자만 인성을 수련하고 성장하는

것을 꺼리는 사람도 있을 것이다. 그러나 둘 중에 한 사람만이라도 긍정적으로 행동한다면 결혼생활을 행복하게 바꿔나갈 수 있다. 더불어 배우자의 협조를 이끌어낼 좋은 기회가 될 수도 있다. 상황이 좋지 않다면 그럴수록 오히려 혼자만이라도 인격을 계발하고자 꾸준히 훈련하고 노력하여 자신을 성장시켜라. 포기하고 주저앉을 때보다 더욱 많은 것을 얻을 수 있다.

웰스프링 국제 재단의 댄 포포프 철학 박사는 변화란 인생을 계획하는 데 영향을 미칠 만큼 아주 중요한 것이라고 말한다. 그는 다음과 같이 말했다.

당신의 선택에 문제가 있다면, 당신을 어디로 이끌어갈지 알 수 없는 새로운 길을 찾아내어 열심히 노력하라. 만약 그 길이 이미 알고 있는 길이라면 그것은 분명히 새로운 길이 아니라는 점을 명심하라. 전력을 다해 100%의 노력을 기울일 때 비로소 훗날 그 가치를 제대로 평가할 수 있을 것이다.

그리고 당신이 다른 사람들에게 기울이는 노력에 대해 알리고, 협조를 요청하라. 그런 노력을 통해 두 사람이 어떻게 바뀌어 가는지 그들에게 보여줘라. 또한 기도하는 사람들에게 기도를 부탁해 두 사람이 더 나은 미래로 전진하는 데 종교의 도움을 받아라.

약 4~6주간의 시행착오를 겪고 나면 새로운 길을 가겠다는 다짐과 그 선택의 결과가 나타날 것이다. 의식적으로 그 결과를 인식하려고 하고, 평소에도 노력을 기울여야 한다. 처음 새로운 길을 가게 될 때는 익숙한 길로 돌아가고 싶은 유혹을 떨쳐내기 어려울 것이

긍정적인 매리드 인격을 위한 커플 심리

다. 그러나 끊임없이 노력하여 견뎌내고, 처음의 결의를 다지며 그 마음가짐을 끝까지 유지해야 한다.

새로운 길로 가고자 어떤 행동을 하게 되면, 그 길로 인도해줄 인도자와 그 길이 옳다는 확신과 여러분을 지지해주는 지원군이 생길 것이다. 어떤 일이 일어나고 있는지 잘 살피면서 자기 자신에게 정직해져야 한다. 성장은 긍정적인 변화이다. 인내심과 융통성을 가지고 품위를 지켜라. 변화는 조금씩, 매일매일 일어날 것이다.

빠르게 돌아가는 요즘 세상에는 노력을 기울인 데 대해 즉각적으로 그 결과가 뒤따라 오길 기대한다. 때로는 인격도 우리가 만족할 만큼 즉각적으로 변화하길 바란다. 그러나 인격과 결혼생활은 장기적인 계획에 따라 지속적으로 노력하고 주의를 기울여야 변하는 것이다.

하루하루를 살면서 삶에 대해 더 넓고, 큰 그림을 그려봐야 한다. 개인이 긍정적인 방향으로 발전하게 되면, 그 발전이 다른 사람들에게도 영향을 미친다. 행복하고 성공적인 결혼생활을 보여줌으로써 아이들은 물론이고, 부모님, 친구, 그 밖에 모르는 사람들에게까지 깊은 영향을 줄 수 있다.

변화의 최종 목표는 이 지구상에 제대로 훈련된 인성을 바탕으로 하는 행복한 결혼생활과 가족을 만드는 것이다. 이 변화를 성공적으로 이루려면 시간이 걸리겠지만, 그 잠재성은 결혼한 부부가 함께 심고 물을 주고 거름도 주고 재배할 씨앗 안에 들어 있다.

"결혼생활은 매일 영양을 공급해주어야 하고, 매일 관심을 기울여야 하고, 매일 보살피고 가꿔야 하는 식물에 비유할 수 있다. 결혼생활은 절대로 혼자서는 성장하지 않는다. 부부 두 사람의 노력과 의지가 있어야만 성장하고 성숙해진다. 결혼생활을 성공적으로 이끌어나가려면 남편과 아내가 함께 성공이라는 한 가지 목표를 위해 헌신해야 한다. 두 사람은 서로 영원히 사랑할 수 있는 관계를 구축해야 한다. 두 사람의 관계에는 성실성과 사랑의 물이 공급되어야 한다."

— 마가렛 루헤(Margaret Ruhe), 《결혼에 대한 생각들》

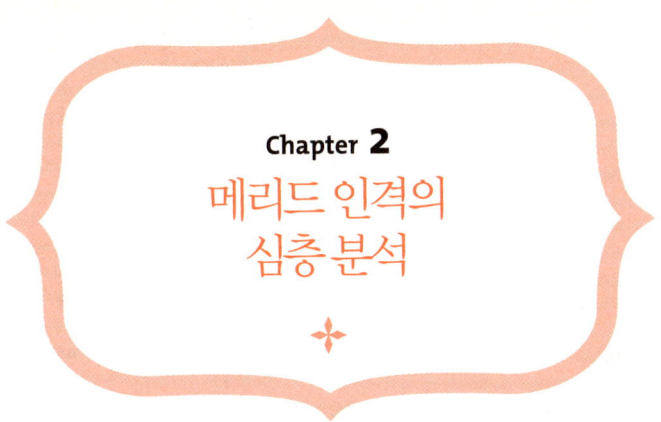

Chapter **2**
메리드 인격의
심층 분석

      결혼은 서로 다른 두 사람이 결합하여 부부가 되는 것이다. 그러나 부부라고 해도 각자의 인격에 대한 궁극적인 책임은 스스로 져야 한다. 결혼생활에 인격 또는 인격을 구성하는 요소가 되는 각각의 인성이 어떻게 영향을 미치는지 알기 위해서는 자신을 비춰볼 수 있는 거울이 필요하다. 우선 나 자신이 어떤 사람인지 꼼꼼히 살펴보는 것부터 시작하자.

인격이란 이미 우리가 알고 있거나 혹은 새로운 개념일 수 있다. 간단히 말해서 인격은 다음과 같다.

- 도덕적 한계나 윤리적 강도
- 어떤 행동을 취할지 결정하면서 평생 계발한 모든 특성의 집합체
- 인간으로서 갖춘 본성이나 덕(인품)

인성은 끊임없이 여러분의 사상, 태도, 행동, 타인과의 관계를 긍정적인 방향으로 형성하고 인도해준다. 변화와 성숙은 인성을 더더욱 성

공적으로 수련하고 취약한 인성을 발견하여 강화시킴으로써 이루어진다.

예를 들어, 여러분은 정직한가? 정열적인가? 성실한가? 여러분은 이러한 인성을 효과적으로 수련하고 있는가? 그렇지 않으면 누군가가 주목할 때만 그런 인성을 드러내는가? 만약 인성을 효과적으로 수련한다면, 학습되거나 수련된 인성은 다른 사람이 보고 있거나 말거나 상관없이 여러분의 행동을 주체적으로 이끌어갈 것이다. 이러한 인성들은 여러분이 사람들과의 관계에서 어떠한 행동을 취하는 데 영향을 미치며, 결혼생활에도 영향을 주게 될 것이다.

인격의 계발

인격은 십대 후반 무렵에 아주 견고하게 형성되어 평생 일관성을 유지한다. 그러나 인성을 수련하는 과정에서 이를 수정할 수 있는 기회는 많다. 이 책은 여러분이 인성을 수련할 수 있도록, 특히 가족과의 관계에 긍정적인 변화가 생기도록 도움을 주고자 한다. 여러분 각자가 의식적으로 변화를 선택하고 그 변화 과정에서 서로 돕기로 했다면, 그 결정은 여러분의 결혼생활을 지속하는 데 크게 기여할 것이다. 그 누구도 여러분의 의지에 반하여 여러분을 변화시킬 수 없다. 마찬가지로, 여러분이 삶을 개선하기 위해 더 나은 선택을 열망한다면 그 누구도 여러분을 방해할 수 없다.

여러분은 세상에 존재하는 모든 인성을 계발할 수 있는 능력을 타고

났다. 그런데 유년 시절에는 부모님이 발 벗고 나서서 "이렇게 하는 것이 옳아."라거나 "그렇게 하면 잘못된 거야."라는 등 온갖 일에 훈계를 늘어놓으며 기존의 정형화된 틀에 맞춰 여러분의 인격을 만들어간다. 하지만 어느 정도 성장한 후에는 여러분 스스로 선택한 새로운 경험과 학습을 통해 지속적으로 인격을 형성해나갈 수 있다.

부모님이 자녀들에게 저녁상을 차리게 하고 동생을 돌보거나 나이 많은 이웃의 정원 일 등을 돕게 하면서 어떤 식으로 스스로 남을 도우려 하는 인성을 길러주는지 생각해보자. 그 자녀들이 어른이 되었을 때, 자발적으로 남을 돕는 친절함은 아마도 그 사람의 평생에 가장 큰 장점이 될 것이다. 다음에 소개하는 멜리사와 토드의 이야기를 통해 두 사람이 부모에게 물려받은 인격이 결혼생활에 어떤 영향을 미치는지 살펴보자.

멜리사와 토드는 결혼생활을 하면서 점차 서로 성격이 비슷해져간다는 것을 느꼈다. 멜리사가 어렸을 때, 부모님은 그녀에게 새로운 활동을 하고 음식을 맛보고 경험을 하는 데 용감하게 도전하게 했다. 그런데 고등학교 시절에 멜리사는 부모님에게 말하지 않고 모험을 시도하는 버릇이 생겼다.

지금 그녀가 쇼핑이나 유흥비로 쓴 지출 영수증을 토드에게 숨기는 것은 그때 생긴 버릇이고, 그 버릇은 이제 그녀의 결혼생활에 영향을 미치고 있다.

토드의 부모님이 이혼한 것은 어머니가 아버지의 끝없는 거짓말과 부정에 지쳤기 때문이다. 토드의 어머니는 그러한 자신의 경험을 바탕으로 지난 수년 동안 토드에게 새로운 관계를 맺을 때는 항상 신중하라고 가르쳤다.

이를 통해 토드는 꼭 정직한 사람이 되어야겠다고 결심했고, 결혼생활을 하면서 멜리사가 쇼핑한 물건을 비롯해 그 밖의 다른 사안들에 관해서도 자신에게 솔직하게 다 털어놓고, 더 정직해지도록 이끌어주었다. 그리고 멜리사는 토드가 두 사람의 결혼생활을 꾸려나가는 데 용기를 주고, 새로운 음식을 만들거나 활동을 시도하는 데 용감하게 도전하도록 도와주었다.

여러분은 아마 자신도 멜리사나 토드처럼 용기와 정직 같은 인격을 갖추었다는 것은 알고 있지만 부부 두 사람의 내면에 있을지도 모르는 그 밖의 다양한 성격에 대해서는 생각해본 적이 없을 것이다.

다양한 성격적 특징

지난 몇 천 년 동안 전해 내려온 세계 대부분 종교의 경전을 살펴보면, 때로는 덕목이나 특성이라고 부르는 인성이 수백 가지나 언급되었다는 것을 발견할 수 있다. 이 책의 Part 1은 그 인성의 중요성을 이해하도록 도와주고, 여러분이 그것을 어떻게 훈련할 수 있는지 알려준다. Part 2는 다양한 인성들을 깊이 있게 다루어 그것들을 이해하고 함께 논의하는 데 도움을 줄 것이다. 이 두 단원은 우리의 삶이 인성으로 말미암아 어떻게 변화하고 어떤 변화를 이룰지 선택하도록 도와줄 것이다. 아래에 나열된 56가지 인성들은 메리드 인격의 척도라고도 할 수 있는 만큼 이 책에 내내 등장할 것들이다.

수용력	신의	평온함	단호함	융통성	
인내	아름다움	용서	순수함	배려	
친절	결단성	정조	너그러움	존경심	
약속	상냥함	책임감	동정심	유익함	
자제력	확신	정직	봉사	만족감	
겸손함	성실함	협동심	이상주의	영성	
용기	청렴	강인함	예의	즐거움	
재치	창의력	공정함	감사	초연함	
호의	사려깊음	통찰력	사랑	신뢰	
격려	충실성	진실함	열정	자비	
조화	동등성	절제	지혜	완벽함	끈기

나열된 인성들은 개인의 삶과 결혼생활에 꼭 필요한 요소들이다. 이를 이해하고 그대로 실천하고자 노력하고 훈련한다면, 위의 인성들을 계발하고 효과적으로 이용하는 방법을 배울 수 있다.

인격 평가하기

일상생활에 시달리다보면 우리의 인생 목표가 성숙하고 더 나은 삶을 사는 것이라는 사실을 종종 잊게 된다. 인생을 끊임없이 성장하는 과정으로 만들어가고 싶다면, 먼저 성장의 출발점이 어디인지를 알아야 한다. 인격을 계발하기 위해 어떤 선택을 했는가? 지금 여러분은 어떤 사람인가? 어린 시절에는 부모가 여러분의 인격 계발에 책임을 지고 여러분 자신보다 더 많은 권한을 행사했지만 지금은 스스로 인격을 계발하는 과정과 그 이후의 계획을 선택하고 결정해야 한다.

선택의 능력

선택한 모든 길은 여러분의 인격에 영향을 미치고, 또한 여러분의 인격은 그 선택에 영향을 미친다. 인격을 지속적으로, 그리고 제대로 사용하면 그것은 곧 여러분의 일부가 되고, 결국에는 여러분의 두드러진 인격이 될 것이다. 반면에 인격을 사용하지 않으면 그것은 점차 약해져 정작 필요할 때 발휘할 수 없게 되어버린다.

각각의 인격은 여러분이 가진 공구 상자 안의 공구와 같다. 공구의 사용법을 끊임없이 연습해 익히고 능숙하게 사용하는 방법을 터득해야 한다. 적절한 시기에 그에 알맞은 공구, 즉 인격을 사용하지 못하면 부부 사이에는 물론이고 다른 사람들과의 관계에도 문제와 갈등이 생긴다.

여러분은 인격을 얼마나 제대로 사용하고 있는가? 또한, 여러분이 사용하는 인격은 다른 사람과 자신에게 모두 이로운가? 친구들이나

긍정적인 매리드 인격을 위한 커플 심리

가족이 여러분을 볼 때 어떤 점을 보게 되는가? 그들의 의견을 한 번 들어보라.

자기 정직

인격을 이해하는 것은 진실을 추구하는 것과 같다. 불교에서는 진실한 마음과 지속적인 결혼생활을 연관 지어 결혼에 대해 가르친다.

> 이승에 있는 인간이 상상할 수 있는 가장 큰 행복은 사랑하는 두 사람의 마음을 묶어 결혼으로 인연을 맺는 것이다. 결혼을 하고 나면 그보다 더 큰 행복이 기다리고 있다. 그것은 바로 진실을 받아들이는 것이다. 죽음은 남편과 아내를 갈라놓지만, 진실을 믿는 사람에게는 그 어떤 영향도 미치지 못한다. 그러니 진실과 결혼하여 신성한 결혼생활 안에서 진실과 살아가라.
> — 불교의 《불경》, LXXXI: 7-8

종종 자기 내부의 도전보다는 다른 사람들의 도전에 대응하는 것이 쉽다는 것을 느낄 것이다. 사실, 자기 정직이란 매우 어려운 일일 수 있다. 차라리 다른 사람에게 자신이 지금 가고 있는 길을 왜 가는지, 지금 하고 있는 일을 왜 하는지를 변명하고 다른 사람을 탓하는 것이 더 쉬울지도 모른다.

둘 중에 한 사람 혹은 두 사람 다 평소 자신의 행동에 따른 결과를 다른 사람이나 환경 탓으로 돌린다면, 이는 그 사람이 아직 성숙하지 못했다는 신호이다. 아울러 그가 인격의 성장과 인생에 스스로 책임질 수 없는 사람이거나 책임을 지려는 마음조차 없다는 것을 보여준다. 자신의 행복과 행복한 결혼생활을 위해서는 반드시 이러한 행동 패턴을 바꾸어야 한다. 인격을 주제로 정해 두 사람이 평소 어떻게 말하고 행동하는지 터놓고 이야기해보고 사실을 있는 그대로 받아들이고자 노력하라. 이는 여러분에게 새롭고 긍정적인 방향으로 더 크게 성장하고 변화할 수 있는 가능성을 열어준다. 앞서 소개한 멜리사와 토드의 이야기에서처럼 그러한 노력은 여러분의 결혼생활에도 좋은 영향을 미칠 것이다.

다른 사람과 진지한 관계를 만들어가기 시작할 때, 우리는 다른 사람들에게 가장 나은 모습을 보여주려고 노력한다. 물론, 진심으로 자신을 보여주려고 그러는 것이지 자신의 본모습을 숨기려고 그러는 것은 아닐 것이다. 또, 사람들은 오히려 가장 가까운 사람들에게 경솔하고 지나칠 정도로 편하게 대하는 경향이 있다.

그러한 것을 느꼈다면 이제 가장 나은 모습을 보여주려 의식하고 노력했던 처음의 그 마음으로 돌아가 자신의 행동을 고칠 때다. 이는 배우자에게 훌륭한 행동에 대한 보상을 받기 위해서가 아니다. 우리의 훌륭한 모습은 그 자체로 존경받기에 충분하므로, 지금의 행동을 개선하고자 노력을 기울일 만한 가치가 있다.

자기 변명, 약점 감추기, 자신에게 거짓말하기, 자기 부정, 완벽주의와 같은 일반적인 인식의 부족은 우리가 나아가는 데 방해가 될 수 있다. 눈을 가리고 운전할 수 있는가? 적절한 기술을 배우지 않고도 산에 오를 수 있는가? 필요한 안전 장비를 갖추지 않고 자전거를 탈 수 있는가? 물론 모두 안 된다. 너무 위험하기 때문이다. 그러나 여러분은 지금 이와 같이 위험한 방법으로 인격을 관리하고 유지하고 있을지도 모른다. 그렇다면 자기 성찰과 반성, 다른 사람들의 피드백을 바탕으로 여러분의 문제점을 해결하고 새로운 선택을 해야 한다. 그런 후에 두 사람 모두 자신의 인격을 계발하고 그것들을 현명하게 사용하는 방법을 배우며 꾸준히 자기 자신을 재평가해볼 필요가 있다.

© 2005 Catherine F. Hosack

질문하기

자기 자신에게 질문을 던지고 솔직하게 대답해보는 것은 자신의 행동이 스스로에게 유익한지 아닌지 아는 데 도움이 되기도 한다. 자, 여러분이 옳다고 확신하는 방향으로 행동했을 때 다른 사람들의 반응은 어땠는가? 예를 들어, 여러분이 자기 자신에게 정말로 진실한지 궁금하다면 스스로에게 다음의 질문들을 던지고 답해보자.

- 진심어린 대화를 나눌 때, 사실만 말하고 세부 사항조차도 꾸미지 않으며 솔직하고자 배려하는가?
- 내가 하는 말에 다른 사람들이 다치지 않고 상처받지 않고 모욕당하지 않도록 조심하는가?
- 진실을 말할 때, 혹시 눈치 없이 다른 사람의 마음을 다치게 하지는 않았는가?
- 문제를 해결하려고 할 때 진실이 무엇인지 찾아보는가?

또 다른 예가 있다. 이번에는 친절에 대한 질문을 해보자.

- 모든 사람에게 똑같이 친절한가?
- 가끔 이기적인 목적에서 의도적으로 감동을 자아내려고 친절을 베풀지는 않았는가?
- 모든 사람에게 친절하게 대하면서 낯선 한 사람에게는 가까이 다가가지 않은 적이 있는가?

서로 도와주기

헨리는 아내 콜레트의 도움으로 친절을 배웠다.

직장에서 헨리는 매력적이고 사교성이 좋은 사람이다. 헨리와 콜레트는 자주 집으로 친구들을 초대해 식사를 대접한다. 그런데 헨리는 식당에 가면 종업원들에게 냉정하고 퉁명스럽게 대한다. 그는 잠깐 보고 말 사람에게 친절하게 대하는 것은 아무 의미가 없다고 생각했다.

콜레트는 남편의 그런 태도가 염려되었지만 평소에는 정말 친절한 사람인지라 이 문제에 대해 말을 꺼내는 것을 망설였다. 그러던 어느 날 헨리가 또 종업원의 친절을 무시하는 태도를 보이자 콜레트는 그의 태도에 대해 이야기를 해주어야겠다고 결심했다.

콜레트는 헨리에게 그가 그런 태도로 종업원을 대했을 때 그 종업원이 불쾌해하면서 다른 손님들에게도 덜 친절하게 행동하는 것을 아느냐고 물어보았다. 헨리는 그 점에 대해서는 아직 한 번도 생각해본 적이 없었지만 이로써 자신의 태도를 의식하게 되었고 그동안의 태도를 반성하는 계기가 되었다.

이런 상호작용은 헨리가 자신의 행동에 주의를 기울이게 하는 동기가 되었다. 만약 이런 성격을 고치지 않으면 그의 인생과 결혼생활 내내 분명히 사소하게나마 문제를 일으킬 것이다. 헨리는 계속해서 식당에서 훌륭한 대접을 받을 수 있을까? 사람들은 그가 보이는 친절의 진정성을 의심하게 되지는 않을까? 또, 아이들이 사람을 대하는 태도를 배우는 데 그의 태도가 얼마나 부정적인 영향을 미칠지 생각해보라.

다른 사람들이나 가족 구성원, 친구들에게 여러분의 행동에 대해 솔직하게 피드백을 해달라고 부탁하는 것은 어쩌면 어려운 일일 수도 있다. 하지만 그렇게 부탁함으로써 여러분은 공격적이거나 또는 부정적인 반응 없이 신뢰와 존중의 마음이 담긴 다른 사람들의 의견을 들어볼 소중한 기회를 얻게 된다. 또, 부부가 함께 결혼생활을 유지하는 데 중요한 사안들에 대해 의견을 나누는 것도 상대방에게 좋은 영향을 주고 도움을 줄 좋은 기회이다. 이처럼 다른 사람이 여러분의 인격에 대해 피드백을 주는 것은 지속적인 훈련 과정의 일부이다. 그리고 여러분 또한 다른 사람의 협력자이자 '지도자'가 될 수 있다. [Chapter 6에서 이 주제에 대해 더 자세히 다룬다.]

평가된 인격 살펴보기

자신을 평가해봤다면, 다음 사항에 주목하라.

- 여러분이 배우자나 자녀를 포함해 다른 사람들에게 좋은 영향을 미치고 있는 훌륭한 인격은 무엇인가?
- 약하거나 부족한 인격은 무엇인가?
- 때때로 현명하지 못하게 사용된 인격들이 배우자나 자녀를 포함하여 다른 사람들에게 부정적인 영향을 미친다. 예를 들어, 여러분은 상대방이 바라지 않는 과한 친절을 베푼 적이 있는가?

여러분이 갖춘 인격의 일부를 제대로 연습하지 못하고 있다면, 혹은 현명하게 사용하지 못하고 있다면, Part 2가 그 인격들을 계발하는 데 도움을 줄 것이다. 다행스럽게도, 계속해서 개선해나갈 기회는 얼마든지 많다!

균형 잡힌 견해

여러분은 자기 자신에 대해 점수를 매기는 학교 선생님도 아니고 봉급을 인상해줄 만한지 평가하는 고용주도 아니다. 그러므로 너무 자기 비판적으로 생각하거나 자신을 모질게 평가하지 말라. 마찬가지로, 자신의 행동에 지나치게 자신감 넘치는 태도도 안 된다. 자기 자신을 평가한다는 것은 최선을 다해 인격을 훈련하는 것과 비교할 때 자신이 얼마나 제대로 행동하는지를 평가해보는 것이다. 그 목적은 인격의 경지를 찾고 훌륭한 견해를 터득할 때까지 자만하지 않기 위한 것이다. 바하이교의 창시자인 바하 울라의 《간책(簡冊)(The Tablets of Baha' u' llah)》에서는 자기를 평가하는 중요한 목적을 다음과 같이 말했다.

> 훌륭한 인격의 빛은 태양의 빛과 그것으로부터 나오는 광채를 초월한다. 그 경지에 이른 인간은 인간들 사이에서 보배와 같은 존재이다. 세상의 번영과 발전은 …… 훌륭한 인격의 경지에 오른 인간들에게 달려 있다.

꾸준한 평가

인격의 경지에 이르려면 끊임없이 훈련하고 인내해야 한다. 자신의 강점과 아직 미숙한 부분을 알게 되면 일상생활에서도 자신의 인격을 스스로 평가할 수 있다. 예를 들어 매일 아침 하루를 시작하면서 행동 목표를 세운다. 그리고 하루를 마감하면서 스스로 자기 자신에게 다음과 같은 항목들을 물어본다.

- 오늘은 인격들을 잘 수련했는가?
- 인격을 훈련하는 데 어느 때가 가장 좋았는가?
- 아쉬웠던 점은 무엇인가?
- 다음번에는 어떤 점을 개선해야 하겠는가?

배우자나 아이들에게 자신이 어떤 도움을 주었거나 상처를 주었는지 확인하고자 그들에게 피드백을 부탁할 수도 있다. 상처를 준 일이 있다면, 여러분이 인격을 더 강화해야 하거나 다른 방식으로 사용해야 한다는 뜻이다. 이로써 여러분은 상처를 준 사람에게 진심으로 사과하고 행동을 고칠 기회를 얻는다.

우리 삶은 책임감이 필요한 일로 가득하다. 그래서 때로는 인격을 계발하는 것이 불가항력일 때가 있다. 그러나 끊임없이 자신의 행동을 체크하고 사람들과의 관계를 '문제없이' 유지한다면, 그것은 여러분이 그 관계에 더욱 너그럽고 협조적으로 변화하기 시작했다는 신호라는 것을 알게 될 것이다. 그러나 만약 두 사람 모두 상대방을 실망시키거나 화나게 했다면, 그것은 관계를 더 원활하게 하고자 한 행동이 오히려 부정적으로 작용한 것이다. 자신이 실수했거나 서툴게 행동했다는 것을 깨달았다면, 다음과 같이 해보라.

- 다음부터는 그 점을 고치겠다고 다짐한다.
- 사과해야 하거나 고칠 점이 있는지 확인해본다.
- 두 사람의 사이를 회복시킬 만한 행동을 취한다.

시간이 흐르면 결혼생활이 여러분에게 인격을 형성하고 단련하는 기회를 주고 있다는 것을 알게 될 것이다. 사람들에게서 고립되면 인격은 계발되지 않는다. 인격을 계발해주는 최고의 스승은 바로 여러분의 주변 사람들이다. 프랑스 소설가 스탕달은 그의 작품 《연애론》에서 "인간은 고독해지면 인격을 뺀 모든 것을 얻을 수 있다."고 말했다.

결혼생활에 꼭 필요한 인격

인격을 점점 이해하다보면 어떤 것이 집중할 만한 중요한 인격이고 어떤 것이 덜 주의해도 되는 것인지 알게 된다. 그리고 결혼생활을 하면서 생겨나는 여러 가지 상황에 가장 적절한 인격은 무엇인지 부부가 함께 선택할 수 있다. 그중에서도 특히 결혼생활을 지속하도록 도와주는 인격이 몇 가지 있다.

그 첫 번째 인격은 진실성이고, 다음은 진실성과 가까운 단짝 믿음이다. 진실성은 말과 행동으로 신용을 쌓는 것이다. 그리고 믿음은 여러분이 하겠나고 말한 것은 반드시 지키는 깃이다. 즉, 약속을 지기는 것이다. 진실성과 믿음은 배우자와 대화를 나누고 서로 영향을 미치는 바탕에 '정직'이라는 든든한 인격을 심는 데 꼭 필요하다.

신의는 위의 인격들과 밀접한 관계가 있다. 결혼과 함께 두 사람의 육체, 정신, 심장과 영혼은 서로 결합한다. 다른 사람들과의 관계에서 신의가 희미해지면 함께 살아가는 삶의 기반이 손상된다. 자녀들에게 모범적인 모습으로 신의를 보여준다면 그들이 성공적인 결혼생활을 유지하는 데 도움이 될 것이다.

정의는 배우자를 존중하고 적당한 선을 지키며 대하게 하는 인격이다. 두 사람이 서로에게 정직하고 동등한 관계에서 결혼생활을 이끌어가도록 도와주기도 한다. 이러한 인격들은 모두 배우자를 구속하지 않고, 두 사람이 견고한 관계를 만들어나갈 수 있는 능력을 준다.

모든 인격은 부부가 둘만의 생각과 느낌을 공유하는 데 영향을 준다. 그중에서도 중요한 인격 두 가지를 꼽자면 관대함과 책임감을 들수 있다. 관대함은 배우자에게 여러분의 마음을 전부 표현하고, 함께 인격을 계발하고, 서로 마음을 터놓고 항상 관심을 기울이도록 해준다. 그리고 책임감은 여러분이 언제 어디에서 어떻게 대화를 나눌지 그 범위와 지침을 정해준다. 조너선과 섀넌 부부의 사례를 통해 이들은 서로 어떻게 의사소통하는지 한 번 들여다보자.

조나단과 섀넌은 결혼한 지 15년 된 부부이다. 그들은 매일 저녁 아이들과 함께 저녁 식사를 한다. 저녁 식사를 마친 다음에는 아이들에게 조용하게 할 수 있는 활동들을 하라고 하고, 부부 두 사람만 따로 앉아 그날 하루 동안 있었던 일들에 대해 이야기하고 솔직한 대화를 나눈다. 그들은 집에서 조용하면서도 아이들이 무엇을 하는지 들을 수 있고 또 둘만 있을 수 있는 조용한 구석자리를 발견했다. 둘만의 장소로 침실을 이용할 수도 있지만, 그곳은 주로 서로 사랑을 확인하는 장소로 남겨두고 싶어 한다.

한편, 아이들은 부모가 두 사람만의 시간을 보내는 것이 자신들에게도 이롭다는 것을 알게 되었다. 실제로, 조나단과 섀넌은 이러한 시간을 마련한 다음부터 더욱 평온해지고 아이들에게 더 집중하고 관심을 기울일 수 있게 되었다.

결혼 초기에 이들 부부는 섀넌이 배가 고플 때 특히 짜증을 잘 내고 부정적으로 변한다는 것을 알게 되었다. 그래서 지금은 식사가 끝날 때까지 기다렸다가 함께 시간을 보낸다. 그리고 이 시간에 기도문을 외기도 한다. 주로 그런 시간을 보낼 때 서로에게 더 관대하고, 편견 없이 진심에서 우러나오는 말을 한다는 것을 깨달았기 때문이다.

그러고 나서 아이들을 불러 따뜻하게 안아주고 조용히 시간을 보낸 것을 칭찬하며 두 사람만의 대화 시간을 끝맺는다. 조나단과 섀넌은 그들 둘만의 시간을 보내는 동안에는 절대로 화난 목소리나 다투는 소리가 아이들 귀에 들어가지 않도록 주의하자고 약속했다.

결혼생활에서 무엇보다 중요한 인격은 사랑이다. 사랑은 사람의 마음을 이끄는 강력한 힘이다. 우리는 물론 항상 배우자를 사랑하지만, 그 정도는 시간이 흐르고 환경이 변하면서 점차 달라진다. 그러나 우리가 어떻게 느끼든 간에 늘 배우자를 사랑하는 마음으로 친절하게 대하는 것은 결혼생활에서 매우 중요하다.

만약 전보다 배우자에게 표현하는 사랑의 정도가 약해진 것을 느꼈다면, 의식적으로 과거의 행복하고 열렬했던 기억을 돌아보는 등 현재 여러분의 마음에 다시 뜨거운 사랑의 불을 붙이려 노력하라. 그러면 두 사람의 사랑하는 마음이 점차 더욱 돈독해질 것이다. 그리고 사랑은 결혼생활을 유지시키는 강력한 힘이 되어준다. 아낌없이 사랑을 주면 여러분도 사랑받을 수 있다는 점을 항상 명심하라. 배우자가 여러분의 사랑을 받을 만한 사람이 아니라고 강하게 느껴질 때야말로 그 또는 그녀에게 사랑이 가장 필요한 때이다.

"사랑은 오래 참고 사랑은 온유하며 시기하지 아니하며 사랑은 자랑하지 아니하며 교만하지 아니하며, 무례히 행하지 아니하며 자기의 유익을 구하지 아니하며 성내지 아니하며 악한 것을 생각하지 아니하며…… 사랑은 언제까지나 떨어지지 아니하되……"
— 《성경》(현대 영어 성경 번역본), 고린도 전서 13 : 4, 5, 8

"당신이 할 수 있는 좋은 일은 모두 하라.
당신이 할 수 있는 모든 수단으로,
당신이 할 수 있는 모든 방법으로,
당신이 할 수 있는 모든 장소에서,
당신이 해줄 수 있는 모든 사람에게
당신이 할 수 있는 한 오래도록."
— 존 웨슬리(John Wesley), 《덕목에 대한 하나님의 위대한 말씀》

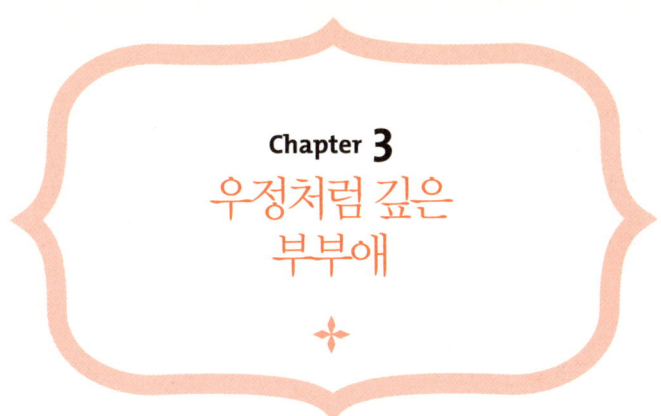

진정한 우정이야말로 결혼생활의 행복과 도전을 꿰뚫어보게 하는 든든한 초석이다. 결혼생활에서 부부가 돈독하게 우정을 쌓고 관계를 발전시킬 기회는 아주 많다. 두 사람의 우정은 서로 신뢰하는 마음을 키우고, 부모 역할을 함께 수행하고, 어려움이 닥쳤을 때 서로 도우며, 기쁨을 나누고 즐거운 일과 휴식을 함께할 때 더욱 강화된다. 결혼생활은 두 사람이 서로 사귀어가는 과정이며 부부는 오랫동안 알고 지낸 가까운 친구와도 같다. 이상적인 부부에게 배우자는 서로 이 세상 그 누구보다 가까운 사람이다.

결혼생활에 꼭 필요한 우정

시애틀에 있는 워싱턴대학교는 30년 이상 함께 산 부부들을 대상으로 결혼에 대한 연구를 진행했다. 그들의 연구를 통해 행복한 결혼은 깊은 우정이 밑바탕 되어야 한다는 것이 증명되었다. 명예교수이자 가트맨 연구소의 공동 창립자인 존 가트맨(John Gottman) 철학 박사와 《행복한 부부 이혼하는 부부》의 공동 저자인 난 실버(Nan Silver)는 우정을 '서로에 대한 존경과 기쁨을 위해 필요한 것'이라고 정의했다. 또 "우정이 돈독한 부부들은 서로에 대해 더 자세히 알려고 끊임없이 노력한다. 그들은 서로 좋아하는 것, 싫어하는 것, 특별한 버릇, 희망과 꿈이 무엇인지 잘 안다. 오랫동안 서로 존경하고 자신의 깊은 사랑을 열정적으로 표현하기도 하지만 매일매일 조금씩 표현하기도 한다."라고 말하기도 했다.

다음의 이야기는 서로 오랜 친구이자 배우자인 부부의 모습을 잘 보여준다.

첸과 데비는 결혼 전에 친구처럼 지냈다. 결혼한 후에도 우정이라는 감정을 인정한 덕분에 두 사람은 행복한 결혼생활을 유지했다. 두 사람은 가끔 어처구니없는 일이 일어나도 그냥 웃고 넘긴다. 그리고 함께 저녁 식사를 하며 대화하고, 자기 전에 각자 해야 할 일이 무엇인지 분류해본다. 그래야 다음날 저녁 장을 봐올 사람이 누구인지 결정할 수 있다. 이런저런 이야기를 하다가 집 안에서 생긴 문제를 처리하는 방법을 놓고 갑자기 격렬한 의견 충돌을 빚기도 하지만 그러고 나서 또 바로 딸의 40번째 생일 파티에서 딸을 어떻게 놀라게 할 것인지 머리를 맞대고 의논한다. 또, 다음 주에 은퇴자 상담사를 만나야 한다는 일정을 서로 상기시켜준다. 마지막으로 첸이 데비에게 주말에 콘서트에 가자고 말하고, 함께 저녁상을 치우고 설거지를 한다.

첸과 데비의 우정은 그들의 결혼생활에서 중요한 부분을 차지한다. 그들은 함께 보내는 시간을 진정으로 즐겼다. 두 사람은 함께 할 수 있는 활동으로 시간을 보내면서 결혼생활에서 중요한 것들을 꾸준히 실천해나가고 있다. 일부 선택에는 재정적인 상황이 영향을 주겠지만, 중요한 것은 두 사람이 기꺼이 참여할 수 있는 활동을 함께 하는 것이다. 때로는 자신보다 배우자가 원하는 것을 할 때가 있고, 그 다음번에는 자신이 원하는 것을 한다. 물론 가능하다면 함께 즐길 수 있고 두 사람의 우정의 깊이를 더하고 대화를 풍부하게 해줄 수 있는 것을 선택하는 것이 좋다.

"오늘은 우리 두 사람에게 특별한 날이에요. 가능하면 모든 것이 로맨틱했으면 좋겠는데, 주문한 피자에 유럽멸치를 한쌍 올려주시겠어요?"

우정은 배우자의 인격에 대해 신뢰할 만한 조언을 줄 여지를 제공한다. 친한 친구끼리는 무슨 일이든 터놓고 솔직하게 이야기하고, 관대하고 사랑하는 마음으로 도움을 줄 수 있지 않은가? 여러분이 친구에게 해주는 조언이 결과적으로는 두 사람의 관계에 부정적으로 작용할지라도, 필요하다면 배우자에게 정직하게 이야기해 주어야 한다.

앞서 이야기한 우정을 나누는 부부의 모습과 반대되는 모습은 전투 태세를 갖춘 부부 관계이다. 서로 헐뜯고 매번 누가 옳고 그른지를 따지려고 한다면 결혼생활을 유지하기 어려워질 것이다! 이 상황을 개선하려면 진심으로 상대방의 가장 친한 친구가 되겠다고 마음먹고 가장 친한 친구처럼 대해야 한다.

우정의 특성

여러분은 우정을 무엇이라고 정의하는가? 결혼생활에서는 우정이 어떤 모습으로 존재할까? 아마 두 사람의 관계에도 아래에 열거된 우정의 특징들이 있을 것이다.

- 진실한 의견 공유 ― 원활한 의사소통
- 자연스러운 즐거움과 웃음
- 상대방을 받아들이고 이해하는 능력
- 어려운 일이 있을 때 서로 돕고 공감하기
- 목적 달성을 위해 서로 열렬하게 응원하기
- 사랑이 깃든 영혼의 결합
- 격려
- 서로에게 충실하기

- 두 사람만 공유해야 할 중요한 사안은 비밀로 해두기
- 신뢰 — 서로에 대한 믿음
- 함께 만든 경험과 기억들
- 함께 세운 목표
- 함께 즐기기
- 함께 무언가를 배울 기회
- 평화롭고 건설적으로 이의를 제기하는 능력
- 함께 봉사하기
- 싸우고 난 뒤 쉽게 화해하기
- 배우자가 발전할 수 있도록 피드백과 격려해주기

여러분은 어떤 방법으로 우정을 돈독히 하고 싶은가?

인격체로서의 우정

앞에서 언급한 목록에는 배려, 확신, 신의, 열정, 충실함 등 인성의 특징이 많이 포함되었다. 부부 사이의 우정은 배우자가 갖춘 가장 훌륭한 인격을 높이 평가해주고 또 고칠 점은 고치도록 도와준다는 의미를 내포한다. 작가이자 연구가인 블레인 J. 파워스(Blaine J. Fowers) 철학 박사는 (아리스토텔레스가 말했듯이) 이상적이고 영원한 우정인 '인격으로서의 우정'을 다음과 같이 말했다.

우정은 친구의 훌륭한 인격을 인정하고, 가치 있는 목표를 함께 추구하는 것이 기본이다. …… 바람직한 방향을 찾아가도록 도와주는 훌륭한 인격을 서로 인정하기에 그들은 친구가 되는 것이다. …… 인격이 통하는 친구끼리는 한 팀으로서 혹은 협력 관계로서 그들이 추구하는 목표를 위해 함께 노력한다. …… 서로의 행복은 두 사람이 함께 나눈 노력과 팀워크의 부산물이다. ……

— 《결혼생활의 행복 신화를 넘어서》의 '우정의 가치' 편

서로 상대방에게 도움이 되도록 두 사람이 함께 인격을 훈련하라. 서로 간의 예의, 관대함, 호의, 존경심 등을 연습하는 것은 배우자를 더욱 깊이 이해할 수 있도록 돕는다. 또한 두 사람의 우정을 더욱 깊게 하고, 결혼생활을 지속적으로 유지하도록 해줄 것이다.

"결혼은 두 사람이 서로 맺은 약속이며, 서로의 마음을 결합하는 것이다. 결혼하는 두 사람의 목적은 평생토록 서로 사랑하는 반려자이자 친구가 되어주는 것이다."

— 《압둘 바하의 작품들로부터의 발췌문들》

"그리고 우정에는 영혼을 더욱 깊이 있게 하는 것 외에는 그 어떤 목적도 두지 말라."

— 칼릴 지브란(Kahlil Gibran)의 《예언자》

Chapter 4

대화의
기술

두 사람이 대화를 원활하게 나눌 때
도 있지만 서로 다른 언어로 이야기한다는 생각이 들 때도 가끔 있을
것이다. 싸우지 않고 문제들을 제대로 해결하려면 동등한 관계에서 연
습하고 기술을 쌓는 것이 필요하다. 사실, 상대방의 관점을 진심으로
이해하려면 시간이 필요하다.

서로 의논하는 대화의 기술은 결혼생활을 더 신선하고 한 단계 높은
수준으로 성숙하게 해줄 것이다. 대부분의 다른 부부와 마찬가지로, 여
러분과 배우자에게도 여전히 해결되지 않은 문제가 남아 있을 것이다.
그러나 싸우고 다투는 것은 두 사람의 관계에 없어도 되는 일이다. 서
로 의논하다보면 실전할 만한 가치 있고 실용직인 대인이 니올 것이다.

기술 습득의 기회

이 책의 부록에서 대화의 기술 수준을 높이기 위한 활동을 몇 가지 소개한다.
부록 1의 '대화의 기술 : 부부 간에 의논하기'와 부록 2의 '대화의 기술 : 합의
에 이르는 의논 연습하기'를 함께 완성해보라.

의논이란 무엇인가

　의논은 주로 어떤 사안의 결론에 도달하기 위해 두 사람이 동등한 입장에서 충분히 토의하는 형식이다. 두 사람은 최선의 방법이 무엇인가와 같은 공동의 목표에 집중한다. Part 2에서는 결혼생활에서 부부 두 사람이 특정한 인성을 어떻게 사용할지에 대해 함께 의논해볼 것이다. 효과적으로 의논하려면 특히 신뢰, 초연함, 존경심, 겸손, 인내심, 예의와 같은 인성들이 필요하다.

　두 사람은 의논을 통해서 자신의 생각과 느낌, 목표를 표현할 수 있다. 의논을 통해 상황을 정확하게 파악하고 갈등을 해결하는 방법을 결정하는 데 도움을 얻을 수 있을 것이다. 또한 서로 의견을 공유하되 비난과 논쟁을 하지 않고 상대방에게 어떻게 하라고 명령하지 않으면서 해결점을 찾을 수 있다.

"당신이 언제나 날더러 감정을 표현할 줄 모른다고 불평해서 이런 감정 카드를 만들었어."

존 콜스토에(John Kolstoe)는 그의 책 《의논 : 삶의 길을 안내해주는 전 인류의 등불》에서 이렇게 말했다. "진실을 밝히고 그것을 이해하고 더 나은 방향으로 나아가기 위해 사랑과 마음을 결합하여 의견을 나누는 것이 곧 의논이다. 그 밖의 것들은 단지 대화일 뿐이다."

칼릴 카바리(Khalil Khavari) 철학 박사와 수 윌리스톤 카바리(Sue Williston Khavari) 대학 석사는 의논의 가치를 다음과 같이 설명했다.

의논은 모든 사람이 논리적으로 생각하고 그 생각을 더 분명하게 표현하도록 상대방의 말을 귀 기울여 듣고 그들의 마음과 감정에 더 주의를 기울이도록, 그리고 독창적인 해결 방안을 찾도록, 결론을 내릴 때 도덕적인 면도 고려하도록, 솔직하지만 예의도 갖추도록 배우고 상대방, 그리고 그가 좋아하는 것, 그의 관점을 존경하도록 평등과 협동, 조화와 같은 [결혼에 대한] 새로운 패러다임의 원리에 관심을 기울이도록 훈련시킨다.

—《영원히 함께》

의논을 잘할 수 있는 기술을 터득하면 대화는 원활해지고, 결정을 내리는 데 더욱 상승효과가 생기며, 창의적인 결론에 도달할 수 있게 된다. 또한 의논을 함으로써 일방적으로만 생각하는 습관에서 벗어나 문제를 해결할 때 두 사람의 생각을 모두 들어보고 최선의 방책을 세우게 된다. 누군가가 의견을 제시하면 두 사람 모두 생각하지도 못했던 해결책이 생겨나고 한층 더 발전된 결론에 도달할 수 있다.

효과적으로 의논하는 데 필요한 몇 가지 조건

시간이 흐르고 충분히 훈련하면 의논의 효과도 커질 것이다. 의논을 통해 긍정적인 결과를 얻기 위한 방법이 몇 가지 있다.

충분한 표현

의논할 때는 두 사람에게 동등한 발언권이 있다는 것을 인식하고 논제에 대해 어떻게 생각하는지 표현하는 것이 매우 중요하다. 한 사람이 주도해서 더 많이 말하는 편이라면, 다른 사람에게도 말할 기회가 있도록 자제해야 한다. 아울러 의논에 덜 주도적인 사람 또한 적극적으로 말하는 것을 연습해야 한다. 자유롭게 의사를 표현하는 것은 두 사람이 기꺼이 인내심 있게 상대방의 말을 듣고 중간에 끼어들지 않을 때 가능하다. Chapter 5에서는 주의를 기울여 듣는 것을 연구한다.

솔직하고 애정 어린 태도는 두 사람의 의논에 효과적으로 작용한다. 이는 서로에게 정직하지만 상처를 주지 않는 방법을 의미한다. 상대방을 존중하고 상냥한 태도로 말하면 진실에 집중하고 올바른 결론을 내리는 데 도움이 될 것이다. 만약 두 사람 다 상대방의 말에 대해 공격하거나 받아친다면 대화는 점차 주제에서 벗어나고 좋지 않은 감정이 생겨나 결국 본래의 목표에 도달하지 못할 것이다.

순수한 동기

의논을 하는 동기나 의도가 순수한지 다시 확인해보는 것도 중요하다. 만약 둘 중 한 사람이라도 숨은 의도가 있거나 상대방을 교묘하게 속이려는 의도가 있다면, 의논은 이미 기초부터 부실하게 시작된 것이다. 그런 상황을 근본적으로 막는 방법은 두 사람이 사심 없이 솔직하게 의견을 나누는 것뿐이다.

만약 다른 사람을 교묘하게 속이는 버릇이 있다면 반드시 결혼 전에 고쳐야 한다. 의논을 자신이 원하는 것을 얻으려는 방편으로 삼아서는 안 된다. 둘 중 어느 한 사람의 이러한 패턴을 바꾸지 못한다면 두 사람의 관계에 지속적으로 나쁜 영향을 미칠 것이다.

초연함

의논의 두드러진 특징은 일단 자기 생각이나 의견을 표현하면 그것은 더 이상 '혼자만의' 것이 아니라는 점이다. 예를 들어 에릭이 어떤 것에 대해 자기 생각을 말하자 아내 제니스가 그 의견에 대해 다시 고려해볼 만한 의견을 제시해주었다. 하지만 에릭은 자기 생각을 끝까지 고수한다. 만약 의논하는 과정이었다면 에릭은 본래의 생각을 버리고 아내와 함께 더 나은 방향을 생각해보아야 한다. 부부는 의논을 할수록 더 훌륭한 생각을 얻을 수 있는 토대를 함께 만들어가게 된다.

의논하는 것은 마치 모든 의견을 수용하는 중앙 단지가 있는 것과 같으며, 그 단지는 부부가 함께 사용한다. 이런 사실은 여러분이 초연함을 갖추도록 하고, 두 사람이 생각과 느낌을 공유하면서 혼자 마음속에 담아두었던 생각들을 내려놓을 수 있게 한다. 초연함은 의논의 결과가 꼭 여러분이 원했던 방향이 아니더라도 그것을 받아들일 수 있게 해준다.

합의된 결론을 지지하기

두 사람이 함께 결정을 내렸다면, 마음가짐과 행동과 말 등 모든 면에서 그 결정을 진심으로 따라야 한다. 그렇지 않으면 그것은 실패한 결정이 된다. 다시 말해서 두 사람이 어떤 결정에 합의하긴 했지만 한 사람이 진실하지 않고 정신적으로나 신체적으로나 그 결정에 동의하지 않는다면, 결국 결정의 수행은 실패하고 두 사람은 실패 원인조차도 알 수 없게 된다. 왜냐하면 대개 두 사람의 불화 또는 결정이 아예 잘못된 것이었기 때문이다.

두 사람이 결정을 내리는 것은 온 집안사람들이 모두 모여 의논하는 것과는 다르다는 것을 명심해야 한다. 과반수 찬성 같은 것이 필요 없기 때문이다. 두 사람이 의논할 때는 아무리 어려운 문제라도 결론은 하나로 통일되어 결정하게 된다. 또, 두 사람밖에 없기 때문에 언제라도 상호 합의된 결론에 도달하려고 한다. 이는 번거롭게 같은 주제를 여러 번 의논하게 하며, 사안이 중요할수록 더더욱 그렇다.

다른 사람들에게 의견 묻기

때로는 가족, 친구들, 종교적이거나 영적인 지도자와 모임, 믿을 만한 조언자, 그 밖의 다른 사람들에게 의견을 물어보거나 도움을 청할 수도 있다. 두 사람을 도와줄 만한 사람이 누구이고 두 사람이 함께 그들을 만날지 개인적으로 만날지 의논해보는 것이 좋다.

배우자 없이 여러분과 아무 관련이 없는 사람과 의논할 때, 그 사람이 이성(異性)이라면 아주 신중해야 한다. 그 사람이 아무리 전문적이고 종교적으로 상담해주거나 도움을 줄지라도 조심해야 한다. 간혹 여러분의 감정 상태가 그 사람에게 엉뚱한 기대를 품게 하거나 자신의 경우와 비교하게 해서 곤란한 상황을 유발할지도 모른다. 이런 상황이 벌어지면, 여러분의 결혼생활은 순탄치 않을 것이다.

그밖의 태도와 기술들

카바리 박사는 부부들이 효과적으로 의논하는 데 특히 도움이 될 만한 아홉 가지 태도와 기술을 추천했다.

1. 상호 존중과 협력
2. 이기적이지 않고 정직함
3. 기꺼이 대화하기
4. 들어주기
5. 인내하기
6. 효과적으로 말하기
7. 이기심 억제하기
8. 창의력
9. 비공격적 자세
―《영원히 함께》

우리는 본능적으로 자신이 원하는 방향으로 이끌어가고 싶어 한다. 그럴 때 겸손, 인내, 자제와 같은 인성들은 우리가 침착하게 의논할 수 있도록 도와줄 것이다. 의논에서 결론에 도달하기까지는 오랜 시간이 걸리므로 이러한 인성들은 유용하게 쓰일 것이다. 이렇게 해서 내린 결론은 훨씬 완벽하고 순조로운 결혼생활에 도움이 될 것이다.

상의해야 할 주제나 사안

의논 주제는 삶의 모든 분야를 아우른다. 의논을 통해 서로 이끌어 주고 지원할 뿐만 아니라 서로의 목표를 공유할 수도 있다. 우리는 아이를 갖고 양육하고, 또 돈을 어떻게 사용하고 저금할 것인지 결정해야 할 때가 있다. 우선순위를 정하고 어디에 얼마만큼 에너지를 써야 하는지 결정해야 할 때도 있다. 이러한 결정은 여러분이 인생에서 나아갈 방향을 명확하게 밝혀주고 새로운 기회를 준다.

어떤 행사나 활동을 계획할 때는 두 사람의 스케줄을 비교해본 후 둘 다 좋은 시간이 언제인지 의논해보는 것이 좋다. 그리고 그 활동이 꼭 필요한지 아니면 협의할 수 있는 일인지 평가해본다. 오랜 시간이 걸리는 활동에 참여해야 한다면, 먼저 지금 하고 있는 일과 새로운 활동이 가족에게 어떤 영향을 줄지 상의하는 것이 현명하다.

기술 습득의 기회

부록 3의 '의논 연습 : 시간 활용에 대한 약속'을 실행해보면 활동을 선택하고 우선순위를 정하는 데 도움이 될 것이다.

두 사람의 관계가 성숙하고 서로 간에 믿음이 깊어지면 의논하지 않고도 자신 있게 행동할 수 있는 완벽한 영역이 생길 것이다. 이는 아마도 가게에서 어떤 음식을 살지, 친구를 식사에 초대할지 등을 결정하는 것과 같은 사소한 문제들일 것이다.

엄청난 돈을 써야 하거나 가족의 미래, 각자의 역할과 책임 같은 중요한 결정을 내려야 할 때는 당연히 의논이 필요할 것이다. 이때 돈은 특히 어려운 주제가 될 수 있다. 두 사람이 지금까지 어떻게 살아왔는지에 따라 돈을 취급하는 방법에 대한 생각이 다를 수 있기 때문이다. 그러나 서로 의논하면 돈을 쓰고 저금하고 예산을 짜고 투자하는 것 등을 원만하게 결정하는 데 도움이 될 것이다.

두 사람은 어떻게 적당히 저축하고 소비할지 결정해야 한다. 우선순위는 무엇인가? 활동하는 데 얼마를 지출할 것인가? 가장 중요한 것을 위해 돈을 절약하고 있는가? 그리고 각자 개별적으로 사용할 수 있는 돈의 액수와 서로 합의 하에 사용할 돈의 액수를 정하는 것도 두 사람이 결정해야 할 문제 중의 하나이다. 이 문제를 명확하게 정의해두면 두 사람 사이의 갈등을 막을 수 있고 서로의 감정을 다치지 않게 예방할 수 있다. 두 사람이 결정한 지침들은 상황에 따라서 바뀔 수 있으므로 시간이 지나면서 수정할 여지가 있다.

기술 습득의 기회

부록 4의 '의논 연습 : 돈에 대한 인식과 가치관'은 과거의 행태가 돈에 관한 결정을 내리는 데 어떤 영향을 주는지 이해하도록 도와줄 것이다.

의사소통에 도움이 되는 체계적인 훈련

   지속적으로 연습하면 의논하기에 도움이 되는 훈련 방법이 있다. 그것은 여러분이 내린 결정의 질을 높이고, 두 사람의 관계에 도움을 주며, 어디에서 어떻게 상의할 것인지 결정하는 데 도움을 줄 것이다.

지도적 원리

결정을 내리는 데 일관성을 유지하고 정직하려면, 두 사람의 관계를 평가하고 의논할 때 지도적 원리가 있어야 한다. 지도적 원리는 발생한 문제들의 우선순위를 가리는 체크리스트를 제공한다. 체크리스트는 새로운 의견이나 문제, 쟁점을 평가하는 기본적인 사항을 제시해줄 수도 있다. 지도적 원리는 두 사람의 관계가 제대로 유지되고 있는지 평가하는 적절한 잣대가 된다. 이런 지침들은 적절한 근거를 바탕으로 심도 있게 논의하여 나중에 융통성 있게 바꿀 수 있다.

   한 예로, 여러분은 신앙을 가장 우선으로 삼고 그 다음으로는 결혼 생활, 자녀, 일 등의 순서로 우선순위를 정해놓고 결정을 내릴 것이다. 다른 대안으로 결혼생활을 최우선순위에 두고 리스트를 작성하고 싶다면 그렇게 하면 된다. 우선순위 체크리스트에는 대개 다음과 같은 내용이 담겨 있을 것이다.

- 신앙에 의지해 지침을 정한다.
- 가능하면 먼저 일어난 문제부터 해결한다.
- 모든 것에 정직해야 하며, 특히 재정 문제와 일, 봉사 활동에는 더

욱 정직해야 한다.

- 배우자와 다른 모든 가족 구성원을 사랑하고 존중하며 동등하게 대한다.
- 돈과 시간에 여유를 갖는다.

두 사람이 함께 동의한 지도적 원리들은 의논 과정에서 가장 중요하다고 생각하는 것에 집중하여 결정을 내리도록 도와준다.

© 2005 Catherine F. Hosack

둘만의 시간

종종 자녀들 앞에서 공개적으로 의논하라. 이는 자녀들에게 의논하는 본보기를 보여주는 좋은 방법이다. 단, 간혹 두 사람끼리만 의논해야 하는 주제가 있으므로 상황에 따라 어떻게 하는 것이 좋을지 그때그때 잘 판단해야 한다. 또, 두 사람끼리만 의논하는 것이 불가능할 때는 주변 환경에 따라 의논의 결과가 달라진다. 예를 들어, 방해를 받고 스트레스를 많이 받았을 때와 아이가 울고 있거나 저녁 식사거리를 가스레인지에 올려두었거나 극도로 피곤할 때는 피하는 것이 최선이다.

기도하기

의논하기 전에 함께 기도를 하면 좋은 영향을 준다는 것을 깨닫게 된 어느 부부는 그 다음부터 종교적인 분위기에서 논의를 시작하게 되었다고 한다. 또 어떤 부부는 의논하다가 도중에 곤란해질 때나 최종적으로 결정을 내리기 전에 잠깐 멈추고 기도를 한다. 그러나 함께 기도하는 것이 불편하다면, 이 방법은 연습한다고 해도 발전할 수 없다. 또는 두 사람의 동의하에 명상하거나 조용한 음악을 듣고 나서 의논을 시작하는 것도 좋다. 기도하는 유형과 형식은 종교와 문화에 따라 매우 다양하므로, 여러 가지 방법을 시도해본 후에 각자에게 가장 잘 맞는 방법을 찾아보면 된다.

형식

의논은 대개 격식을 차리지 않고 일상생활 안에서 자연스럽게 이루어진다. 때때로 의논하는 주제가 아주 복잡하고 심각하다면 형식을 더

갖춰야 할 수도 있다. 다음의 단계들을 실행에 옮겨보면 의논하는 데
매우 유용할 것이다.

- 효과적으로 의논하고 현명한 결론을 낼 수 있도록 기도한다.
- 문제점이나 논쟁이 어떤 것인지 정확하게 인식하고 각자 생각을
  제시해 초점을 통일한다.
- 관련된 모든 것에서 사실을 수집하고 자세하게 살펴본다.
- 문제와 관련된 원리와 인격들을 구별하고 결정한다.
- 솔직하게 애정을 담아 논의하고, 의논해야 할 사실에 원리와 인격
  들을 적용한다.
- 기도를 통해 하나님에게 의지하고 지침을 얻는다.
- 원리, 지침과 모든 의견을 바탕으로 결정을 내린다.
- 긍정적인 성과를 얻으려면 두 사람이 내린 결정이 마음에서 우러
  나와 한 마음이 되어 신뢰하고 실천해야 한다.
- 두 사람의 동의하에 그 결론을 되짚어보고 평가한 뒤, 필요하다면
  방침을 바꾸고 결과를 평가해본다.

의견을 원활하게 나누기 위해 유용한 방법

의논 도중에 언쟁이 일어날 것 같아 긱정되거나 문제를 평화롭게 해결
하고 싶을 때, 아래와 같이 실천해보자.

- 두 사람이 얼굴을 마주보고 앉는다. 손을 맞잡아도 좋다.
- 기도하는 것을 멈춘다.
- 배움에는 늘 마음을 열어놓는다.

- 서로 생각을 공유하고 기꺼이 상대방의 생각을 받아들인다.
- 현재의 문제에 집중한다.
- 관련 없는 이야기는 피한다.
- 누가 '옳은지' 생각하지 말고, 동의하려고 노력한다.
- 감정이 격해지는 것을 느끼면, 잠시 한 발 뒤로 물러나 감정을 가라앉히고 나서 의논을 다시 시작한다.
- 용기를 갖는다.
- 시간 여유를 두고, 심호흡을 하며 마음을 진정시킨다.
- 상처 받는 말을 들으면 "아야, 아파."라고 말한다.
- 중간에 쉬는 시간을 둔다.
- 감정을 공유한다.
- 서로 감정을 이입하고 이해한다. 상대방의 생각을 이해하려고 노력한다.
- 마지막에는 항상 서로 포용한다.

위에 열거된 내용 가운데는 여러분에게 편한 것도 있고, 절대 그렇지 않은 것도 있을 것이다. 그러나 한 번 그것들을 시도하고 연습해보면 대부분 곧 편해질 것이다.

가족의 만남

우리는 결혼생활 안에서 부부 두 사람이 함께 대화하고 문제를 해결하는 데 유용한 여러 가지 방법과 체계를 계발하려고 한다. 예를 들어 스테판 코비(Stephen Covy)는 그의 책 《성공하는 가족들의 7가지 습관》(김

영사, 김경섭 역, 1998)에서 정기적인 가족 모임을 권장하며 다음과 같이 설명했다. "가정은 삶을 계획하고, 즐거운 시간을 보내고, 문제를 해결하고, 자녀들에게 귀중한 교훈과 기술을 가르쳐주는 곳이다." 또, 콜스토에는 그의 책 《천재 만들기》에서 다음과 같이 말했다.

정기적으로 가족회의를 여는 것은 참 좋은 생각이다. 단, 가족회의 시간은 아이들에게 훈계하는 시간이 아니라는 것을 염두에 두어야 한다. 가족회의란 가족 구성원이 모두 모여 의견을 나누고 계획을 세우며 발전을 도모하고 함께 즐거운 시간을 보내는 것이다. 이를 통해 아이들은 어릴 때부터 토론에 참여하면서 다양한 의견을 모아 적절하게 결론 내리는 방법을 배운다. 가정은 모든 사람의 의견이 똑같은 공산주의 국가나 다수결이 지배하는 민주주의 국가가 아니다. 부모들은 회의를 통제하지만 엄격하거나 독재적이지 않다. 아이들이 자라나면 점차 가족회의 안에서 그들의 역할이 커진다. 또한, 토론에서 솔직하고 애정이 담긴 이야기가 오가게 되면 거기에서 비롯된 결과는 안전하고 신뢰할 만하고 조화로울 것이다.

두 사람이 함께 있지 못할 때

상황에 따라 가끔은 직접 얼굴을 맞대지 않고 전화나 이메일, 메신저 등 다른 방법으로 의논해야 할 때가 생긴다. 성공적으로 의견을 나누려면, 두 사람에게 모두 적절한 시간과 최선의 방법을 정해 서로에게 방해가 되지 않도록 해야 한다.

상대방의 얼굴을 보지 못하면 그 사람이 언짢은지 화가 났는지 걱정하고 있는지 미묘한 표정을 알 수 없다. 그러므로 이럴 때는 감정을 말로 표현하는 것이 더더욱 중요하다. 만약 잠깐만 떨어져 지내는 것이라면 두 사람이 다시 만났을 때 의논하는 것이 좋고, 오랫동안 떨어져 있어야 한다면 성공적으로 의논하기 위한 체계를 미리 정해둔다.

의견을 나누기 위한 대화의 기술

대화 기술을 잘 계발하면 두 사람이 의견을 나누는 데 더욱 도움이 될 것이다. 이 책의 부록에는 대화를 위한 연습 문제들이 담겨 있다. 다음의 내용을 살펴보며 대화 기술을 배워보자.

격려하기와 경청하기

다음의 문구들은 의논할 때 상대를 격려하고 의논의 효과를 높이고 긍정적인 결과를 이끌어내도록 도와준다.

- 그것 참 좋은 생각이에요!
- 당신의 말이 무슨 의미인지 알 것 같아요.
- 그걸 알아보는 데 참 좋은 방법이네요.
- 우리는 지금 이 문제를 서로 다른 각도에서 바라보는 것 같아요.
- 참 독창적인 생각이네요!
- 그것에 대해 한 번 곰곰이 생각해볼게요.
- 내가 잘 이해했는지 모르겠어요.

- 좀 더 자세하게 설명해주겠어요?

- 잠시 쉬었다가 다시 이야기하는 게 어떨까요?

- 우리, 기도하고 나서 이어서 더 이야기해볼까요?

- 이런 상황에 적절한 종교의 원리는 뭐가 있을까요?

- 관련 사실을 더 많이 알아봐야 할 것 같아요.

- 헷갈려서 그러는데, 한 번만 더 설명해주겠어요?

- 미안하지만 내가 이해할 수 있도록 좀 도와주겠어요?

- 내게 정말 큰 도움이 되었어요!

- 당신이 옳은 것 같아요. 제가 잘못 알고 있었네요.

이러한 문구들은 여러분이 상대방의 이야기를 경청한다는 것을 알려준다. 경청하는 자세는 효과적으로 의논하는 데 아주 중요한 기술이다. 적극적으로 사려 깊게 상대방의 말을 들어주는 것은 여러분이 들은 것을 상대방에게 다시 말해줄 때도 도움이 된다. 상대방이 말하는 도중에 다시 요약하며 강조하는 것을 기억하고, 같은 단어를 두 번 사용하지 말아야 한다. 경청하는 것은 상대방이 어떤 생각을 하고 어떻게 느끼는지 이해하는 데 도움을 준다. Chapter 5에서는 경청하기를 더욱 깊이 있게 연구해볼 것이다.

'내가' 라는 화법

또 하나의 유용한 대화 기술은 비난 어조일 때 '당신이' 로 시작하지 않고 '내가' 로 시작하는 화법을 구사하는 것이다. 어떤 행동이나 상황으로 기분이 좋지 않아졌거나 화가 나고 짜증이 날 때 '내가' 화법을 사용하면 갈등이 생길 가능성이 줄어든다. 한 번 실천해보기 바란다. 다음은 대화의 기술에 대해 상세히 설명한 《비폭력적인 대화 : 동정의 언어》의 저자이자 심리학자인 마셜 B. 로즌버그(Marshall B. Rosenberg)가 대화 기술에 대해 언급한 것을 인용한 것이다.

'내가' 화법의 목적은 당신이 경험한 사건을 더욱 정확하고 완벽하게 전달해서 상대방이 방어 자세를 취하지 않고 듣게 하는 것이다. 이 전략은 사람마다 느낌이라는 것은 다 다르며 다른 사람이 내 기분을 어떻게 '했다'라고 말하는 것은 자기감정에 대해 자신의 영향력을 포기한 것이라는 점을 전제로 한다.

다음은 어느 부부가 집을 떠나 캠핑 여행을 가면서 생긴 '내가' 화법에 관한 사례이다. 두 사람은 여행을 떠나기 전에 각자 캠프장을 만들 때의 책임에 대해 동의했다.

"우리가 동의했던 내용들이 지켜지지 않고 필요한 것들이 준비되어 있지 않아서 캠프장을 제대로 만들 수 없다는 좌절감을 느꼈어요. 내가 원하는 것은 제 책임을 다할 수 있도록 필요한 것들이 다 준비된 상황이에요."

다음은 앞에 언급된 대화에 사용된 대화 기술이다.

① "_____했을 때"라는 것은 행동이나 사건에 대해 중립적인 서술

이다.

② "나는 _____ 느낀다." 이것은 남의 탓을 하거나 비난하지 않고 자신의 감정을 정확하게 말한다.

③ "내가 _____하기 때문에 _____하다." 라는 것은 그 행동이나 사건이 자신에게 미치는 영향을 설명한다.

④ "내가 원하는 것은 _____이다." 이것은 다른 사람이 해결책을 내길 기대하는 것이 아니라 자신이 직접 제안하는 것이다.

'내가' 화법은 비난조를 담고 있는 '당신이' 화법과 다르다. 예를 들어, 다음에 나오는 '당신이'로 시작하는 진술은 비난과 벌을 주고 싶은 마음, 인격에 대한 공격으로 가득 차 있다. [Chapter 7에서 인격에 대한 공격에 관해 더 자세하게 다루었다.]

"당신은 늘 휴가 때 가져오기로 약속한 것을 잊어버려요. 그래서 나는 여행을 망쳐버리는 당신에게 화가 났어요. 다음부터는 깊이 좀 생각하세요!"

'당신이' 화법보다 더 민감하면서 똑같이 효과가 없는 방법은 비난조의 '내가' 화법이다. 다음의 진술은 강도가 한층 더 센 비난과 부정적인 어투로 가득 차 있다.

"가져오기로 한 것을 잊어버리면 당신은 다음번에는 꼭 가져오겠다고 말하지요. 내가 즐거운 시간을 보낼 수 없게 되어서 당신에게 화가 나요. 당신이 이제 그만 좀 잊어버렸으면 좋겠어요.”

'내가' 화법에 익숙해지는 데는 훈련이 필요하겠지만 이는 갈등을 줄여주고 문제를 평화롭게 해결하는 데 도움이 되므로 배워둘 가치가 있다. 듣는 사람은 솔직하고 바르게 표현된 '내가'로 시작된 말에 훨씬 중립적이고 긍정적인 반응을 보낼 것이다.

합의가 어려울 때의 대안

중간 휴식

문제 해결을 위해 대화를 나누던 중에 때로는 몇 분, 몇 시간 혹은 며칠 동안 혼자 조용히 생각해보거나 서로 마음을 진정시킬 시간이 필요할 때가 있다. 그런 시간적 여유는 특히 둘 중 한 사람이, 또는 두 사람이 모두 화가 치밀어 오르는 것을 느낄 때 꼭 필요하다. 잠깐 대화를 멈추는 것은 배우자가 여러분의 인격을 평가하는 데 중요한 요인이 되며 의논을 통해 더 나은 결과를 이끌어내도록 한다. 또한 혹시나 말하고 나서 후회할 만한, 즉 배우자에게 상처를 주는 말을 하지 않도록 도와준다.

가트맨을 비롯한 결혼 연구자들은 감정이 격앙되거나 논쟁이 생기면 남자들은 신체적으로나 정신적으로나 아주 빠르게 '포화 상태'가 된다고 말한다. 그런 상태에서는 대화를 제대로 계속할 수 없다. 심장 박동 수와 혈압이 빠르게 상승하므로 잠시 한 발 뒤로 물러나 마음을 진정시켜야 한다. 이런 현상은 물론 여자에게도 일어나지만 주로 남자에게 더욱 심하게 나타나며 더 흔히 발생한다. 여하튼 두 사람이 의논하다가 도중에 각자 감정을 가라앉히고 평화로운 분위기에서 이야기를 계속할 수 있도록 잠깐 휴식을 취하자는 의미의 언어나 신체적인 신호 같이 두 사람 사이에 합의된 방법이 있어야 한다. 그렇지 않으면 의논은 제대로 진행되지 않을 것이다.

"당신은 내가 아름답다는 것을 마음속으로만 생각한다는 걸 알고 있어?
당신이 나에게 아름답다고 말해주었다면 나는 기분이 좋았을 거야."

　미리 휴식 시간을 정하는 것도 좋은 방법이다. 휴식 시간을 두기로 했다면 의논을 언제 다시 시작할 것인지, 누가 먼저 시작할 것인지도 확실히 해두어야 한다. 만약 한 사람이 이야기 도중에 외출을 하게 되어 어쩔 수 없이 쉬는 시간이 되었다면 배우자에게 정중하고 공손하게 양해를 구하고 어디에 가는지, 얼마나 집을 비우게 될지 알려줘야 한다. 그리고 누가 언제 다시 의논을 시작할지를 정해두고 나중에 그것을 또다시 정하지 않는 것이 현명하다!

의논을 다시 시작하면 여러분은 아마 다른 방법으로 접근하고 싶을 것이다. 캐벌린 포포프는 "대화가 더 이상 진행되지 않을 때는 (고의적인 말장난은 절대 안 된다.) 서로의 말상대가 되어주거나 문제의 핵심에 다가갈 수 있도록 상대방의 이야기를 더 자세히 들어주는 노력이 필요하다."라고 말한다. [Chapter 5에서 '영적인 동반자'에 대해 더 자세히 알아보자.]

현재와 과거 혼합하기

두 사람의 의논을 방해하는 요소는 아주 많다. 예를 들어, 과거의 일을 다시 언급하면 현재 의논하는 문제에 혼란을 줄 수 있다. 그러므로 오래된 사건이나 감정을 끄집어내어 현재의 문제와 감정에서 벗어나지 않도록 주의해야 한다. 조지와 진저 부부의 경험을 통해 그 점을 알아보자.

조지와 진저는 결혼한 지 20년 된 부부이지만 아직도 의논하는 과정에서 가끔 난관에 부딪힌다. 두 사람은 최근 조지의 고모님이 준 돈을 어떻게 할지를 놓고 의논했다. 진저는 그 돈을 나눠서 각자 쓰고 싶은 데 쓰자고 제안했다. 그 말에 기분이 상한 조지는 진저의 말이 끝나자마자 5년 전에 결혼기념일 선물로 자신의 어머니에게 받은 돈을 진저가 물 쓰듯 낭비하지 않았느냐며 과거의 이야기를 끄집어냈다. 진저는 자신의 소비 습관은 아무 문제가 없다고 반박했고, 결국 두 사람 다 화가 난 채 의논은 끝나버렸다.

조지는 진저의 과거 소비 습관을 아직도 이해하지 못했고 그것은 지금도 언제든 문제를 일으킬 수 있는 불씨로 남아 있다. 그런데 진저는 더 이상 그 문제에 대해 조지와 함께 이야기하려 하지 않고 바로 방어적인 자세를 취했기에 두 사람의 의논은 과거의 문제와 현재의 문제가 모두 해결되지 않은 채 끝나버렸다. 두 사람 모두 의논을 다시 시작하기 전에 서로 용서하고자 노력할 필요가 있다. 또한, 다시 그 문제로 의논할 때는 과거는 덮어두고 현재의 문제에만 집중하자는 데 동의하는 것이 좋다.

의논을 망쳐버리는 행동

의논을 망쳐버리는 행동들이 있다. 다음과 같이 행동한다면 원만하게 결론에 도달하기 어렵다.

- 상대가 이야기하는 중에 말을 자른다.
- 상대에게 자신의 생각을 강요한다.
- 의도적으로 상대에게 상처가 되는 '결정적인' 문제를 들추어낸다.
- 자신은 옳고 상대방은 그르다는 뜻을 비치거나 직접 말한다.
- 이기고 지는 것을 의식하며 경쟁 심리를 드러낸다.
- 상대방이 모욕적으로 느낄 만한 말 또는 행동을 하거나 비난한다.
- 상대방의 말이나 행동을 빈정댄다.
- 정작 가장 중요한 정보는 (자기 혼자만 알고) 숨긴다.
- 강압적이거나 위압적인 어조와 어휘를 사용해 말한다.
- (폭력의 위험이 있는 것이 아닌데도) 상대방과의 대면을 피한다.

- 대화 도중에 다른 일로 전화 통화한다.
- 상대방은 어떻게 생각하는지 알아보려고 하지도 않는다.
- 자기의견을 말하면서 상대방에게 손가락질을 하거나 공격적인 제스처를 취하거나 (위압감을 줄 만큼) 지나치게 큰 몸짓을 한다.
- "이건 꼭 해야 해."라거나 "절대로 하면 안 돼."와 같이 명령조로 말한다.
- 말이나 감정적, 신체적, 성적으로 상대방을 위협한다.
- 이혼 운운하며 상대방을 위협한다.

이와 같은 부정적인 행동이 계속되면 즉각 의논을 멈추는 것이 최선의 방법이다. 그리고 "우리 두 사람을 위해 새로 경계를 정하고 문제를 해결하는 데 더 나은 방법을 배울 필요가 있는가?"라고 자문자답해 보는 것도 상황을 개선하는 데 도움이 된다. 합리적으로 결론을 이끌어내는 데 어려움이 닥쳤다면, 문제를 해결해줄 수 있는 외부 요인을 찾아보는 것이 현명하다.

콜스토에는 또 이야기의 흐름을 의논 주제에서 벗어나게 하는 또 다른 행동들을 알려준다.

의논의 목적은 두 사람이 머리를 맞대고 함께 더 나은 해결책을 찾으려 하는 것이므로 상대방의 동정을 얻으려 하거나 또는 다른 사람을 깎아 내리려는 수단으로 사용되어서는 안 된다. 불평불만, 푸념을 늘어놓거나 두 사람의 이야기가 아닌 남의 이야기나 떠들어댄다면 그것은 의논이 아니다. 이런 행동들은 단지 또 다른 문제를 일으키고 상황을 더욱 악화시킬 뿐이다. 부부 간의 대화에서 화를 분출하고 일상생활에서 겪은 유쾌하지 않은 일들을 길게 늘어놓는 것은 문제 해결을 더디게 하고 상처를 더욱 크게 하며 상처가 치유되는 과정을 방해한다. …… 의논할 때 두 사람이 느끼는 고통의 강도가 약할수록 해결은 수월해진다.

— 《천재 만들기》

관계 유지하기

문제의 해결이 어렵더라도 끝까지 긍정적 태도를 유지하는 것이 중요하다. 두 사람의 관계를 잘 유지하는 것이 가장 중요하다는 것을 명심하면, 애정이 깃든 대화를 나누는 데 도움이 될 것이다. 서로 간에 의견이 잘 맞지 않는 이유를 생각해보고 차이를 확실히 파악해야 한다. 마침내 두 사람 다 만족하는 결론에 도달하게 되면 더욱 행복하고 만족스러운 결과를 얻을 수 있을 것이다.

문제가 아주 심각할 때는 빨리 결정을 내리고 싶겠지만, 그 전에 배우자와 서로 동의하에 잠시 시간 여유를 갖는 것이 좋다. 그러면 문제를 다시 생각해보고, 기도하고, 여러분이 내린 결론이 정말로 옳다고 확신하는 '생각할 시간'을 얻을 수 있다.

상대방을 믿고 결정 맡기기

의견을 나누는 과정이 원만하게 이루어졌더라도 때때로 두 사람 모두 동의하는 해결책을 찾을 수 없을 때가 있다. 그렇게 되면 둘 중에 한 사람은 상대방이 결정을 내리도록 맡기고 그를 지지해야 한다. 단, 이 방법은 둘 중에 한 사람이 화가 나서 지지를 '포기하고' 상대방의 결정을 비난하면 아무 효과가 없다는 점을 주의해야 한다. 다시 말해, 상대에게 결정을 맡기는 것은 진심에서 우러난 것이어야 한다.

마음에서 우러나와 상대방이 결정을 내리도록 맡기고 그 결정을 '우리가 내린' 것이라고 받아들인다면, 여러분의 태도는 더욱 긍정적으로 변할 것이다. 그러면 그 결정은 상호 간의 약속이 되고, 두 사람은 진심으로 서로 돕게 된다. 또한, 일단 결정을 내렸더라도 시간이 좀 지난 후에 두 사람이 함께 문제를 다시 의논해보는 것도 현명한 방법이다. 그때 가서 더 좋은 방법이 생각나기도 한다.

때로는 자신이 너무 자주 상대방에게 의사 결정권을 맡기는 것은 아닌지 돌아보라. 그것은 여러분이 의논에 적절한 시간과 노력을 쏟지 않고 있다는 신호일 수 있기 때문이다. 그리고 한 사람이 계속해서 상대방에게 의사 결정을 미루는 것은 두 사람 사이의 동등한 관계를 존중하지 않는다는 반증일 수 있다.

지속적인 분석과 발전

대화와 의논을 마친 후에 어느 정도 시간이 지나 두 사람이 내린 결정의 결과를 평가하려면 사전에 올바른 방법을 적극적으로 훈련해야 한다. 결정에 따라 상대방을 어떻게 도와주었는지 구체적인 예를 찾아보고 그 과정에서 생긴 실수를 되짚어본다. 스스로 잘했다고 추측하지 말고, 다른 사람들에게 구체적으로 물어보라.

이러한 평가를 통해 자신이 언제 배우자의 말을 잘 들었고 언제 잘 안 들었으며, 언제 배우자의 생각과 감정을 존중했고 언제 존중하지 않았는지 알 수 있을 것이다. 예를 들어 의논하는 도중에 과거의 일을 끄집어내어 상대방의 기분을 언짢게 했거나 화나게 한 적이 있는가? 상대방의 인성을 이해하는 것을 잊지는 않았는가? 만약 그랬다면 그 행동은 상대방을 화나게 하려는 목적이었는가? 충분히 의견을 나누고 솔직하게 대화했는가? 위협적으로 목소리를 높이거나 소리를 지르지는 않았는가?

만약 부적절한 행동을 했다면 깨달은 즉시 그 행동을 멈추고 상대방이 원하는 모습으로 변해가려는 노력을 시작했다고 분명히 알려주는 것이 좋다. 의논하던 도중이나 사건이 일어난 후에 혼자 조용히 생각해보는 시간을 보내며 반성하고 이를 통해 교훈을 얻고 더불어 다음부터는 더 잘할 수 있는 방법을 생각해 본다면, 여러분의 지혜는 쑥쑥 자라날 것이다.

배우자와 대화하거나 의논하는 데 어려움을 겪고 있다면, 특정한 시간을 정해서 매일매일 정기적으로 그날 하루 두 사람 사이의 대회가 어떻게 흘러갔고 무엇이 잘 되었고 잘 안되었는지에 대해 의견을 나눠보라. 만약 함께 의논하는 것이 낯설고 어렵게 느껴지면 우선 쉬운 문제를 여러 개 골라 의논하는 기술을 연습해 본다. 그리고 부부끼리의 의논에 실패한 경험과 성공한 경험에 대해 이야기하며 기억을 공유한다. 이렇게 날마다 분석하다 보면, 두 사람의 관계와 대화 기술이 점점 개선될 것이다.

"의견을 나눌 때는 잘 훈련된 대화 기술을 사용하고, 이때 일어나는 생각의 변화는 두 사람의 노력을 바탕으로 이루어져야 한다. 가장 이상적인 것은 함께 의논하는 사람들이 각자의 생각과 배경, 느낌과 마음을 모두 공유하여 이끌어낼 수 있는 최고의 결과를 얻는 것이다. 의논은 두 사람 이상이 함께 말하고 듣고 대화할 때 각자 마음에 품고 있던 생각을 끄집어내어 목표를 이루는 데 더 가깝게 다가가도록 도와주는 기술이다. 그러나 이러한 기술을 아무리 잘 계발했다고 해도 목표를 달성하는 데 사용하지 않았다면 아무 소용이 없을 것이다."

— 존 E. 콜스토에, 《의논 : 삶의 길을 안내해주는 전 인류의 등불》

"상대방을 얕보거나 과소평가하고 누군가에게는 매우 중요한 것을 숨기면 절대로 진정한 의미의 의논은 이루어지지 않는다."

— 존 E. 콜스토에, 《의논 : 삶의 길을 안내해주는 전 인류의 등불》

"의논을 하면 나와 다른 각도에서 문제를 바라보는 다른 이의 의견을 들을 수 있으므로 문제를 더 명확하게 파악할 수 있다."

— 존 E. 콜스토에, 《의논 : 삶의 길을 안내해주는 전 인류의 등불》

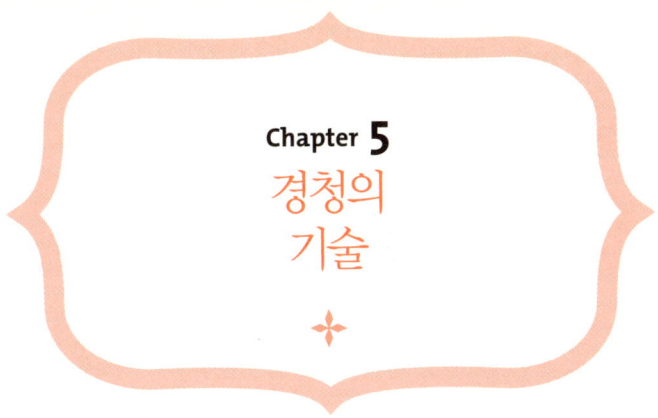

상대방의 말을 진심으로 들어주는 것은 두 사람 사이에 강력하고 친밀한 유대관계를 형성한다. 이는 친구 관계, 부부 사이, 그리고 인성을 발전시키는 데 아주 중요하다. 만약 어린 자녀가 있고 두 사람 다 밖에서 일을 하는 부부라면 일상은 몹시 바쁘게 돌아갈 것이다. 여러 가지 일을 하다보면 겨우 가정을 꾸려나갈 수 있을 정도로 간단하고 꼭 필요한 대화만 하고 있다고 느낄 때가 종종 있을 것이다.

효과적인 대화를 위해서는 천천히, 충분하게 자신의 의견을 표현하고 동시에 상대방의 생각과 느낌을 경청해야 한다. 다시 말해, 상대방이 말하는 것은 물론 그 말의 이면에 숨어 있는 감정과 요구사항도 알아채야 하는 것이다. 이는 물론 어렵고 불편할 수 있는 과정이지만, 일상에서 친구들과는 오래 시간을 함께 보내며 서로 깊은 이야기를 들어주지 않던가? 부부 사이에서는 더욱 노력해야 한다.

어떻게 들어야 하는가?

우리는 들을 수 있는 능력을 타고났다. 그래서 듣는 방법을 따로 배워야 한다는 말이 이상하게 들릴 수도 있다. 그러나 단순히 듣는 것과 제대로 경청하는 것은 다르다. 경청하는 과정은 생각보다 훨씬 복잡하다.

플라밍고 부부는 허벅지가 가늘다.
하지만 그들이 여러분보다 행복해보이지는 않는다.

듣기 서약

경청하는 방법을 배우는 첫 단계는 '듣기 서약'이다. 이 내용은 철학 박사 캐슬린 헨드릭스(Kathlyn Hendricks)와 그녀의 남편 게이 헨드릭스(Gay Hendricks)의 저서 《의식적인 마음》(www.hendricks.com)에서 일부 발췌한 것이다.

• 나는 내 의견을 내세우지 않고 당신이 이야기한 것을 다시 이야기

할 수 있도록 충실히 들을 것을 약속한다.

- 나는 당신의 이야기에 담겨 있는 느낌까지 들을 것을 약속한다.
- 나는 우리가 서로의 창의력을 발현할 수 있도록 중간에 말을 끊지 않고 들을 것을 약속한다.
- 나는 나 자신과 당신에게 비판 없이 말하고 들을 것을 약속한다. (여기서 비판은 '흠을 찾고, 비난하고, 불만을 나타내는 것'을 의미한다.)
- 나는 나 자신과 당신에게 우리 두 사람을 평가하지 않으며 말하고 들을 것을 약속한다.
- 나는 나 자신과 당신에게 '옳다 그르다', '착하다 나쁘다', '똑똑하다 어리석다'라고 판단하지 않으며 말하고 들을 것을 약속한다.
- 나는 나 자신과 당신에게 서로를 비교하거나 다른 사람과 비교하지 않으며 말하고 들을 것을 약속한다.
- 나는 나 자신과 당신에게 감정과 행동을 억누르지 않으며 말하고 들을 것을 약속한다. (여기서 억누른다는 것은 '억제하고, 제지하고, 말리고, 권위를 내세우며, 지시하고 명령하는 것'을 말한다.)
- 나는 나 자신과 당신을 충분히 이해하며 말하고 들을 것을 약속한다. (여기시 충분히 이해한다는 것은 두 가지 의미가 있다. '세심히 배려'하고 '긍정적인 인격과 특징'에 초점을 맞춘다는 뜻이다.)

만약 이 서약들 중에서 특히 도움이 되는 것이 있다면, 따로 종이에 적어서 두 사람이 주로 의견을 나누는 장소 주변에 두어라.

의식적으로 듣기

경청하는 방법을 배우는 두 번째 단계는 '의식적으로 듣기'이다. 경청이란 상대방에게 온통 정신을 집중해서 세세한 것까지 하나도 놓치지 않고 듣는 것이니 만큼, 처음에는 마음을 다잡고 집중해서 듣는 훈련을 해야 한다.

헨드릭스 부부는 다음에 소개하는 '의식적으로 듣기' 3단계(내용 듣기, 감정 듣기, 원하는 것과 필요한 것 알고 듣기)를 시도해보라고 권한다. 《의식적인 마음》

1단계 : 내용 듣기

1단계의 주된 목적은 말하는 사람이 무엇을 말하고자 하는지 확실히 이해하는 것이다. 듣는 사람은 말하는 사람이 말한 것을 간단하게 다시 말함으로써 자신이 정확히 이해했는지 확인해 본다. 이때, 들은 그대로 똑같은 말을 반복하면 말한 사람의 짜증을 돋울 수 있으므로 앵무새처럼 따라하지 않는 것이 좋다.

이 방법은 둘 중에 한 사람이 기분이 언짢거나 특별히 민감하거나 몹시 감정적인 문제를 풀어야 할 때 유용하다. 일단 두 사람의 마음을 진정시키고 문제가 무엇인지 확실히 파악할 수 있게 도와준다.

대화의 구성

A의 경우와 B의 경우가 어떻게 다른지 살펴보기 바란다.

A. 기분이 언짢거나 걱정이 있는 사람이 먼저 말한다.

1. 자신의 걱정거리와 감정을 털어놓으면서 먼저 말을 꺼낸다.
2. 배우자가 들은 것을 정리해서 다시 말한다. 배우자가 말한 것이 정확한지 말해준다.(아니라면 틀린 부분을 바로잡아준다)
3. 그러고 나서 배우자에게 더 많은 정보를 알려준다.
4. 배우자가 다시 요약해서 말할 수 있도록 말을 멈춘다. 배우자가 다시 요약해서 말한 것이 정확한지 말해준다.

B. 잘못한 사람이 먼저 말한다.

1. 배우자는 자신에게 일어난 일을 말해주고, 그 일이 생긴 이유에 대해 자신의 생각을 말한다.
2. 배우자가 말한 것을 요약해서 다시 말한다. 그러면 배우자는 내용이 정확한지 이야기해준다.(아니면 바로잡아준다)
3. 배우자가 여러분에게 더 많은 정보를 말해준다.
4. 여러분은 그것을 다시 요약해서 말한다. 배우자는 여러분이 이야기의 본질을 정확하게 이해했는지 알려준다.(혹은 바로잡아준다)
5. 배우자는 여러분에게 문제를 일으킨 점에 대해 사과한다.
6. 두 사람은 그러한 상황이 다시는 일어나지 않도록 할 방법에 대해 의논한다.

예시

앞에 제시한 대화의 구성에 따른 예를 들어보았다. 두 사람의 기분이 어떨지 느끼면서 읽어보자.

A의 경우

메이의 자동차가 조엘의 사무실이 있는 건물 주차장에 도착했다. 그녀는 조엘과 함께 병원에 가기로 약속한 시간보다 한 시간이나 늦게 도착했다. 조엘은 최근 가슴에 통증을 느껴 심장 스트레스 테스트(스트레스 상황에서의 심장 기능 검사)를 받기로 예약해둔 상황이었다.

조엘 : 메이, 어떻게 이렇게 늦을 수 있어! 한 시간나 당신을 기다렸어. 게다가 병원에 전화해서 좀 늦을 것 같으니까 기다려달라고 부탁해야 했다고. 당신 때문에 모든 것이 다 늦어지잖아!

메이는 깊이 한숨을 내쉬고는 조엘의 말이 끝날 때까지 기다렸다가 그가 말한 것을 정리해서 다시 말했다.

메이 : 조엘, 당신이 기분 상한 것 다 이해해. 날 한참을 기다리고 또 나 때문에 병원에 양해를 구해야 했으니까.

조엘 : 당신은 지금 내 스트레스 지수가 얼마나 높아졌는지 모르는 것 같아. 지금 병원에 가서 테스트를 받으면 도대체 어떤 결과가 나올지 걱정이 되는군.

메이 : 내가 당신 건강에 신경을 쓰지 않는다고 생각하는 거야?

조엘 : 그래. 나는 그렇게 생각해.

B의 경우

메이 : 오는 길에 자동차 타이어에 펑크가 났어. 게다가 공교롭게도 어젯밤에 깜빡하고 휴대폰 배터리를 충전하지 않아서 당신에게 전화를 걸 수가 없었어.

조엘 : 자동차에 문제가 생겨서 제 시간에 올 수 없었고, 나에게 그 사실을 알리고 싶었는데 그럴 수 없었다는 말이군.

메이 : 정말 미안해. 난 진심으로 당신의 심장 문제를 걱정하고 있어. 게다가 지금 내가 당신의 스트레스를 가중시킨 것 같아서 마음이 좋지 않아.

조엘 : 그래. 나도 당신에게 소리 질러서 미안해. 얼른 병원에 가자. 진료가 끝나면 차 안에서도 충전할 수 있는 충전기 사러 가자. 그동안 내내 사려는 마음만 있었지 직접 사러 가지는 않았잖아.

메이 : 그래, 그렇게 하자.

이 단계들을 거치고 난 다음에 서로 더 할 말이 있는지 물어보고, 이 과정이 두 사람에게 효과가 있었는지 이야기해본 후 이 방법을 계속 연습할지 결정한다.

2단계 : 감정 듣기

상대방의 말을 제대로 들으려면 조용하고 신중한 태도로 상대방에게 집중해야 한다. '듣다' 라는 영어 단어 listen을 다시 배열해보면 '조용하다' 라는 뜻의 silent가 나온다. 상대방의 말을 집중해서 듣다 보면 간간이 피드백을 주고 반응하게 되는데, 이는 여러분이 열심히 듣고 있고 대화의 본질을 정확하게 이해하고 있다는 것을 보여준다.

하지만 정말로 제대로 들으려면 귀와 마음으로 감정을 이입해서 상대방의 이야기를 들어야 한다. 가까운 사이에서 '듣는다' 는 것의 의미는 그 말 속에 담긴 감정과 그 사람이 말하지 않은 것까지 '들을 수 있다' 는 것이다. 다음의 이야기에 나오는 엘지의 사례를 통해 그 점을 알아보자.

데본은 깊은 한숨을 쉬고 고개를 숙이더니 두 손으로 머리를 감쌌다. 엘지는 그에게 다가가 옆자리에 앉았지만 어찌할 바를 몰라 그저 걱정스러운 표정으로 남편을 바라봤다. 엘지는 남편이 좌절했고 스트레스로 힘들어 한다는 것을 느꼈다. 이윽고 용기를 내어 남편에게 무슨 일이 있는지 말해보라고 하자 데본은 거실을 왔다 갔다 하면서 그의 회사와 매니저가 직원들에게 신경을 쓰지 않는다고 욕을 하며 소리 지르기 시작했다. 엘지는 그가 화가 났다는 것을 '들을 수 있었다.'
데본은 방 주변을 왔다 갔다 하더니 의자에 털썩 주저앉았다. 그의 표정에서 엘지는 데본이 무언가에 망연자실했다는 것을 알 수 있었다. 결국 데본은 회사가 아무 예고도 없이 그를 해고했다는 사실을 털어놓았다. 엘지는 데본이 가족을 걱정하는 것과 이 상황이 그의 자신감을 완전히 흔들어놓았다는 것을 '들을 수 있었다.'

감정을 이입해서 이야기를 들어주는 사람은 상대방이 모든 것을 털어놓을 수 있게 도와준다. 감정을 이입해서 들어주면 상대방이 인식하기 전에 감정이 이미 그 마음을 알고 있다는 것을 깨닫게 해준다. 그러나 이러한 상황에서 독심술이나 추측은 위험하다. 여러분이 '듣고' 이해한 것이 맞는지 확인하려면 직접 질문해야 한다.

[스테판 R. 코비의 책 《성공하는 가족들의 7가지 습관》에서 '5번째 습관 : 먼저 이해하고…… 그 다음에 이해받아라' 편을 읽으면 도움이 될 것이다.]

3단계 : 원하는 것과 필요한 것 알고 듣기

3단계에서는 더 깊은 주의력과 집중이 필요하다. 이 단계에서는 상대방이 진심으로 말하는 모든 것을 신중하게 들음으로써 그 사람이 무엇을 원하고 무엇이 필요한지 인식하게 된다. 이 방법을 더욱 활성화하는 방법 중 하나는 '정신적 동반자'를 이용하는 것이다.

《가정생활의 미덕에 대한 지침》과 《미덕의 속도》의 저자 캐벌린 포포프는 '정신적 동반자의 기술'이 사랑과 믿음을 바탕으로 하는 인간관계를 만드는 데 꼭 필요한 핵심 기술이라고 말한다. 포포프는 정신적인 동반자에 대해 이렇게 말했다.

우리는 정신적인 동반자로서 다른 사람의 행복을 지켜줄 수는 없지만 삶의 동반자가 되어줄 수는 있다. 또한 우리는 다른 사람이 가고 있는 삶의 여정에 동행해줄 수는 있지만 우리가 원하는 방향대로 그를 움직이게 하거나 그를 대신해서 정신적인 활동을 할 수 없다. 정신적인 동반자의 목적은 상대방이 마음을 비우고 문제의 핵심에

다가가도록 도와주는 것이다. 마음을 비우는 훈련을 할 때는 '언제', '무엇을', '어떻게'라는 질문을 던지며 시작한다. 절대로 서로 방어 태세를 갖추게 하는 '왜'라고 묻지 않는다.

자신이 연락도 없이 집에 늦게 들어온 것에 화가 난 배우자가 "대체 어디에 있었던 거예요? 정말로 걱정했다고요!"라고 말한다면, 늦게 들어온 이유를 설명하고 말의 마지막에 "어떤 점이 그렇게 걱정됐어요?"와 같은 질문을 덧붙여라. 다들 그렇듯이 누구나 배우자가 연락도 없이 집에 오지 않으면 혹시 사고가 나서 고속도로에 누워 있는 것은 아닌가 하고 상상하게 된다. 위와 같이 질문을 덧붙이는 방법은 사랑하는 배우자의 마음 상태가 정확히 어떤지 알게 해주고 정말로 걱정하는 것이 무엇인지 스스로 명확히 인식하고 표현할 수 있게 해준다.

이 방법을 사용해 대화해 나가다보면, 나중에 또 집에 늦게 들어올 일이 생길 때는 꼭 연락을 해주겠다는 약속과 같은 실질적인 개선안을 이끌어낼 수 있다.

배우자의 말이 비난조이더라도 동정심을 느끼며 인내심 있게 잘 들어주어야 한다. 이론상으로 보면 화가 난 상대방과 대화할 때는 기지를 발휘해야 한다지만 그렇게 해도 문제가 쉽게 해결되지 않을 때가 있다. 그러나 비록 상황이 그렇더라도 우리는 배우자의 말을 경청해야 한다. 화가 난 상태에서 배우자가 한 말과 관련해 "무엇 때문에 내가 당신을 얕본다고 생각해요?"라거나 "언제 당신과 나 사이에 신뢰가 무너진다고 생각해요?"와 같이 질문할 때는 배우자에 대한 측은한 마음과 초연함이 있어야 한다. 그래야 여러분이 무슨 행동을 하고 무슨 말을 하는지, 또는 여러분이 무슨 행동을 하지 않고 무슨 말을 하지 않는지에 대해 배우자가 말하는 내용을 진심으로 들을 수 있다.

동반자로서 배우자의 말을 들어주면, 그 혹은 그녀의 마음 속 깊은 곳에 있는 진심을 알 수 있다. 배우자의 이야기를 듣고 나서 "어떻게 하면 당신이 나의 사랑을 느낄 수 있을까?" 혹은 "어떻게 하면 당신이 나를 다시 믿게 될까?"라고 물어본다.

'정신적 동반자'를 이용하는 기술은 감사의 미덕으로 끝을 맺는다.

- "당신을 괴롭게 하는 것이 뭔지 솔직하게 말해줘서 고마워요."
- "당신의 진심을 알게 해줘서 고마워요."
- "날 용서해주고 새롭게 시작할 수 있게 해줘서 고마워요."

부부가 서로의 이야기를 진심으로 들어주지 않고 각자 자기 말만 늘어놓는 형식적인 대화를 하는 것이 아니라 정신적 동반자로서 상대방의 말을 충분히 들어준다면, 두 사람 사이에 신뢰감과 친밀감이 차곡차곡 쌓여간 것이다. ['정신적인 동반자' 단계에 대해 더욱 자세하게 알고 싶다면 캐벌린 포포프의 책을 읽어보길 권한다.]

듣기에 방해가 되는 것들

경청하는 방법을 배우는 마지막 단계는 듣기에 방해가 되는 요소들을 버리는 훈련을 하는 것이다.

다른 사람과 대화하다보면 오해가 생기고 이의를 제기해야 할 때가 종종 생긴다. 그럴 때는 자신이 상대방의 이야기를 어떻게 듣고 있는지 살펴볼 좋은 계기가 된다. 다음은 다른 사람의 말을 듣는 데 방해가 되는 요소들이다.

독심술

부부들이 흔히 빠지기 쉬운 함정은 자신이 상대방의 마음을 잘 읽을 수 있다고 믿는 것이다. 실제로, 누군가와 가까운 사이가 되면 그 사람의 생각이나 감정을 더 잘 느끼고 때로는 그들이 생각하는 것을 꽤 정확히 맞추기도 한다. 그러나 상대방이 생각하는 것, 느끼는 것, 필요한 것, 원하는 것을 직접적으로 물어보거나 듣지 않고 추측하는 것은 현명하지 못하다. 직접적으로 대화해보지 않고 상대방의 이야기를 '들으려고' 하면 오해가 생기고 두 사람의 관계가 틀어진다.

또한 배우자에게 필요한 것이나 원하는 것을 굳이 부탁하지 않아도

이미 알고 있으리라고 믿기에 절대로 원하는 것을 직접 부탁해서 얻고 싶어 하지 않는다. 그러나 이러한 생각은 점차 여러분을 불행으로 이끈다. 서로 대화하지 않고 상대방이 바라는 것을 제대로 정확하게 아는 것은 불가능하기 때문이다. 필요한 것을 상대방에게 표현하고, 또한 서로 그것을 성의 있게 듣고 반응해주는 것이 가장 좋은 방법이다.

들으면서 대답 생각하기

아무래도 두 사람 중에 상대방의 이야기를 더 잘 들어주는 사람이 있게 마련이다. 대개 여성은 한 가지 일에 집중하지 않고 동시에 여러 가지 일을 하기 때문에 대화의 일부를 놓치거나 혹은 아예 이야기를 듣고 있지 않다는 인상을 줄 때가 많다. 그러므로 대화 상대에게 자신이 잘 듣고 있다는 표현을 해줄 필요가 있다. 남자들은 종종 문제의 해결사가 되어주려고 한다. 그러나 여자들은 대부분 문제를 확인하고 바로 해결해주는 것보다 그냥 이야기를 들어줄 사람이 필요할 뿐이다.

제니타와 알란 부부는 서로 의논한 결과, 제니타가 그들의 세 자녀를 위해 전업주부가 되는 것이 좋겠다고 결정했다. 평소 제니타는 아이들의 소란에 잘 대처한다. 그런데 오늘은 정말이지 그녀에게 너무나도 힘든 하루였다. 절박한 상황에까지 내몰린 그녀는 알란이 퇴근해 집에 돌아오자 눈물이 나려고 했다. 딸 폴리는 열이 나고, 아들 캘빈은 벽이 자기 스케치북인 양 낙서를 해대고, 갓난아기인 막내는 계속해서 울어댔다. 게다가 화장실 변기는 고장이 나서 넘치고, 저녁 식사는 다 타버리고, 이웃집에서는 마당에서 개 짖는 소리가 시끄럽다고 고함치기까지 했다. 그녀는 알란을 껴안으며 "잠시만 안아주세요."라고 말하며 그를 반겼다. "이 정신없는 상황에서 잠시라도 벗어나고 싶어요." 알란은 제니타에게 오늘 무슨 일들이 있었는지 들어주고, 그녀가 좀 마음을 진정하자 무엇을 도와주면 좋겠는지 물어보았다.

사람들은 대부분 그저 단순히 상대방의 말을 들어주는 것이 아니라 자신이 그 사람에게 어떤 대답을 해줄지 생각하는 데 집중한다. 하지만 자제력을 훈련한 알란은 제니타가 감정을 분출하는 동안 성급하게 해결책을 제시한다고 중간에 끼어들지 않았다. 문제는 일단 제니타가 진정하고 나서 함께 해결할 수 있다. 여러분의 마음이 대답을 미리 준비하고 있다면, 상대방의 말을 제대로 들어줄 수 없게 된다. 헨드릭스는 《의식적인 마음》에서 미리 대답을 준비하면 다음과 같은 범주에 빠지게 된다고 말했다.

- 판단하거나 평가하기
- 비판하기
- 조종하고 억누르기
- 비교하기
- 고치기

머릿속으로 미리 대답을 준비하거나 조바심 내지 않고 이야기에 몰입하며 상대방의 말을 끝까지 들어준다면 두 사람 사이의 믿음과 유대감은 점점 깊어질 것이다. 누군가가 자신의 이야기를 진심으로 들어주면, 자기 자신에게 확신이 생기고 자신이 존중받고 이해받고 있다고 느끼게 된다. 그러면 한층 더 자신감이 생기고 상대방에 대한 사랑이 더욱 커진다. 또한, 의식적으로 이야기를 진지하게 들어주는 것은 두 사람이 문제를 함께 해결하는 능력을 길러가는 데 도움이 된다. 이는 두 사람 사이에 존재하는 갈등을 줄이거나 혹은 없애줄 수도 있다.

문화와 성에 관한 인식의 차이

때로는 문화나 성(性)이 대화의 패턴에 영향을 미치기도 한다. 예를 들어, 어떤 문화에서는 듣는 사람의 기분을 상하게 할 것 같으면 솔직하게 말하지 말아야 한다고 가르친다. 또 어떤 문화에서는 사람들이 서로의 감정을 요란스럽게 공유하는 것이 관습이다. 그들은 종종 사랑과 같은 긍정적인 감정을 표현할 때는 모든 사람이 들어야 한다고 생각하지만 부정적인 비판은 그렇게 공개적으로 말하거나 듣고 싶어 하지 않는다.

어떤 가정이나 문화권에서는 남자 아이들에게 자신의 감정을 표현하지 말고 조용히 듣고 여자가 이야기하도록 해야 한다고 가르친다. 또 다른 가정이나 문화권에서는 남자는 우월하고 여자는 다소곳하게 조용히 있어야 한다고 가르친다. 문화와 성은 매우 복잡하고 광범위한 주제인지라 부부 사이에 문제를 일으킬 수도 있다. 만약 그렇다면, 성의 차이점을 논한 책을 읽어보거나 서로 다른 문화를 공부하면서 직접 겪어보는 것이 대화를 원만하게 이끌어가는 데 도움이 될 것이다.

대화하거나 다른 사람의 이야기를 듣는 데 신체적, 정신적 장애가 영향을 미칠 수도 있다. 난청으로 정확하게 듣지 못한다면 오해할 가능성이 있고, 약물의 효과가 대화에 영향을 미칠 수 있다. 정신적 질병이나 과거의 심각한 문제들도 대화나 경청에 영향을 주는 요인이다. 그럴 때는 혼자 혹은 배우자와 함께 전문적인 상담을 받아보는 것이 좋다. 정신 장애의 증상에는 비이성적으로 과도하게 화내는 것, 심한 불신, 우울증, 지나친 걱정, 자살 시도, 계속해서 욕설을 퍼붓고 위협적인 말을 하는 것 등이 있다. 이러한 특수한 상황에서는 상대방의 말을 제대로 듣는 방법과 관련된 훈련 방법, 지침이 필요하다.

상대방의 문화나 의사소통 문제를 이해할수록 상대방의 인격 계발에 많은 영향과 도움을 줄 수 있다. [이 주제에 대해서는 Chapter 6에서 자세히 다루었다.]

"사람들의 마음속에는 무척 많은 것들이 담겨 있다. 그 짐들은 너무 무거워서 주기적으로 내려줘야 한다. 그런데 나서서 그 짐을 들어주고 싶어 하는 사람은 거의 없다. 당신은 비판 없이 기꺼이 배우자의 이야기를 들어주는 최고의 경청자가 되어야 한다. 절대로 술집의 바텐더나 낯선 사람이 그 역할을 대신하게 두어서는 안 된다. 또한 배우자의 친구조차 당신의 자리를 빼앗아서는 안 된다."
— 칼릴 A. 카바리와 수 윌리스톤 카바리의 《영원히 함께》

주여, 저를 당신의 평화의 도구로 만들어 주소서
증오가 있는 곳에는 사랑의

상처가 있는 곳에는 용서의

의심이 있는 곳에 신념의

절망이 있는 곳에 희망의

어둠이 있는 곳에 빛의

슬픔이 있는 곳에 기쁨의 씨를 뿌리게 하소서.

오, 거룩한 주님이시여,

내가 위로받기보다는 위로하게 하여 주시고

이해받기보다는 이해하게 하여 주시고

사랑받기보다는 사랑하는 사람이 되게 하여 주소서.

이는 줌으로써 받고

용서함으로써 용서받으며

죽음으로써 영원한 생명을 얻게 되기 때문입니다. 아멘.

— 성 프란시스의 기도문

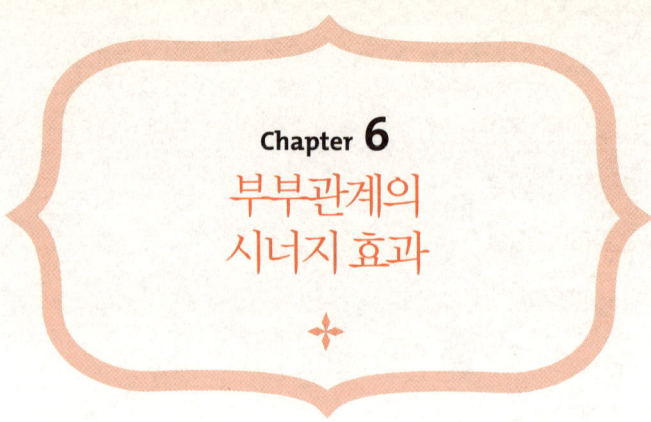

자신의 인격에 책임을 지고 행동한다는 것은 매우 어려운 일이다. 그래도 우리는 종종 다른 사람과의 관계를 발전시키고 변화시킬 뿐만 아니라 그들을 격려하고 도와주고 영향을 끼치기도 한다. 여기에 도움이 될 만한 방법들을 소개한다. 함께 실천해보기 바란다.

- 그날그날, 혹은 기회가 생겼을 때 훈련할 인격을 선택한다.
- 서로 마음을 터놓고 인성에 대해 이야기한다.
- 인성을 제대로 발휘했을 때 긍정적인 반응을 보여준다.
- 상대방에게 필요한 특정 인격을 제안한다.
- 과거에 자신이 겪어본 상황이라면 상대방에게 도움을 준다.
- 현명한 선택을 할 수 있도록 상대방의 노력에 힘을 실어준다.
- 상대방이 걱정하는 사안에 대해 친절하게 피드백 해준다.
- 도움 받은 것에 대해 감사의 마음을 전한다.
- 상대방에게 변화가 필요한 인격을 알려주고, 도와주겠다는 의지

를 보여준다.

- 상대방이 끈기 있게 노력할 수 있도록 격려한다.
- 상대방에게 도움을 요청한다.

교감의 가치

　가트맨과 실버는《행복한 부부 이혼하는 부부》에서 "아내의 감화를 받아들이는 남자는 아내의 감화를 거부하는 남자보다 훨씬 행복한 결혼생활을 하게 되고, 이혼율도 낮다."라고 말했다. 가트맨의 연구 팀은 여성들은 대체로 미리 배우자의 생각이나 느낌을 고려하지만 남성들은 여성보다 그런 경우가 적다는 것을 발견하고, 남성들의 성향을 집중적으로 연구하기 시작했다. 2004년 12월에는 미국 질병 대책 센터에서도 일반적으로 결혼한 부부가 미혼자보다 건강하다고 발표했다. 이는 부부가 서로 상대방에게 건강한 습관을 들이도록 영향을 주기 때문이다. 그 보고서에서 예외로 지적한 것은 기혼 남성의 체중이 미혼 남성보다 높다는 것이었다. 결혼생활에서 두 사람 사이에 동등한 관계를 유지하고자 더욱 열심히 훈련한다면, 협동심과 함께 서로 상대방에게 주는 영향력은 더욱 커지고 성별의 차이에 따른 불협화음도 줄어들거나 사라질 것이다. 그러면 두 사람의 관계와 우정은 더욱 만족스러워질 것이다.

　배우자 또는 다른 사람의 피드백을 잘 받아들이고, 긍정적인 방향으로 성장할 수 있도록 서로 영향을 주는 것을 흔쾌히 받아들이려면 서로 간에 신뢰감과 사랑, 존중하는 마음이 바탕에 깔려 있어야 한다. 그리고 서로에게 영향을 주는 것에 대해 두 사람 모두 기꺼이 동의해야 한다. 상대방에게 계속해서 정중하고 솔직한 피드백을 해주어라. 그러면 서로 부정적인 영향을 끼치지 않고 그런 말이나 행동이 비판이나 공격으로 확대되지 않는다. 이런 식으로 서로에게 피드백을 주다보면 차츰 두 사람에게 맞는 공통적인 기반을 찾게 되고, 무엇이 어떻게 바뀌어야 하는지도 알 수 있다. 어떤 식으로든 변하기로 했다면, 두 사람이 선택한 변화로 생길 긍정적 효과와 부정적 효과를 평가해봐야 한다.

메리드 인격 다듬기

두 사람 사이에 오고가는 모든 상호 작용과 피드백은 두 사람의 관계에 변화를 주고 인격을 효과적으로 수련하도록 해준다. 부부 두 사람은 서로에게 가장 가까운 협력자이다. 삶의 중요한 목적은 인성을 다듬는 것이기에 부부로서 두 사람이 수행해야 할 중요한 임무는 서로가 발전할 수 있도록 돕고 힘을 불어넣어주는 것이다.

인격을 다듬는 것은 광산에서 천연 광물을 캐내어 반짝반짝 빛나는 아름다운 보석이 될 때까지 다듬고 깎아내는 과정과 같다. 이 '다듬고 깎아내는' 과정은 두 사람의 관계에서 때로는 힘들고 어렵겠지만 궁극적으로는 커다란 보상을 받게 될 것이다.

기꺼운 마음으로 행동하기

변화를 시작하려면 현재 문제가 있다고 생각하는 것에 대해 부정하지 말고 기꺼이 인정해야 한다. 그리고 일단 인성이 제대로 사용되지 못하는 경우를 파악하면 기꺼운 마음으로 그것을 개선하고자 노력해야 한다. 그런 예에는 뒤에 오는 사람을 위해 문을 잡아주지 않는 것처럼 사소한 문제도 있고 욕을 하거나 물건을 훔치는 것처럼 더 심각한 문제도 있을 것이다. 우리는 아주 어려운 문제라도 기꺼이 대처할 수 있는 목표를 정해야 한다. 목표를 정하고 나서 조금씩 실천해 나간다면, 여러분의 의지를 강화하는 데 도움이 될 것이다. 그리고 아무리 힘든 문제라도 처음에 생각했던 것보다 해결하기가 어렵지 않다는 것을 알게 될 것이다.

자기반성하기, 기도하기, 명상하기

반성하는 훈련을 해본 경험이 없어도 아주 쉽게 시작할 수 있다. 기도와 명상은 조용히 혼자만의 시간을 보내면서 다시 생각해보고 되짚어 봐야 할 문제들을 반성하는 시간이다. (Part 2편에서 상세하게 소개하는 성품들이 여러분에게 유용한 정보가 되어줄 것이다.) 이 조용한 시간은 앞으로 여러분이 어떻게 행동하고 어떤 선택을 할지 결정하는 시간이 될 수도 있으며, 아울러 가족이나 가까운 친구들이 서로에게 영향을 주는 최선의 방법을 계획할 좋은 기회가 되기도 한다.

반성하는 훈련에 더욱 숙달되면, 기도와 명상은 사랑의 조물주로서 여러분의 인생과 성장에 큰 영향을 미칠 것이다. 반성하는 시간은 여러분의 인격과 행동을 더욱 명확히 짚어볼 수 있는 시간이다. 반성은 여러분에게 그동안 무엇을 잘못했고 어떻게 했어야 했는지, 앞으로 어떻게 해야 할지를 알려줄 것이다.

일기 쓰기

일기 쓰기를 통해 인격을 개선하는 방법은 여러 가지가 있다. 일기에는 여러분의 삶에 어떤 일이 일어나고 있는지, 기분이 어떤지, 어떤 생각을 하고 있는지 등 다양한 주제로 이야기를 풀어놓을 수 있다. 이로써 여러분의 인생에서 어떤 점을 바꿔야 하는지 생각해볼 기회를 얻을 수 있다. 일기장의 각 페이지에 여러분이 실천하고 있는 인성을 하나씩 써놓고, 실천 과정을 기록하는 방법도 좋다. 또 다른 유용한 방법으로는 도움을 요청하는 기도문을 쓰고 기도한 다음에 여러분이 원하는 대답을 적는다. 어려움이 생길 때마다 지혜로운 사람(혹은 하나님)을 찾아 도움을 요청하라. 그들의 응답에 큰 놀라움을 경험하게 될 것이다.

마음 확인하기

당신의 잘못된 행동으로 누군가가 다치거나 기분이 언짢아져 가책을 느끼고 부끄러워하거나 혹은 후회할 수 있다. 이러한 느낌들은 그 상황에서 여러분이 달리 행동했어야 했다는 것을 알려주는 지표가 된다. 이러한 감정들은 가만히 서서 당신의 몸 어디에서 고통이 느껴지는지 인식하는 것과 유사하며, 마음을 확인하는 것은 어디가 아프고 왜 아픈지 찾아내는 데서 비롯한다.

혹시 자신이 누구에게 상처를 주고 있지는 않은지 주의 깊게 살펴보라. 스스로 자기 자신에게만 상처를 줄 수도 있지만, 그런 일은 거의 없다. 우리는 자신의 행동이 다른 사람들에게 어떤 영향을 미치는지 정확히 알아야 한다. 그러면 자신의 행동에 책임을 지게 되고, 어떤 점을 고쳐야 하는지 확인할 수 있으며, 용서를 구하고 태도와 행동을 바로잡을 준비가 된다. 최선을 다해 문제를 해결했다면, 그 문제에 대해 너무 깊이 생각하지 않고자 노력하여 마음에서 놓아버리고 긍정적으로 행동하며 부정적인 생각에 사로잡히지 않도록 해야 한다.

용서 훈련하기

결혼 전문가 하워드 마크맨(Howard Markman)과 스콧 스탠리(Scott Stanley), 수잔 블룸버그(Susan Blumberg)는 용서를 "당신에게 잘못을 저지른 누군가에게 보복하려는 마음이나 행동의 권리를 포기하겠다는 결심이다."라고 정의한다.(《행복한 결혼생활 만들기》(시그마프레스, 김득성 외 역, 2004년))

용서는 당신도 누군가에게 혹은 자기 자신에게 상처를 줬을지도 모른다는 사실을 받아들인다는 의미가 있다. 그럼으로써 여러분의 인생이 한 걸음 더 나아갈 수 있게 해준다. 마음속에 악의나 화를 한 덩어리 품고 있으면 정신적으로나 감정적으로 과거에 갇히고 육체적으로 병들 수도 있다. 용서는 두 사람에게 사랑을 되돌려주고 두 사람 사이에 생겼던 상처를 치료해준다. 또한 용서는 믿음을 회복시켜 준다.

기도하고 서로 의논하며 인내하고 용기를 냄으로써 두 사람 사이에 생기는 문제와 어려움, 의견 차이를 이겨낼 수 있다. 그러나 결혼생활에서 사랑과 협력을 유지하기 위해서는 배우자에 대한 불만, 분노, 언짢은 생각들을 없애야 한다.

배우자에게 상처 주는 행동을 했을 때는 그 문제를 빨리 해결하려고 노력할수록 두 사람은 더욱 완전하고 조화로운 결혼생활을 유지할 수 있다. 다음은 결혼생활에 도움이 될 만한 즉각적인 용서의 3단계이다.

1. 누군가에게 잘못했거나 인성을 제대로 사용하지 못했다면 자발적으로 잘못을 인정한다.
2. 상대방에게 용서를 구한다.
3. 상대방이 용서를 구하면 바로 용서해준다.

때로는 용서가 더 어렵고 더 큰 일일 수 있다. 《행복한 결혼생활 만들기》에는 용서를 구하는 데 유용한 방법들이 소개되어 있다.

1. 용서가 필요한 특정한 문제 상황에 대해 이야기하는 부부만의 시간을 마련한다.
2. 문제가 되고 있는 사안에 대한 의논 주제를 정하라.(문제점이나 상처가 되었던 사건을 확실히 해둔다.)
3. 그 문제와 관련하여 두 사람이 느낀 고통과 걱정에 대해 충분히 이야기한다.
4. 상처를 준 사람은 용서를 구한다.
5. 상처를 받은 사람은 용서한다.
6. (가능하다면) 상처를 준 사람은 계속적으로 문제가 되는 일이나 행동을 바꾸겠다는 긍정적인 약속을 한다.
7. 문제가 개선되는 데는 시간이 걸릴 것이라고 예상한다.

만약 과거에 있었던 문제가 다시 불거졌다면 그것은 문제가 아직 해결되지 않았다는 증거이고, 다시 한 번 진정으로 용서하고 용서 받아야 한다.

행동 개선하기

자신이 잘못했을 때 그것을 인정하고 더 이상 해를 끼치지 않도록 그 상황에 대처하는 데는 겸손과 용기가 필요하다. 잘못한 행동을 개선하는 데는 당연히 사과가 필요하지만, 말로만 할 것이 아니라 행동의 변화에 중점을 두어야 한다. 이때는 여러분이 그 상황을 해결해야 한다고 인식하게 해준 사람과 논의해보는 것이 좋다.

만약 돈을 훔친 것이 문제였다면, 당연히 돈을 돌려줘야 한다. 그러나 때로는 누군가에게 빚을 진 것이 돈 이상의 문제일 때가 있다. 그럴 때는 여러분의 충실함과 신뢰성을 증명하는 것이 어려울 수도 있다. 그렇다면, 우선 다시 한 번 최선을 다해 다시 시작할 수 있도록 기회를 달라고 요청하라. 또, 어떨 때는 누군가의 목숨이나 행복을 위협할 만큼 너무 위험한 범죄를 저질러 여러분이 그 사람에게서 최대한 멀리 있어주는 것이 최선일 때도 있다. 그러나 여러분이 어떤 행동을 취하든 간에 그것은 반드시 진심에서, 잘못에 대해 진심으로 후회하는 마음에서 우러나온 것이어야 한다.

시련과 어려움에 대처하기

시련과 슬픔을 겪더라도 그에 대처해 나가는 과정에서 인격을 계발할 수 있다. 예를 들어 가족 문제로 어려운 결정을 내려야 할 때 인격을 사용하여 문제를 해결하고 또한 그 과정에서 관련된 인격을 강화할 수 있다. 금속이나 유리를 아름다운 제품으로 가공하는 데 열이 어떻게 사용되는지 생각해보라. 같은 방법으로 앞으로 우리가 겪게 될 시련과 어려움도 인격을 훈련하고 강화하는 데 도움이 될 것이다.

　인격의 문제나 또 다른 문제로 어려움을 겪고 있을 때 그 고통을 잠시 묻어두거나 거부하고 싶은 마음이 들 수도 있다. 그러나 고통은 여러분이 문제를 정면으로 받아들이고 그 고통의 원인들에 대처할 수 있게 하는 유용한 지표가 된다.

이해의 시간과 지혜

자신의 실수와 그 실수가 미치는 영향을 진심으로 이해하고 해결하는 데는 시간이 걸린다. 그러나 그와 동시에 인격을 계발하는 기술과 지혜와 이해 능력도 더불어 성장할 것이다. 만약 인격을 계발하는 속도를 더 높여야 한다면 경험과 지혜가 있고 여러분과 함께 인격을 계발하고자 하는 사람의 조언을 듣는 것이 좋다. 그리고 여러분이 바라는 수준으로 인격을 성장시킨 사람에게 기꺼이 충고나 식견을 부탁하라.

분위기 밝게 만들기

종종 여러분 자신의 실수에 대한 농담과 웃음이 자연스럽고 적절할 때가 있다. 반대로 어떤 때는 여러분 스스로 분위기를 너무 심각하게 몰고 갈 때도 있다. 만약 문제 안에서 재미있는 사실을 발견하게 된다면 다음부터는 어떻게 행동해야 할지 더 명확하게 알 수 있고 다른 사람들도 여러분과 함께 웃을 수 있게 한다. (주의 : 비꼬는 말은 기본적으로 인간관계에 적절하지 않을 뿐만 아니라 악영향을 미친다.)

연습, 연습, 또 연습하기

용기와 자기훈련을 통해 특정한 인격을 반복해서 사용하여 행동하면 그때마다 경험에서 배우는 것이 있다. …… 연습하고 또 연습하라! 그것이 한 번의 실패로 끝나든 열두 번을 잇달아 실패하든 간에 여러분은 새롭고 더 나은 선택을 할 수 있는 사람이 될 것이다. 성공보다는 실패에서 더 많은 것을 배울 수 있다. 어린 시절의 기억을 더듬어보라. 처음 걸음마를 배울 때 몇 번 넘어졌다고 해서 걷기를 포기했는가?

인격의 정화는 날마다 혹은 매 시간 일어나는 과정이다. 이 과정은 꾸준히 노력해서 아침보다는 저녁에 더 나아지고, 조금씩 매일 개선되는 것이 목적이다. 한 개인이 성장하고 발전하면 그 사람은 부부로서도 성장하게 된다. 그러고 나서 그가 배우자에게 어떻게 영향을 주는지도 중요하다.

영향을 끼치는 과정

살다보면 종종 결혼생활을 방해하는 작은 일들이 벌어진다. 매번 치약 뚜껑을 열어두는 남편에게 짜증이 나고 언제나 변기 뚜껑을 내려놓는 아내에게 화가 날 수 있다. 부엌 싱크대에 접시를 씻지 않고 그냥 두거나 바닥에 발자국을 남기는 데서 짜증을 느끼기도 한다.

배우자가 깊이 생각하지 않고 조심성이 없고 융통성이 없다고 비판하고, 또 그 밖의 다른 것들로 비판하기 시작하는 것은 쉽다. 그리고 여러분이 비판하는 것들이 배우자가 앞으로 행복한 결혼생활을 위해 꼭 훈련해야 할 부분일 수도 있다. 그렇다면, 여러분은 자신을 화나게 하는 상황을 받아들이고 이를 배우자와 함께 의논해볼 기회로 삼아 적절한 변화를 이끌어내고자 노력해 보았는가? 여러분은 어떻게 다른 사람과 갈등을 일으키지 않고 상황을 해결하는가?

브릭스톤 부부는 곧 그 작은 짜증이 큰 화로 번질 수 있다는 것을 깨닫게 될 것이다.

다음에 나오는 잭과 마샤 부부의 이야기를 통해 어려운 상황에서도 서로 영향을 주고 도와주는 것이 얼마나 중요한지 배워보자.

어느 날 저녁, 잭과 마샤는 식탁에 함께 앉아 커피를 마셨다. 요즘 마샤에게 걱정거리가 있어서 두 사람은 그것에 대해 의논하기로 했다. 최근 잭의 직장 동료 이자벨이 남편과 이혼한데다 노모를 모시게 되었다. 잭은 엎친 데 덮친 격인 이자벨의 상황에 동정심이 생기고 걱정이 되어 그녀가 노여워하는 것, 두려워하는 것에 대한 속이야기를 들어주었다. 그런데 잭이 이자벨에게 친구가 되어주느라 아들과 영화 보러 가기로 한 약속을 이번 주에만 두 번이나 미루고 이자벨의 집에 가면서 가족들과의 사이에는 갈등이 생겼다.

마샤는 잭에게 그가 다른 사람에게 얼마나 도움이 되는 사람이고 인정 많은 사람인지 알고 있다는 것을 알리면서 대화를 시작했다. 또한 자신은 잭을 믿고 있다고 확실하게 말했다. 그러면서 지금 이자벨이 어려운 상황에 처한 것이 안타깝긴 하지만 이런 상황이 계속 되면 잭의 의도를 오해할 수도 있다고 자신이 걱정하는 바를 털어놓았다. 그리고 아들과의 약속을 지키도록 노력해줄 것을 요청하는 한편, 잭과 자신은 부모로서 아들이 살아가면서 다른 사람과의 약속을 지키는 것이 매우 중요하다는 것을 깨닫도록 몸소 실천하며 가르쳐야 하는 막중한 책임이 있다고 말했다.

마샤는 명민하고 분별력이 있었다. 그래서 잭에게 영향을 주어 상황을 해결하고자 현재 그의 행동이 그들의 가정에 안 좋은 영향을 미칠 가능성이 있다고 조심스레 이야기하는 방식으로 잭의 주의를 끌었다. 이 상황에서 잭은 그의 인격이 어떻게 사용되고 있는지 되짚어볼 필요가 있다. 잭은 확실히 인정을 베풀었지만, 과연 그 행동이 현명하고 아내와 아들에게도 인정받을 만했을까? 그는 고결함을 지키고 있는가? 그는 아들에게 약속을 지키는 사람의 본보기가 되어주고 있는가? 잭은 자신이 은연중에 이자벨에게 감정적으로 끌리는 것은 아닌지, 이 시점에 이자벨과 단둘이 시간을 보내는 것이 현명한지 자문해 보아야 한다. 그리고 서로에게 도움을 주기 위해 마샤와 잭은 이자벨에 대해 의논하고 그들의 가정이 깨지지 않도록 함께 노력해야 한다. 가장 핵심이 되는 것은 그들의 행동이 아들에게 어떻게 전달되는가이다.

평정심 유지하기

두 사람이 변화의 가능성에 대해 함께 이야기하고 계속해서 관계를 발전시키고자 기꺼이 노력한다면 두 사람의 관계는 더욱 돈독해질 수 있다. 배우자가 어떤 특정한 방법을 이용해 변화하고자 하거나 발전하고 싶어 한다면 여러분은 조력자로서 도움을 줄 수 있다. 그렇다면 서로에게 어떤 점이 도움이 될지 함께 의논해보는 것이 좋다. 그러면 동시에 방해가 되는 점도 명확히 알 수 있다.

살아가는 동안 우리는 최고의 인격과 최악의 인격을 모두 드러내게 되어 있다. 그런데 이는 가정의 평화를 유지하는 데 좋은 영향을 미친다. 두 사람의 관계에 몰두하고 적극적이면서 정직한 마음가짐을 갖춘다면 두 사람은 함께 가정의 평화를 유지할 방법을 찾고 서로에게 도움을 줄 수 있다. 서로 도움을 주고받을 때는 정중하고 열린 마음 상태여야 한다. 두 사람은 '한 팀'이고, 그 팀을 유지하는 데는 단결이 매우 중요하다.

"자신의 결점을 알고도 고치거나 바꾸려 하지 않고 그것을 해결하려고도 하지 않는 사람은 강요 혹은 위협에 굴복해 양보하는 것과 스스로 혹은 애정으로 양보하는 것이 서로 전혀 다른 차원이라는 것을 이해하지 못한다. 양보는 약점과 거리가 먼 마음의 강점이다. 서로 사랑하는 사람들 사이에서 양보는 아주 중요하다. 우리는 양보함으로써 권력이나 주도권, 자아를 잃는다고 생각하지만, 사실은 성숙함과 지혜와 평온을 회복할 수 있다."

— 메리 세피배쉬(Mehri Sefidvash)의 《산호와 진주(Coral and Pearls)》

"대부분 사람이 긴장을 많이 하거나 다들 신경이 곤두서 있을 때 갑자기 그 분위기를 다시 온화하고 즐겁게 바꿀 수 있을 만큼 왁자하게 함께 웃어본 경험이 있을 것이다. 우리는 종종 웃음과 포옹, 친절한 말, 진심에서 우러나온 칭찬, 그 사람에 대한 관심의 중요성을 경시하게 된다. 그러나 이것들은 어려운 순간을 특별한 순간으로 바꿀 수 있는 작지만 소중한 것들이다."

— 메리 세피배쉬의 《산호와 진주》

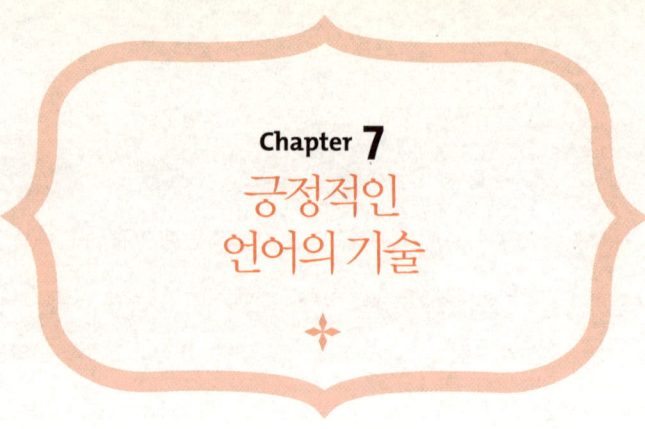

Chapter 7

긍정적인
언어의 기술

전 세계의 모든 종교는 내가 대접 받고 싶은 만큼 다른 사람들을 대접하라는 황금 법칙에 대해 이야기한다. 상대방 입장에서 인격에 대한 도전과 인생에서 벌어지는 일들을 공감하고자 노력하라는 것이다. 그러한 노력은 상대방을 배려하고 그들의 이야기를 공유할 수 있도록 도와준다.

긍정적인 단어와 어조는 상대방에 대한 사랑, 존경, 확신이 생겨나게 하고 두 사람의 관계를 안정시켜준다. 다만, 이는 시간이 오래 걸리는 훈련이므로 결혼 초부터 시작하는 것이 좋다. 물론 지금도 절대 늦은 것은 아니다. 이 훈련에는 두 사람이 떨어졌다가 다시 만났을 때 따뜻하게 인사하고 안아주거나 키스해주는 것도 포함된다. "사랑해요."라고 말하는 것도 훈련해야 한다. 그중에서도 상대방의 인격에 대해 긍정적으로 말해주는 훈련이 특히 중요하다.

인격에 대해 긍정적으로 말해주는 것은 온 식구에게 전염된다. 만약 배우자의 인격에 대해 긍정의 언어로 말을 하면 여러분의 자녀도 긍정적으로 말할 가능성이 매우 크다. 이렇듯 자녀들의 인격을 형성하는 데 부모의 역할이 중요하다는 것을 반드시 명심해야 한다.

대부분 사람이 그렇듯이 여러분도 누군가가 잘하는 것보다는 잘못하는 것이 더 쉽게 눈에 띌 것이다. 의식적으로 상대방의 긍정적인 행동을 보는 데는 훈련이 필요하지만, 일단 실천하게 되면 두 사람 모두에게 매우 긍정적인 효과를 가져다준다. 상대방에 대해 긍정적으로 생각하고 말할수록 두 사람 사이에 심각한 갈등이 발생하는 것을 피할 수 있을 것이다. 대부분 사람은 누군가가 자신이 잘한 일이나 노력한 것을 알아주면 매우 커다란 만족감을 느낀다. 더구나 특별히 하루가 힘들었다면 상대방의 긍정적인 말과 배려를 기대하게 된다.

메리드 인격을 위한 언어

상대에게 영향을 주는 강력하고 평화로운 방법 중에 하나가 말할 때 지속적으로 특정한 인격을 포함시키는 것이다. 그것을 인성 언어라고 한다. 배우자에게, 그리고 다른 사람들에 대해서도 늘 긍정적이고 호의적으로 말하는 것은 여러분이 최선을 다할 수 있도록 격려해주는 것이다. 캐벌린 포포프는 이렇게 말했다.

언어는 다른 사람에게 힘을 주거나 낙담하게도 하는 등 매우 커다란 영향력을 발휘한다. 자존심은 모욕적이거나 비난조의 언어가 우리 안에 선천적으로 갖춰진 미덕이라는 인성으로 대체되었을 때 자라난다. 미덕은 인성을 인정하고 조언해주고 바로잡는 데 사용된다. 미덕의 언어[인성 언어]는 우리가 어떤 사람이 되고 싶은지 기억하도록 해준다.

배우자의 긍정적인 인격을 존중해주는 것이 결혼생활을 영원히 행복하도록 지켜준다는 것을 기억하기 바란다. 다음의 두 문장을 보자.

좋은 문장

우리 사무실 앞까지 날 데리러 오고 또 바로 콘서트 장으로 가줘서 고마워요. 오늘은 너무 바쁜 하루였어요! 그리고 우산까지 챙겨줘서 정말 고마웠어요.

인성 언어를 사용한 더 좋은 문장

시내에서 운전하는 걸 좋아하지 않으면서도 날 데리러 와줘서 정말 고마워요. 당신은 정말 사려 깊은 사람이에요. 오늘 하루는 마감 때문에 무척이나 바빠서 집에 들를 시간이 없었어요. 내가 비 맞지 않도록 세심하게 우산까지 챙겨다줘서 특히 고마워요.

첫 번째 대화에는 잘못된 것이 하나도 없고, 배우자도 여러분의 감사하는 마음을 느꼈을 것이다. 그러나 두 번째 대화에서는 배우자의 인격을 말로 표현하고 일상생활에서 드러나는 인격을 칭찬해주었다. 사려 깊고 세심한 인성은 인성 언어를 훈련하는 과정에 자주 등장하는 단어들이 될 것이다. 또 다른 예를 보자.

설거지를 해줘서 고마워요.

이번에는 내 차례였는데 대신 설거지해줘서 고마워요. 당신은 정말 사려 깊은 사람이에요. 오늘 무척 힘든 하루를 보냈어요. 특히 새 접시들을 조심스럽게 다뤄줘서 고마워요. 어제 내가 하나를 깨뜨려서 더 깨뜨리면 안 되거든요.

다음은 다른 인격을 칭찬하는 예이다.

회사에서 생긴 문제를 들어줘서 고마워요, 여보.

회사에서 무슨 일이 있었는지 당신에게 이야기하고 나서 마음이 훨씬 편해졌어요. 진심으로 내 이야기를 들어주고 나를 걱정해줘서 정말 고마워요.

훈련을 통해 인성 언어를 사용하는 데 차츰 익숙해지면서 주의해야 할 점이 있다. 다른 사람을 칭찬하거나 격려할 때 "당신이 다른 사람보다 훨씬 낫다."와 같이 비교하는 식이라면 그 효과를 잃는다. 어조와 말투도 여러분의 의도를 바꿔놓을 수도 있다. 또한 상대방이 그 행동을 어떻게 했다고 칭찬하는 말 속에 비판이 숨어 있어서는 안 된다. 예를 들어 "결국에는 설거지를 해줘서 고마워요."와 같이 말하는 것은 좋지 않다.

이런 대화에서 여러분이 그렇게 말하는 동기의 순수성도 살펴볼 필요가 있다. 둘 중에 한 사람이 인성 언어를 이용해 상대방을 속이거나 지배하려고 한다면 그 상대방의 마음속에는 불신이 자라날 것이다. 인성 언어를 사용하는 목적은 사랑을 표현하고 정직하고 진실하기 위한 것이다.

처음에는 인성 언어를 사용하는 것이 어색하게 느껴질 것이다. 그러나 진심에서 우러나와 인성 언어를 사용한다면, 곧 편안하고 자연스러워질 것이다. 때때로 긍정적인 말을 들었는데 오히려 그 말을 한 상대방의 동기를 의심하게 될 때가 있다. 그렇다면 과거 다른 사람과의 관계에서 비롯한 그러한 의심에서 벗어나고자 스스로 노력하고, 두 사람 모두 서로 좋은 의도에서 인성 언어를 사용한다고 생각하는 것이 두 사람의 관계에 이롭다는 것을 인식해야 한다.

또, 처음에는 인성 언어가 낯설게 느껴질 수도 있다. 그러나 인격의 이름을 배우는 단순한 과정이 그 인격들을 구별하도록 도와준다. 이를 통해 여러분이 상대방의 어떤 점을 높게 평가하는지 확인할 수 있을 것이다. 여러분을 말해주는 것은 세련된 옷과 헤어스타일, 자동차나 직업이 아니라 바로 여러분의 인격이다. 상대방의 인격을 안다는 것은 진정으로 가까워진다는 것을 뜻한다. 여러분이 진짜 누구인지 알게 되고, 사랑받고, 이해받는 것이 결혼생활에 든든한 기반을 잡아준다.

인성 언어를 규칙적으로 사용하다 보면 그 긍정적인 효과를 느끼게 되어 계속 사용하게 된다. 두 사람 사이에 공통적으로 사용하는 어휘가 없다면 생각과 경험을 나누고 제대로 의논하기가 매우 어려운데, 바로 인성 언어가 그런 상황을 개선하도록 도와준다.

감사하고, 긍정하고, 격려하기

인성 언어의 유익함은 여러분의 말과 행동에서 끊임없이 자라고 성장한다. 상대방에게 긍정적인 말을 들었다면 그것을 고맙게 생각한다는 것을 표현하라. "내가 최근에 인내심이 더 생겼다는 것을 알아줘서 고마워요."와 같이 말하는 것으로 특별히 감사를 나타내는 것이 좋다.

철학 박사 산드라 그레이 벤더(Sandra Gray Bender)는 《같이 늙어가는 배우자와 결혼생활 즐기기》에서 다음과 같이 말했다.

어떤 사람들은 배우자가 책임을 다하고 있는 것을 칭찬할 필요가 없다고 생각하지만, 이런 믿음은 결혼생활에 좋지 않은 영향을 미친다. 배우자들은 대부분 자신이 책임을 다하고 있다는 것에 감사받고 싶어 한다.

감사하는 것은 말하는 사람의 입장에서 만족을 표현하는 것이다. 여기에 담긴 뜻은 "나는 당신이 한 일을 높이 평가합니다.(좋아합니다, 즐깁니다)"이다. 감사한다는 뜻이 담긴 표현은 전달하기도 쉽고 또 받으면 보람 있다. 감사하는 것은 많은 사람이 일반적으로 사용하므로 친숙할 것이다. 이는 다른 사람에게 그가 한 일이 알려지고, 말하는 사람에게도 이익을 주었다는 것을 알려준다. 대부분 사람은 배우자를 기분좋게 하기를 좋아하므로, 서로 감사함으로써 그 행동을 반복하게 하는 동기를 줄 수 있다.

긍정하기는 듣는 사람의 입장에서 공감과 이해를 표현하는 것이다. 여기에 담긴 뜻은 "당신은 많은 노력(용기, 성실함, 기술, 능력, 인내심)을 했어요."이다. 긍정하기는 사람들의 동기와 노력들을 인정해주어 상대방이 정체성의 기초를 세우는 데 매우 중요한 영향을 미친다. 긍정하기는 다시 말해 공감을 전달하는 것이다. "나는 당신의 좋은 의도를 알겠어요." 부부 사이에서는 긍정하기가 일반적인 의사소통이 아니라도 그 사람을 아주 잘 이해하고 수용한다는 것을 표현하는 하나의 방법이 된다.

우리의 정체성은 누군가 자신을 긍정해주는 사람이 있을 때 성장한다. 그리고 우리를 가장 잘 이해해주고 하나님의 존재를 함께 경험할 수 있는 사람들과 유대 관계를 형성하게 된다.

상대방의 긍정적인 인격을 인정하는 것에 익숙해지면 그것이 당연한 것이라는 함정에 빠질 수 있다. 그러나 상대방에 대해 긍정한다는 것을 표현하고 성공과 인격의 향상에 대해 축하해주는 것은 결혼생활에서 반드시 지속적으로 유지되어야 할 문화이다.

두 사람이 서로 격려해주는 것은 서로 상대방에게 영향을 주는 데 도움이 된다. 또한 상대방을 인정해주는 것은 그가 자신감을 얻고 변화를 자유롭게 선택할 수 있도록 해주는 선물이다. 격려하기는 주로 상대방이 태도와 행동, 인격을 바로잡을 수 있도록 도와준다. 단, 절대로 상대방을 강요하려는 생각으로 이런 행동을 해서는 안 된다! 다음에 나오는 아네트와 척의 이야기에서 격려하기의 사례를 살펴보자.

척은 남동생 마커스가 새 직장을 위해 다른 나라에 가고 싶어 한다며 화를 냈다. 그는 동생이 자기나 부모님과 멀리 떨어져 사는 것을 원하지 않는다. 아네트는 척에게 우선 집안에 생길 수 있는 문제들을 막을 모든 방법을 찾아보자고 격려했다. 그녀는 척이 문제를 해결할 수 있도록 도와주고 싶다. 그리고 의지할 만한 친척이 가까이 있다는 것의 중요함을 잘 알고 있기에 척이 그의 동생과의 관계를 망치지 않기를 바란다.

그녀는 척의 감정과 생각에 공감한다. 지난 며칠 동안 아네드는 동생에 대한 척의 부정적인 태도가 조금씩 풀리는 것을 보고 척에게 그런 그의 모습을 보는 것이 행복하다고 말해주었다.

아네트의 긍정적인 말을 듣고 척은 자신이 동생과의 관계를 얼마나 중요하게 생각하는지 깨달았다. 사실 그는 만약 그래야 할 필요가 있다면 마커스가 기꺼이 부모를 돕기 위해 집으로 돌아오리라는 것을 믿고 있었다.

어느 날, 척이 들릴 듯 말 듯한 작은 목소리로 마커스에게 전화를 걸어야겠다고 중얼거렸다. 아네트는 그 즉시 척을 격려했다. 그녀는 척에게 그가 관대하고, 온화하고, 인정 많은 사람이라는 것을 알고 있고, 이번에도 그런 모습을 보여줄 것이라고 믿는다고 말했다. 이렇게 아네트는 척에게 그의 인격을 깨우쳐 줌으로써 그가 남동생과 다시 만날 용기를 내는 데 도움을 주었다.

사랑의 언어 시리즈를 저술한 게리 채프먼(Gary Chapman) 박사는 격려하기의 중요성과 그것이 상대방의 잠재성을 이끌어내는 힘에 대해 다음과 같이 이야기한다.

말로 칭찬을 해주는 것["오늘 참 멋있다!"]은 배우자에게 긍정의 말로 표현하는 방법 중 하나이다. 또 다른 방법으로는 격려해주는 말["당신이 꽤 잘해내서 틀림없이 목표를 이룰 것이라고 나는 확신해요. 계속해서 힘내세요."]이 있다. 격려한다는 것은 '용기를 북돋아주다' 라는 뜻이다. 누구에게나 불안감을 느끼는 분야가 있고, 우리는 그런 분야에 대해 보통 용기가 부족하다. 이는 우리가 원하는 긍정적인 결과를 성취하는 데 때때로 방해가 되기도 한다. 배우자가 불안감을 느끼는 곳에 보이지 않게 존재하는 잠재력은 당신이 힘을 북돋아주는 말을 해주길 기다리고 있을 것이다.

격려할 때는 배우자의 견해에 공감하고 배우자의 관점으로 세상을 바라보아야 한다. 우선 배우자에게 무엇이 중요한지 알아야 한다. 그런 다음에야 비로소 진정한 격려를 해줄 수 있다. 말로 격려해줌으로써 서로 이해하고자 노력하는 것이다. "당신 마음을 잘 알아요. 신경 쓰고 있어요. 나는 당신을 이해해요. 어떻게 도와줄까요?" 우리는 배우자를 믿으며 배우자의 능력을 믿는다는 것을 보여주고자 노력한다.

— 《다섯 가지 사랑의 언어 : 배우자에게 진심으로 사랑을 표현하는 방법》

"당신은 내가 잘한 일을 칭찬해주지 않아요.
내가 어제 '당신을 사랑합니다' 라고 모스 부호를 보냈는데도 당신은 고마워하지 않았어요!"

다른 사람을 격려할 때 중요한 것은 가장 미약한 긍정적인 행동조차 빠르게 인지하고 칭찬해주는 것이다. 이는 진심으로 긍정적으로 말해줄 만한 상대방의 모든 행동을 의식적으로 살펴봐야 한다는 뜻이다. 상대방이 원하는 것을 다 해주지는 못할지라도 각자 노력하는 것에 대해 긍정적 피드백을 주는 것은 중요하다. 이는 서로 긍정적인 행동을 더 많이 하도록 도와준다.

다섯 가지 사랑의 언어

채프먼의 다섯 가지 사랑의 언어는 매우 유용한 의사소통 방식이다. 그는 '사랑의 탱크'를 가득 채우려면 상대방이 '사랑받는다'는 느낌을 받도록 충분히 사랑을 표현해야 한다고 말한다. 만약 여러분이 마음에 와 닿는 만큼 사랑받고 있지 않다면 배우자가 진심으로 여러분을 사랑하는지 의문이 생기기 시작할 것이다. 그리고 그러한 감정은 두 사람 사이를 서서히 갈라놓을 것이다. 우리는 이 '사랑의 언어'라고 불리는 몇 가지 방법으로 다른 사람에게 사랑을 전할 수 있다. 특히 튼튼하고 사랑이 넘치는 결혼생활을 유지하려면 배우자에게 배우자가 좋아하는 언어를 사용하는 것이 중요하다. 다음은 채프먼이 말하는 기본적인 사랑의 언어들이다.

1. 긍정의 말하기

말로 하는 칭찬, 감사의 말, 격찬, 격려, 친절한 말, 상대방의 긍정적인 행동과 인격을 인지하고 칭찬하기

2. 의미 있는 시간 만들기

전념하고 집중하기, 일체감(같은 시간, 같은 장소에 있는 것만이 아니라 서로 영향을 주고받는다), 방해받지 않는 시간, 의미 있는 대화, 결혼생활은 해결해야 할 '문제'가 아닌 '관계'라고 생각하기, 시선 마주치기, 느낌이나 감정 들어주기, 신체 언어 관찰하기, 호의적으로 듣기, 자기감정을 자연스럽게 드러내는 친밀감, 의견 나누기, 함께 활동 즐기기

3. 선물 주기

손에 잡을 수 있는 것, 당신이 어떤 사람인지 생각하게 하는 상
징, 사랑의 시각적인 상징. 단, 선물의 가격은 중요하지 않으며
또한 특별한 때만 주는 것도 아니다. 선물은 상대방이 여러분의
존재를 느낄 수 있는 것이어야 한다. 특별한 때라면 특히 그렇다.

4. 집안일 나눠 하기

서로를 위해 무언가를 한다. 집안 일 또는 정원 일, 다른 사람에
게 부탁하기(요구하는 것이 아니다), 사랑하는 마음으로 하기(두려움,
죄의식이나 후회가 아닌). 이것은 정형화된 역할이 아니라 동등함과
협동심을 반영한 행동을 포함한다.

5. 신체적 접촉 즐기기

신체적 접촉 즐기기. 친밀감이 드는 접촉으로는 다정한 포옹
등 문질러주기, 마사지해주기, 키스하기, 손 잡아주기, 울 때나
위로할 때 따뜻하게 안아주기, 서로에게 충실하기 등이 있다.

소개된 기본적인 사랑의 언어를 모두 사용하면 좋겠지만, 서로 가장
선호하는 사랑의 언어가 무엇인지 확인해 보면 도움이 될 것이다. 그
러고 나서 서로의 '사랑의 탱크'를 채우는 방법에 대해 의논해 보라.

긍정적인 관계를 위해 균형 맞추기

결혼생활의 총체적인 목표는 긍정적인 의견을 많이 나누어 두 사람의 우정을 굳건하게 지키는 것이다. 다시 말해서, 상대방에게 부정적인 피드백보다 긍정적인 피드백을 훨씬 많이 주어야 하는 것이다. 긍정적인 태도를 유지한다는 것은 점잖게 의논을 시작하여 공손하게 부탁하고 배우자가 좋은 의도에서 말하거나 행동한다고 생각하는 것이다. 또한 비난 정도를 아주 낮게 유지하는 것도 포함된다.

상대방의 긍정적인 인격을 존중하고 인격이 계발되도록 돕는 데 필요한 또 다른 중요한 개념은 그 어떤 인격도 혼자서는 아무 소용이 없다는 것이다. 인격들은 서로 돕고 균형을 맞출 때 가장 큰 효과를 발휘한다. 예를 들어, 만족이라는 인격을 살펴보면 그것이 여러분의 인생을 평온하게 해준다는 것을 알게 될 것이다. 만약 만족하는 데 어려움을 겪고 있고 결혼생활이 불안정하고 혼란스럽다면, 수용력이나 융통성, 인내심 같은 인격들이 여러분을 도와줄 것이다. 수동적이고 변화를 바라지 않으며 현재 위치에 지나치게 만족한다면 두 사람의 관계를 절제하거나 균형을 맞추도록 적극성과 과단성, 책임감과 같은 인격에 의지해야 한다. 또는 너무 만족해서 지루하다면, 창의력이나 열정과 같은 인격이 여러분을 도울 것이다.

운동과 비교해보면 개념을 이해하는 것이 수월할 것이다. 운동할 때는 절제하고 다양한 요소의 균형을 맞춰야 효과적이고 정상적으로 근육을 만들고 기술을 제대로 연마할 수 있다. 그러나 지나치게 훈련에 몰입하거나 충분히 몸을 풀어주지 않고 훈련하면 다치거나 좌절할 수 있다. 이러한 점은 인성에서도 마찬가지다. 절제라는 인격 없이 어떤 특정한 인격을 현명하지 못하고 너무 강하게 사용하면 두 사람의 관계 혹은 자기 자신에게 악영향을 줄 수도 있다. 다음의 이야기에서 아미라가 만족과 과단성 사이에서 어떻게 의욕의 균형을 잡는지 살펴보자.

아미라와 도슨은 최근에 결혼한 신혼부부이다. 도슨이 결혼 전부터 살았던 동네로 이사 온 아미라는 지금 일자리를 찾고 있다. 그리고 두 사람 모두에게 새로운 보금자리를 찾고 싶어 매일 아침 부동산 광고를 열심히 읽으며 새로운 집을 찾고 있다.

저녁에 도슨이 퇴근해서 돌아오면 아미라는 그에게 새로 알아본 집들에 관해 이야기해주었다. 그녀는 계속해서 찾아보면 틀림없이 완벽한 장소를 찾을 수 있을 것이라고 생각했다.

처음에는 도슨도 아미라의 열정과 새로운 집을 찾으려는 노력을 칭찬했다. 하지만 지금은 여러 집을 돌아다니고 소파를 놓을 완벽한 자리를 의논하는 것에 지쳐가고 있다. 도슨은 이제 아미라가 일자리를 찾는 데 집중하기를 원한다.

도슨은 아미라가 의욕을 보이는 만큼 생산적인 결과를 내지 못한다고 여겨 점점 그녀에 대한 신뢰를 잃어가고 있다. 어느 날 저녁 두 사람이 지금 상황에 대해 함께 이야기할 때 노슨은 아미라의 열정을 존경한다고 말했다. 그런 다음 아미라에게 지금 살고 있는 집에서 지낼 몇 달 동안만이라도 만족할 수 있도록 그 열정을 자제해 달라고 부탁했다.

도슨은 아미라의 판단을 믿고 싶기에 그녀에게 새 집에서 정말로 중요한 것이 무엇인지 진지하게 생각해 보라고 부탁했다. 그리고 새 집에서 두 사람 모두 즐기고 싶은 것이 무엇인지 의논할 때 목적을 분명히 하자고 부탁했다. 아울러 일단 아미라가 안정된 직업을 구하고 나서 집을 사는 것이 더 좋을 것 같으니 직업을 구하는 목표를 수행해 달라고 부탁했다.

아미라와 도슨이 의논하는 과정에서 아미라의 의욕과 다른 몇 가지 인격들이 조화를 이루도록 어떻게 균형을 잡을지 확인할 수 있다. 도슨이 아미라가 인격들을 균형 있게 사용할 수 있도록 격려해줄 때 그녀의 인격을 비판하지 않으면서 피드백을 해주면, 아미라는 적극적으로 그 인격들을 조정할 어떤 방법을 찾을 수 있다.

일반적으로, 각 인성을 가장 잘 이용할 수 있는 방법과 그 인성들의 균형을 맞추는 방법을 많이 배울수록 여러분의 생활 속에서 인성과 그 방법들을 훈련할 기회를 더 많이 찾을 수 있다. Part 2에서는 인격들이 서로 어떻게 어울리며 작용하는지에 대한 더 많은 예를 통해 이야기할 것이다.

"훌륭한 인격은 하나님 안에 있고…… 가장 훌륭하고 칭찬할 만한 통찰력이 있는 자 안에 있지만, 언제나 인격의 중심에는 이성과 지식이 있어야 하고, 그 인격의 바탕에는 진정한 중용이 있어야 한다.

— 압둘 바하('Abdu'l—Baha), 《신성한 문명의 비밀(The Secret of Divine Civilization)》

"부부 사이의 정서적 관계는 유동적이고 매순간 변할 수 있다. 적절한 때 미소나 사랑스러운 눈짓을 보내면 두 사람 사이에 적의가 생겨나려고 해도 혹은 생겨났다고 해도 즉시 날려버릴 수 있다. ······

적극적인 동의도 정말 중요하다. 그 사람이 무엇을 얼마나 성취했는지에 상관없이 찬성과 인정은 누구에게나 필요하다. 찬성은 마치 공기처럼 중요하다. 따라서 진정한 찬성으로 두 사람의 관계를 발전시키도록 노력해야 한다."

― 칼릴 A. 카바리 철학 박사와 수 윌리스톤 카바리, 《영원히 함께》

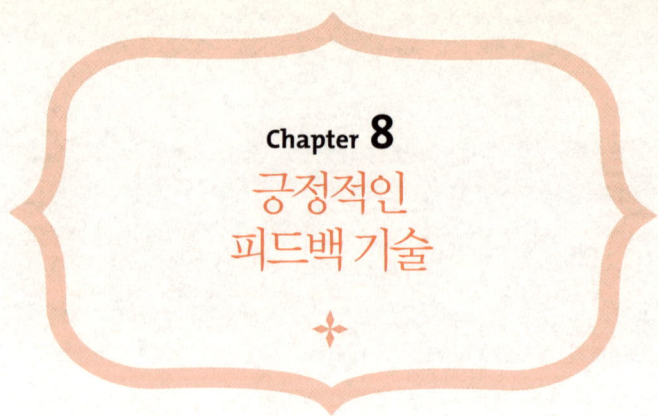

Chapter 8

긍정적인
피드백 기술

인격이란 이미 결정된 것이 아니라 점차 계발해가는 과정이며, 모든 선택은 인성 계발 과정에 제각기 영향을 미친다. 그러므로 여러분은 가장 계발하고 싶은 인성에 초점을 맞춘 목표를 세우고 그것을 달성할 때까지 일관된 선택을 하며 꾸준히 노력해야 한다. 이를 위해 배우자에게 적극적으로 피드백을 요구할 수도 있다!

"자, 여기! 나한테 피드백해줘!"

불평불만과 비난

Chapter 7에서는 상대방에게 긍정적이고 칭찬하는 말을 해주는 것에 대해 이야기했다. 이제 Chapter 8에서는 상대방에게 우려를 표현하거나 걱정되는 마음을 전해야 하는 상황에 도움을 주는 내용을 다룰 것이다. 아무리 부부관계가 완벽하고 화목한 가정을 유지하고자 크나큰 노력을 기울인다 해도 때로는 배우자가 불만을 느낄 수 있다. 이에 대해 가트맨과 실버는 이렇게 말했다.

> 같이 살고 있는 사람들끼리는 아무래도 조금씩 불만이 있을 것이다. 그러나 불평과 비난은 엄연히 다르다. 불평은 배우자가 잘못한 특정 행위에 대해서만 이야기하는 것이고, 비난은 불평보다 더 광범위한 것으로 배우자의 인격이나 성격에 대해 부정적인 말을 하는 것이다.
> ─《행복한 부부 이혼하는 부부》

각별히 주의하라. 그렇지 않으면 배우자의 인격에 대한 '비난'으로 빠지기 쉽고, 그것을 정당화하려고 하게 된다! 특히 다른 사람 앞에서 공개적으로 배우자를 비난하는 것은 좋지 않다는 점을 명심하라. 그렇게 하는 것은 다른 사람들 눈에 자신의 배우자를 험담하는 것으로 보이고, 그에 대한 뒷말이 꼬리에 꼬리를 물고 무성하게 퍼져나갈 수 있다. 그러므로 항상 배우자에 대해 충실하도록 노력하고 자제하여 경솔한 발언은 삼가야 한다.

험담과 뒷말

험담은 당사자가 없는 자리에서 부정적이고 악의가 넘치고 경멸적이거나 중상하는 말을 하는 것이다. 그 의도는 파괴적이고, 사람들 사이에 불화를 일으킨다. 또한 험담은 말하는 사람과 듣는 사람 모두의 마음과 영혼에 부정적인 영향을 끼치고, 험담을 당하는 사람에게도 치유하기 어려운 상처를 준다. 비록 그 험담이 사실일지라도 당하는 사람이 입는 상처가 너무 크기에 험담은 어떤 경우라도 정당화될 수 없다.

뒷말은 사람들 사이에서 사실이나 허구가 전해지는 과정에 생겨나며, 혹은 이야기의 대상에게 상처를 주려는 의도에서 고의적으로 할 때도 있다. 오해에서 비롯한 뒷말이 생겨나지 않도록 하려면 가족이 아닌 사람과 이야기할 때는 항상 자신의 의도를 명확히 이해시켜야 한다. 무엇보다 그 자리에 있지 않은 누군가에 대해 다른 사람과 이야기하는 것이 과연 현명한 일인지 한 번 깊이 생각해봐야 할 것이다.

피드백 설정하고 주는 적절한 시점

다른 사람들과 피드백을 주고받는 데는 인성 중에서도 협동심이 중요하다. 결혼생활을 하다보면 종종 배우자에게 우려를 표현해야 할 때가 생긴다. 이때, 언제 어디에서 어떻게 피드백을 줘야 하는지 그 방법에 주의해야 한다. 배우자의 불평을 해결하거나 피드백을 주는 방법에 따라 두 사람의 관계는 크게 달라진다.

상대방에게 영향을 미치는 것은 쉽게 배울 수 있는 기술이다. 그러나 그것이 익숙해질 때까지는 끊임없이 실수를 저지르게 마련이다. 그래서 여기에는 어느 정도 인내심이 필요하다. 이제 이야기할 브렌트와 레이첼 부부는 결혼 초에 이 과정을 겪고 있다.

레이첼은 브렌트가 그녀의 정리 능력에 대해 피드백을 주려고 할 때마다 재빠르게 브렌트에 대한 부정적인 말로 응대했다. 또, 브렌트는 레이첼이 자신에게 피드백을 줄 때마다 피드백을 주는 특정 부분에 대해서만 이야기하는 것이 아니라 잔소리를 섞고 이야기가 짜증으로 변할 때까지 계속한다는 것을 알게 되었다. 이후로, 브렌트는 레이첼이 그럴 때면 종종 큰 소리를 내며 따졌다. 브렌트와 레이첼은 모두 자신이 가장 화가 나거나 짜증이 났을 때 서로 피드백을 주려고 한다.

브렌트와 레이첼에게는 잘못된 부분이 몇 가지 있다. 그들은 분명히 서로 상대방에게 신경 쓰고 있다. 그렇지 않았다면 서로 피드백을 주려고 노력하지도 않았을 것이다. 그러나 이런 방법은 결혼생활에서 갈등을 일으킨다. 두 사람을 도와줄 만한 몇 가지 활동을 소개한다.

- 긍정적인 인성언어를 포함시켜라. [Chapter 7 침고]
- 다른 사람이 피드백을 주면 반감을 품지 말고 신중하게 들어라.
- 배우자가 충분히 해결할 수 있을 만한 피드백을 주어라.
- 문제를 갈등으로 발전시키지 말고 조용히 해결책을 논의하라.
- 서로 공격적인 태도를 배제하고 의논하는 시간을 정해라.
- 문제 하나가 해결되기 전에는 다른 문제를 제기하지 않겠다고 서로 합의하라.

• 문제를 쌓아두지 말고, 또한 문제를 한꺼번에 쏟아내지 말라.

다음은 브렌트와 레이첼 부부가 피드백을 주고받는 데 긍정적으로 변화한 모습을 보여준다.

브렌트와 레이첼은 그들의 결혼생활에서 문제가 되는 행동 패턴이 무엇인지 차츰 알아가기 시작했다. 그래서 앞으로는 의논을 통해서 두 사람의 관계를 개선할 수 있도록 서로 화가 났을 때는 피드백을 주지 말자는 데 동의했다. 그리고 대화 도중에 감정이 격해지면 '마음을 좀 진정시킨 다음에 이 문제에 대해 다시 이야기하자."라고 말하고 그때까지는 문제와 관련해 아무 말도 하지 않기로 했다. 또 상대방의 말을 더욱 잘 듣기로 하고 서로 높이 평가하는 상대방의 인격에 대해 이야기하면서 대화의 주제를 확대했다. 두 사람은 협동심을 발휘하며 위에 소개된 새로운 활동들을 훈련했고 이를 통해 부정적인 행동으로 이어지지 않고 진정으로 상대방에게 유익한 피드백을 주는 방법을 배웠다.

긍정적인 결과 이끌어내기

배우자가 기꺼이 여러분의 비평을 들을 준비가 되었는지 물어보는 것은 매우 중요한 단계이다. 상대방이 들을 준비가 되지 않았다면 애써 의견을 말해주는 것이 아무 소용없다. 또한 피드백은 애정이 담겨 있어야 하고, 한꺼번에 너무 많이 쏟아내서 상대방이 부담을 느끼지 않도록 배려할 때 효과가 제일 좋다.

피드백을 주고받을 때는 의식적으로 두 사람 모두 편안하고 마음이 안정되었을 때처럼 적절한 시간대를 택하는 것이 좋다. 다음과 같은 상황일 때는 두 사람이 대화하는 데 어려움을 겪게 마련이다.

- 정서적으로 또는 신체적으로 고통스러울 때
- 배가 몹시 고프거나 지쳐 있을 때
- 호르몬 주기의 특정 단계에 있을 때
- 어떤 것에 화가 났거나 기분이 언짢을 때
- 외롭거나 슬프다고 느낄 때

다음은 효과적인 자기 관리 훈련법이다.

- 누군가에게 자신의 속이야기를 좀 들어달라고 부탁한다.
- 쉬거나 혹은 운동을 한다.
- 건강에 좋은 음식을 섭취한다.
- 친구나 가족을 방문한다.
- 반응하기 전에 잠시 멈추고 마음을 진정할 시간을 요청한다.
- 기도하거나 명상한다.
- 산책한다.

마음이 진정되어 배우자에게 피드백을 줄 준비가 되었다면 그 과정에 사랑이 얼마나 중요한지 되새겨보라. 이는 언짢은 기분이 풀리지 않을 때도 효과가 있다. 류히이 라바니(Ruhiyyih Rabbani)는 그의 저서 《살아가는 데 필요한 지침》(개정판)에서 결혼생활에서 지켜야 할 인격, 부부가 서로 사랑하는 일의 중요성에 대해 이렇게 기술했다.

> 부부는 두 사람이 노력한 것 이상을 얻을 수는 없다. 만약 여러분이 결점이 많고 옹졸하고 성급하고 가혹하고 오만하고 의심이 많고 성 마르고 이기적인 사람이라면, 그런 인성들이 여러분의 결혼생활을 행복하게 해줄 것이라고 상상해서는 안 된다. 또한 배우자의 인성을 바꾼다고 해서 더 행복한 결혼생활을 보낼 수 있으리라고 생각해서도 안 된다!
>
> 우리가 살아가면서 맺는 모든 관계가 그렇지만 결혼생활은 그중에서도 특히 우리의 날카로운 가장자리를 연마하는 작업이 필요하다. 이 작업은 매우 고통스러울 뿐만 아니라 다른 사람의 인성에 맞추는 것이 처음에는 무척이나 어려울 것이다. 그러나 바로 그것이야말로 결혼생활에 사랑이 그 어떤 관계들보다도 필요한 이유이다.
>
> 본질적으로 신성한 힘이 있는 사랑은 사람들의 각기 다른 생각과 욕망에 대한 갈등 사이에서, 그리고 매우 다른 기질 사이에서 마치 불꽃처럼 환하게 타오르며 서로 결합시킨다.

피드백을 주기 전에 잠시 자신이 상대방의 어떤 면을 특히 사랑하는지 조용히 되새겨보라. 그리고 더불어 반드시 기억할 것은 부정적인 피드백이 계속되면 곧 상대방과 이야기하는 것이 거북해지리란 점이다. 그래서 어려운 이야기를 할 때는 일단 긍정적인 피드백으로 시작해서 본론에 들어갔다가 끝날 때 다시 한 번 긍정적인 피드백을 주어 상대방이 갖춘 최고의 인성을 인정해주는 것이 좋다.

감정을 드러낼 때의 대처법

피드백을 주다보면 서로 감정을 드러내게 될 때가 있다. 역사적으로 보면 여자가 남자보다 감정을 더 잘 드러냈다. 그러나 이제는 남자들도 점차 자기감정을 드러내는 것을 배우면서 부부 사이의 대화는 매우 커다란 변화를 겪을 것이다. 물론 서로에게 '효과적으로' 영향을 미치는 방법을 배우기까지는 시간이 걸린다.

"나는 내 마음속 가장 깊은 곳에 있는 감정까지 전부 당신에게 말해요!
지금 느끼는 내 가장 깊은 감정은 배고픔과 피곤함이에요."

강하고 혼란스러운 반응들

상대방의 피드백을 받고 내면에서 격렬한 반응이 생기거나 머릿속이 혼란스럽다면 겉으로 반응을 나타내기 전에 잠시 자신을 돌이켜보는 시간이 필요하다. 자기 자신 혹은 두 사람 모두를 위해 기도하며 반성하고 산책하거나 하면서 마음을 가라앉히고 다음날 다시 이야기하는 것이 좋다. 마리아와 조쉬에게 어떤 일이 벌어졌는지 들여다보자.

마리아는 자신이 다른 사람들에게 도움이 되는 것을 좋아하는 매우 긍정적인 인성을 갖췄다. 그런데 때때로 남편을 도와주었을 때 조쉬가 짜증을 내거나 화를 내면 혼란스럽다. 어느 날 마리아와 조쉬는 함께 정원 일을 했다. 조쉬는 사다리를 타고 올라가서 전기톱으로 나뭇가지를 잘랐는데, 마리아는 조쉬에게 물어보지도 않고 그를 돕겠다며 사다리 주변에 떨어진 나뭇가지를 줍기 시작했다.

그러다가 공교롭게도 사다리에 부딪히고 말았다. 조쉬는 버둥대다가 전기톱으로 전선을 잘라버렸고 순간 집안의 전기가 모두 나갔다. 게다가 높은 사다리에서 떨어질 뻔하기까지 한 조쉬는 마리아에게 소리소리 지르며 화를 냈다. 그러자 갑작스럽게 벌어진 상황에 당황한 마리아도 "난 단지 당신을 도와주려고 한 것뿐이에요!"라고 날카롭게 대꾸했다.

어느 정도 시간이 지나 마음을 좀 진정시킨 두 사람은 당시 상황을 떠올리며 차분하게 대화를 나눴다. 마리아는 이때 조쉬의 피드백을 듣고 다른 사람을 도와주기 전에는 한 번쯤 다른 관점에서 생각해볼 필요가 있다는 것을 깨달았다. 그리고 이번 일을 통해서 그녀는 도움이 필요하면 사람들은 그녀가 행동하기 전에 부탁할 것이라는 점을 알게 되었다.

맞방아치기와 공격적인 반응

조쉬가 마리아에게 주는 피드백은 직접적인 요구이다. 이 경우, 마리아는 조쉬의 피드백을 통해서 자신의 행동을 평가할 수 있고 열린 마음으로 자신의 행동을 보게 된다. 하지만 둘 중에 한 사람이 문제를 제기하거나 피드백의 일부로 무언가를 단호하게 요구하면, 상대방은 순간적으로 부정적인 반응을 보일 것이다. 이런 '맞받아치기' 식의 방어적인 반응이나 공격적인 반응은 본래의 문제에 대한 논의를 중단시키거나 논의가 주제를 벗어나게 할 수 있다. 문제를 제기한 사람은 다음의 과정을 한 번 따라 해보라. 상황을 해결하는 데 도움이 될 것이다.

1. 상대방의 감정을 특히 강조하면서 그 민감한 반응의 바탕에 깔려 있는 의도의 요지와 그에 대한 느낌을 반영하여 말을 하라. 필요하다면 상대방이 마음을 가라앉힐 때까지 이 과정을 계속 반복하라. [우리는 이미 Chapter 4 의식적으로 듣기 1단계에서 '다시 말하는' 기술을 배웠다.]
2. 단, 맞받아치기의 의도와 그 민감한 반응의 의도를 따지느라 의논의 요지를 벗어나서는 안 된다.
3. 상대방을 존중하며 섣불리 판단하는 말을 사용하지 않는다.
4. 적절한 때를 봐서 본래의 의도를 다시 한 번 언급한다.

다음의 대화는 위에 제시된 과정의 사례이다.

할리 : 같이 병원에 가줄 수 있는지 알고 싶어요. 치료를 받고 나면 어지러워서 운전하기 힘들 것 같아요. 당신이 같이 가줄 수 있는지 확실하지 않으면 너무 불안해요.

케빈 : 당신은 사무실에서 중간에 빠져나오는 게 얼마나 어려운지 절대 이해하지 못해요! [맞받아치고/ 공격적이고/ 민감하고/ 방어적인 진술]

할리 : 당신은 지금 나와 함께 병원에 가면 직장에서 문제가 될 수 있다고 걱정하는 거지요?

케빈 : 매주 병원에 가느라 시간을 빼면 절대로 동료들을 따라잡을 수가 없어요.

할리 : 계속 자리를 비우면 당신이 뒤처질 것 같아 두려운 거죠?

케빈 : 나는 다만 어떻게 하는 것이 더 좋은지를 모르겠어요. (케빈은 점차 마음의 안정을 찾고 있다.)

할리 : 나에겐 당신과 병원에 함께 가는 것이 무척 중요하기 때문에 당신 매니저와 논의해 달라고 부탁하는 거예요. 요즘 병원에 갈 때면 너무 걱정이 돼서 당신이 함께 가주면 정말 고마울 것 같아요. (본래 부탁을 다시 언급하고 있다.)

케빈 : 이젠 당신에게 그 문제가 얼마나 중요한지 알겠어요. 내일 매니저와 이야기해 볼게요.

케빈은 일단 자신이 무엇을 걱정하는지 할리가 이해했다는 것을 알고 나자 더욱 적극적으로 문제를 해결하려고 했다. 만약 할리가 케빈의 맞받아치는 말에 민감하게 반응하고 따지기 시작했다면, 그녀는 남편이 자신에게 신경 쓰지 않는다고 불평하고 심지어는 케빈의 회사 일에까지 참견하려고 했을 것이다. 두 사람은 이로 말미암아 감정이 고조되었을 것이 뻔하다. 그러나 할리는 그러는 대신에 케빈의 말을 다시 정리해 말하면서 자신이 파악한 그의 의도와 느낌을 케빈에게 전달해 주었다. 덕분에 할리와 케빈 부부는 관계를 유지하고 갈등 없이 대화를 발전시킬 수 있었다.

갈등 예방 지침

부부가 함께 의논할 때는 두 사람 사이에 동등함과 존경심이 있어야 한다. 만약 둘 중에 한 사람이 계속해서 자신이 원하는 바대로 상대방을 설득하거나 또는 위압한다면 아마도 결혼생활에 치명적인 갈등을 겪게 될 것이다. 다음에 소개된 것은 부부 사이에 피드백으로 말미암아 갈등이 생기는 상황을 사전에 막는 지침이다.

- 각자의 권리를 알고 지켜주기 위해 서로 배려한다.
- 비판적이거나 경멸적인 표현을 피하고 할 말을 차분하게 생각해 본다.
- 요구하지 않고 부탁한다.
- 차분하게 기다린다.
- 상대방의 반응을 듣고 적극적으로 이해하려는 자세를 갖춘다.
- 부탁은 적절한 때에 반복해서 언급한다.

- 상대방의 요구는 무시하면서 자신이 원하는 것을 얻으려 교묘한 수를 쓰지 말고, 적절한 방법으로 자기주장을 피력한다.

감정 조절 지침

피드백이 격한 감정을 일으켜 자신이 화가 났다는 것을 느끼면, 그 이유가 무엇인지 반성하고 나중에 차분한 분위기에서 다시 함께 의논하는 것이 현명하다. 다음에 소개하는 '생각하는 단계'를 함께 알아보자.

- 당신이 화가 났다는 사실을 솔직하게 받아들인다.
- 다른 사람 탓을 하지 않는다.
- 현재 상황이 과거 누군가와 좋지 않았던 일을 상기시키는지 평가해본다.
- 둘 중에 한 사람이나 혹은 두 사람 모두 약속을 지키지 않았는지 생각해본다.
- 채워지지 않은 기대를 품고 있는지 확인한다.
- 논의되지 않았거나 논의되었어야 하는 것이 있지는 않은지 다시 함께 대화해보며 그와 관련된 모든 대화 내용을 평가해본다.
- 대화하는 시간이나 어조가 적절한지 평가해본다.

대화를 기술적으로 이끌어가려면 훈련이 필요하다. 특히 공격적이거나 부정적이지 않은 피드백은 두 사람에게 상처주지 않고 갈등을 겪게 하지 않으면서 관계를 개선하는 데 도움이 된다.

영향을 주는 방법들

서로 피드백을 주고 영향을 줄 때의 한계선과 방법에 관해 미리 논의하면 상대방에게 되도록 상처를 주지 않는 데 도움이 된다. 예를 들어 피드백이 부정적일 때 서로 동의하에 "아야!"라고 말하는 간단한 신호를 사용하면 비록 장난 같을지라도 큰 효과를 발휘한다. 이와 더불어 카바리가 추천하는 접근 방법을 소개한다.

부부 관계는 그 어떤 관계보다 진정한 친구 관계가 되어야 한다. 이는 사람의 좋은 모습과 나쁜 모습, 보통의 모습을 진정으로 모두 받아들이는 것이다. 서로를 개선시키는 것은 부차적인 목표이며, 대단한 관심과 온화함과 세심함을 바탕으로 해나가야 한다. 두 사람의 관계가 부모—자식, 스승—제자, 천사—인간의 관계로 변질되어서는 안 된다. 부부는 사랑, 서로에 대한 포용과 동등한 관계의 정도를 꾸준히 유지해야만 한다. 그러면 두 사람은 한 팀으로서 지속적으로 함께 발전할 수 있다.
—《영원히 함께》

어조

긍정적이면서 적절한 어조는 다른 사람을 '지도'하고 효과적으로 대화하는 데 도움이 되는 기술이다. 어조는 여러분이 하는 말 이면에 담긴 강력한 비언어적 암시이다. 상대방의 말을 주의 깊게 들어봤을 때 어조와 말의 의미가 서로 다르다고 생각되면 사람들은 보통 단어의 실제 의미보다 어조를 중시하는 경향이 있다. 이처럼 우리가 사용하는 어조는 대화에 큰 영향을 미친다.

주의 : 문화와 말투는 여러분의 '어조'에 영향을 줄 수 있다. 다시 말해서 말의 억양과 음절의 강세와 음성은 다른 사람에게 어떤 '의미'를 전달하는데, 이것들로 말미암아 오해가 생길 수도 있다. 부부가 함께 서로의 어조와 차이점에 관해 이야기해 보면서 문화적 요소가 두 사람의 대화와 판단에 어떤 영향을 주는지 알아갈 수 있다.

> ### 기술 습득의 기회
> 부록 5의 '대화의 기술 : 어조'에 제시된 구체적인 문장들을 활용해서 대화 기술을 훈련해보자.

유머

서로 피드백을 주거나 대화할 때 유머를 사용하면 좋을 때가 있다. 예를 들면 인성과 관련하여 재미있었던 상황에 대해 친근한 말투로 적당히 놀리는 식으로 그 일을 다시 상기시켜주는 것이다. 그러나 그런 농담은 때때로 상대방의 감정을 상하게 할 수 있으므로 유머를 어떻게 전달하고 상대방이 어떻게 받아들일지에 주의해야 한다.

상대방을 비웃는 식으로 장난치고서 "농담이었어!"라고 말하며 자신이 한 말을 책임지지 않으려는 것은 나쁜 방법이다. 말의 이면에 상대방의 마음을 다치게 하려는 의도가 담긴 빈정대는 유머는 피하라.

만약 상대방이 자신을 빈정댄다면 그만하라고 분명하게 부탁하라.

효과적으로 부탁하기

두 사람의 관계 안에서 상대방에게 도움을 받고 싶어 무언가를 부탁할 때가 종종 있다. 그런데 때로는 그 문제가 두 사람의 관계에 좋지 않은 영향을 미칠 때까지 혼자서 고민하다가 결국 일이 커져 걱정거리가 되고 나서야 비로소 부탁하는 경우도 있다. 그럴 때, 여러분은 그냥 조용히 있을지 그만 문제에서 벗어나고 깨끗하게 털어버릴지 선택할 수 있다. 다시 말하면, 수용하거나 용서하는 것이다. 또는 배우자에게 더 나은 대안을 제시해달라고 직접적으로 부탁할 수도 있다.

배우자의 태도와 행동, 인격 등을 바꾸라고 요구하는 것은 보통은 현명하지 않은 일이지만 때로는 그런 부탁이 합리적이고 적절한 때가 있다. 이 부탁하는 방법은 서로 공격하기보다는 긍정적인 방법으로 영향을 미치도록 도와준다.

다른 사람에게 부탁할 때는 여러 가지 반응을 예상하는 것이 중요하다. 진지하고 속임수가 없으며 어조와 단어를 적절히 선택한다면 관대하고 긍정적인 대답을 듣게 될 것이다.

다른 반응으로는 화를 내거나 언짢아하고, 거절하거나 또는 함께 해결책을 논의하는 것 등이 있다. 다른 사람에게 부탁하기 전에 어떤 반응이 나오더라도 적절히 대처하리라는 마음가짐이 되어 있는지 자신을 점검해보면 도움이 될 것이다. 어떤 경우라 해도 두 사람이 함께 의논해보면 해결책을 찾는 데 도움이 될 것이다. 다음의 시나리오는 부부가 부탁으로써 문제를 해결하는 모습을 보여준다.

침실에 들어간 로버트는 캐서린의 벗어놓은 옷들이 침실 바닥에 잔뜩 쌓여 있는 것을 보았다. 캐서린은 평소 목적이 분명한 사람이고 이것저것 해야 할 일이 많을 때도 당면한 한 가지 일에만 집중한다. 그리고 갈아입은 옷들을 바로바로 세탁물 바구니에 넣지 않는다. 결국 로버트는 지저분한 것에 대해 소리를 지르면서 캐서린이 사려 깊지 못하고 지저분한 사람처럼 군다고 말했다. 그러나 이 방법은 캐서린의 마음에 상처만 주었을 뿐 행동을 변화시키지는 못했다. 그래서 로버트는 이번에는 그녀의 목적 지향적 성향을 인정한다는 인성 언어를 포함해 부탁해 보기로 했다.

"내가 지난번에 당신이 침실 바닥에 지저분한 옷들을 늘어놓는다는 문제로 당신을 사려 깊지 못하다고 비난한 건 사실 너무 심했다고 생각해. 당신에게 미안해. 이제는 당신이 얼마나 목적이 분명한 사람이고, 한 가지 일에 집중하고 있을 때는 그걸 잠시 멈추고 지저분한 옷들을 바구니에 담아 넣는 게 곤란하다는 것을 이해하게 되었어. 하지만 제발 앞으로는 옷을 벗으면 바로 세탁물 바구니에 넣어 달라고 부탁하고 싶어. 당신이 그렇게 해준다면 우리 침실은 더 정돈되고 아늑한 분위기가 될 거야. 그리고 내가 세탁하는 날 일거리가 줄어들겠지?"

캐서린이 로버트의 부탁에 응하고 따라준다면, 로버트는 인성 언어를 사용하여 그녀의 목적 지향적 성향과 자신이 지난번에 말을 심하게 했던 것을 용서해준 점을 높이 평가할 것이다. [Chapter 7을 보라.]

우리는 로버트의 부탁이 캐서린에게 있는 인성 중의 하나를 확인해 줌과 동시에 그녀의 행동을 바꿔야만 하는 타당하고 중대한 이유를 포함한다는 점에 주목해야 한다.

인격에 대한 공격

캐서린에게 소리를 질렀을 때, 로버트는 그녀가 지각이 없고 자신의 행동에서 비롯한 결과를 생각하지 않는다는 말로 캐서린의 인격을 공격했다. 이러한 상대방의 인격에 대한 공격은 결혼생활에 엄청난 악영향을 끼친다. 가트맨과 실버는 또 인격에 대한 공격이 상습적이라면 두 사람이 함께 살거나 행복한 결혼생활을 유지할 수 없을 것이라고 말했다. 인격에 대한 비난은 두 사람 사이에 경멸감을 낳고 결국에는 두 사람 사이에 대화를 단절시킬 것이다. 대화의 단절은 결혼생활에 심각한 문제가 있다는 신호이다. 가트맨과 실버는 《행복한 부부 이혼하는 부부》에서 다음과 같이 말했다.

서로의 잘못을 놓고 다투었더라도 단지 배우자의 긍정적인 인격을 떠올려보는 것만으로도 행복한 결혼생활이 변질되는 것을 막을 수 있다. 이 세상 모든 종교는 배우자를 사랑하고 존중하는 마음가짐을 갖춰야 한다는 데 관점이 일치한다.

상대방에 대한 인신 공격 멈추기

두 사람 사이에 갈등이 생기는 패턴을 알게 되면, 더불어 인격에 대한 공격이 왜 발생하는지도 알 수 있다. 알리샤와 프랭크는 다음에 소개하는 경험을 통해 인격에 대한 공격이 결혼생활에 얼마나 좋지 않은 영향을 미치는지 배웠다.

알리샤와 프랭크는 같이 테니스를 치기로 했다. 테니스를 처음 치는 알리샤는 노련한 프로 선수인 프랭크가 테니스를 아주 잘 치는 것이 무척이나 부러웠다. 그런데 프랭크가 자신의 실력을 배려해주지 않고 경기를 이끌어가는 바람에 곧 좌절하고 말았다. 처음에는 알리샤도 프랭크에게 맞추려 노력했다. 하지만 계속해서 스트레스를 받는 바람에 결국에는 테니스에 질려버려 경기를 지속하는 데 흥미를 잃었다. 알리샤는 마침내 프랭크에게 어쩌면 그렇게 항상 배려심이 없고 참을성이 없는지 모르겠다고 소리를 지르고는 쿵쾅거리며 코트를 나갔다! [인격에 대한 공격]
말다툼이 시작되자 프랭크는 즉각 자신을 변호했다. 그러다 논쟁이 격해져가는 것을 깨달은 두 사람은 잠시 대화를 멈추고 몇 분 동안 서로 마음을 가라앉히기로 했다. 알리샤는 근처에 있는 공원을 돌아다니면서 자신이 한 말을 다시 한 번 곰곰이 생각해보았고, 자신이 좀 더 친절하고 재치 있게 말할 수도 있었다는 것을 깨달았다. 한편 프랭크도 나무 그늘 아래 잔디에 누워 곰곰이 조금 전 상황을 생각해보았다. 그러면서 알리샤가 자신에게 그렇게 말한 것은 분명히 기분이 나쁘지만 처음 테니스를 시작한 알리샤에게 자신이 조금 더 인내심 있게 친절하게 대했어야 했다는 것을 깨달았다.

각자 평온한 시간을 보낸 알리샤와 프랭크는 다시 만나 서로 사과했다. 그리고 방금 전에 혼자 시간을 보내며 무슨 생각을 했는지 이야기하면서 앞으로는 상대방에게 서로 더 호의적으로 행동하자고 약속했다. 또, 새로운 스포츠를 배우려는 알리샤의 의욕과 경기를 잘 하려는 프랭크의 노력과 같은 인격을 서로 인정하면서 그에 대해서도 대화를 나누었다. 그러고 나서 두 사람은 다시금 적당한 속도로 새로운 경기를 시작했고, 분위기는 전보다 훨씬 평화로웠다. 오랜 시간에 걸쳐 행동과 언어로 이러한 변화를 훈련하면 우리의 인격은 점차 강화된다.

알리샤와 프랭크가 서로에게 던진 부정적이고 공격적이면서 방어적인 말에 주목해보자. 알리샤는 프랭그의 인격을 공격하면서 '항상'이라는 말을 사용해 더욱 강조했다. 그러나 다음번 테니스 경기를 하면서는 인격에 대한 공격이 서로 인격을 확인하는 것으로 바뀌면서 두 사람 사이에 중요한 변화가 생겨날 것이다.

"절대 ~하지 마."라는 것도 결혼생활에 충분히 갈등을 일으킬 만한 말이다. '항상'과 '절대'는 둘 다 실제로 그럴 가능성이 없기에 대개 상대방의 기분만 언짢게 할 뿐이다. 그보다는 '종종'이나 '드물게'가 훨씬 정확한 말이지만, 이는 방어적인 반응을 불러일으킬 수 있다.

두 사람의 목표는 피드백을 주고, 그에 반응하여 서로 상대방의 인격에 영향을 주고, 관계를 유지하면서 가능한 한 오래도록 평화로운 결혼생활을 유지하는 것이다. 다음에 소개된 것은 알리샤와 프랭크가 그들의 경험을 통해 배우게 된 여러 가지 도움이 될 만한 방법들이다.

- 자기 인식과 자기 평가를 한다.
- 감정적인 반응에서 벗어나는 방법을 훈련한다.
- 인격에 대한 공격이 가져올 위험을 생각해 본다.
- 변화가 필요한 때를 분명히 알고, 문제에 대해 의논하거나 적절한 조치를 취한다.
- 잘못을 사과하고 행동을 개선해 두 사람의 관계를 '깨끗하게' 유지한다.
- 인격을 훈련하여 그 효과를 높인다.

적절한 동기부여와 긍정적인 선택

피드백을 주려고 할 때는 자신이 그렇게 말함으로써 과연 상대방이 변할지, 또 왜 변해야 하는지를 찬찬히 생각해보라. 배우자와 더 평화롭고 행복한 관계를 만들어가고자 하는 것은 훌륭한 생각이다. 그러나 그러자면 자기 자신도 의식적으로 변화를 선택하고 진심으로 상대방에게 맞춰주어야 한다. 만약 당신이 사실은 변화를 썩 달갑게 여기지 않는다면 진정으로 변화되는 것은 아무것도 없다.

지금 두 사람의 관계가 발전하기 위해 의논 중인 것들이 두 사람의 결혼생활에 가장 중요하다고 확신해야 한다. 단지 포옹이나 웃음, 섹스, 허락 등의 보상을 받으려는 목적으로 변하거나 변한 척하는 것은 현명하지 못한 행동이다. 또한 여러분이 변한 것에 대한 보답으로 상대방도 변하거나 무언가를 해주길 기대하는 것도 비록 이해할 수는 있지만 현명하지 않은 생각이다. 만약 두 사람 사이의 활력이 유지되는 데 속임수와 조종이 중요한 요소라면 여러분의 결혼생활에는 불화와 불신과 불행이 찾아들 것이다. 여러분의 결혼생활을 가장 행복한 상태로 유지해 주는 것은 바로 훌륭한 동기와 긍정적인 선택이다.

주목 : 아주 심각한 문제로 고민 중이기니 작은 일에 과민 반응을 보였다면 상담사나 정신적 조언자를 찾고 싶을 것이다. 냉정한 제3자는 여러분의 인생을 객관적으로 바라보고 지금 어떤 일이 일어나고 있는지, 어떻게 헤쳐 나가야 할지 명확하게 집어낸다.

"우리는 모두 가장 사랑하는 사람에게 가장 많이 상처를 주게 되는 함정에 빠진다. 상대방의 잘못이라고 생각하는 것을 계속해서 바로잡아주려 하고, 그들의 결정을 비판하고, 태도를 바꾸라고 하고, 형식의 문제로 언쟁을 벌인다. 물론 사랑하는 사람에게 최고의 모습을 기대하는 것을 잘못이라고 할 수는 없지만 상대방에게 계속해서 부정적인 피드백을 주거나 비판하면서 그 점이 개선되길 바라는 것은 상대방이 더 나은 사람으로 발전하는 데 아무 도움도 되지 않으며, 그를 존중하는 것이 아니다."

"존중이란 다른 사람이 스스로 꿈꾸고 또 그렇게 될 수 있는 사람으로 성장하고 발전하기를 바라는 것을 뜻한다. 존중은 우리 마음속에 다른 사람을 이용하거나 이기적인 생각이 들지 않게 한다. 우리가 사랑하는 사람을 존중하는 것은 그렇게 하면 우리에게 이익이 되기 때문이 아니라 상대방이 원하는 대로, 능력에 따라 성장하고 발전하기를 바라는 것이다."

— 메리 세피배쉬의 《산호와 진주》

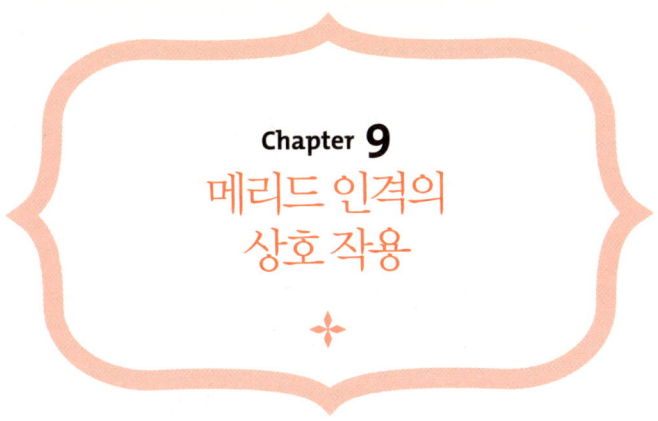

Chapter 9
메리드 인격의
상호 작용

메리드 인격을 이루는 하나하나의 요소인 인성을 효과적으로 훈련하는 방법을 배우는 것은 두 사람의 관계를 유지하는 데 중요하다. 그래서 이번 챕터에서는 복잡한 인성을 어떻게 잘 활용할지, 또 어떻게 하면 잘못 활용하는 것인지에 대해 더 깊이 다룰 것이다. 인성을 꾸준히 제대로 사용한다면 여러분 자신과 주변 사람들에게도 긍정적인 영향을 끼친다. 그러나 반대로 인성이 약하거나 혹은 과도하게 사용되고 상황에 맞지 않게 적용된다면 인간관계에 좋지 않은 영향을 끼치고 갈등을 일으킬 수 있다. 한편, 여러분이 갖춘 인성들은 서로 영향을 주며 상호작용한다.

메리드 인격의 오용

인성을 부적절하게 사용한다는 뜻의 '인성의 오용'이란 말이 여러분에게는 낯설지도 모르겠다. 인성의 오용에는 여러 가지 형태가 있으며, 이번 장에서 그중에 몇 가지를 살펴볼 것이다. 인성의 오용이란 다음의 경우에 해당할 때를 말한다.

- 인성을 제대로 사용하는 법을 알고 있지만 상황에 맞지 않게 사용하거나 상대방에게 상처를 주거나 갈등을 빚는 선택을 한다.
- 특정 인성을 사용하고자 하는 의지는 강하지만 아직 그 인성을 사용하는 방법을 제대로 배우지 못했다.

당신이 잘못 사용하고 있는 인성이 무엇인지 확인하는 법을 배우면 의미 있는 목표 두 가지를 이루게 될 것이다. 첫 번째 목표는 인성을 사용하는 방법을 바꾸어 그 인성이 자신과 다른 사람들 모두에게 이익이 되게 하는 것이다. 훈련하면 그 인성을 제대로 사용할 수 있다.

두 번째 목표는 뜻밖의 일로 기분 좋게 달성될 수 있다. 잘못 사용된 인성을 확인함으로써 여러분이 갖추었는지 전혀 모르고 있던 인성의 대단한 잠재력을 발견하게 되는 것이다. 예를 들어, 다른 사람의 흠을 잘 잡는 사람은 그런 점을 발견하는 것이 아주 쉽다. 가끔 흠을 잡는 사람이라면 그리 크게 문제되지 않지만, 매번 그러는 사람은 사람들과 잘 어울리기가 어려울 것이다. 그들에게는 최근의 뉴스는 물론 심지어 감자를 불에 태운 사소한 일상까지 모든 것이 이야깃거리가 될 것이다. 그러나 흠을 잡는다는 것은 인간관계에서 매우 중요한 문제이다.

놀라운 것은 이들이 흠을 잡는 것은 실제로 잘못된 판단에서 비롯되었다는 점이다! 이 '흠을 잡는' 인성을 자세히 살펴보면, 발견한 것을 바탕으로 다른 문제들을 더 명확하고 깊이 보게 하며 현명한 결정을 내리는 데 도움이 된다는 것을 알 수 있다. 만약 여러분이 흠을 잘 잡는 사람이라면 자신이 발견한 것을 비판적으로 바라볼 것이다. 그러나 이런 식으로 좋은 인성을 잘못 사용하면서 사실은 그 인성을 매우 효과적으로 사용할 방법이 있다는 것은 전혀 모르고 지나간다.

부정적인 행동을 하게 되거나 현재 여러분의 행동이 갈등을 일으킨다는 사실을 깨달았다면, 이 책의 Part 2에서 각 인성에 대해 제대로 훈련하는 방법을 배울 수 있다. 만약 모든 인성을 사용하는 능력이 전부 약했다면 이 능력은 전보다 더 빨리 성장하고 사용하는 것도 더 쉬워질 것이다. 여러분에게는 이미 인성을 제대로 사용하려는 강한 의지가 있다.

인성을 잘못 사용하면 갈등을 빚는다

인성을 잘못 사용하는 것은 주로 이기심, 자존심, 자만, 화, 무례함, 두려움, 걱정, 증오, 그 밖의 다른 부정적 감정들 때문이다. 이런 감정들은 상대방의 과잉 반응을 이끌어내고, 문제를 평화롭게 의논하기보다는 갈등으로 끝나게 한다. 누군가가 인성을 잘못 사용하는 것을 알게 되었을 때 인성을 제대로 사용하는 모습을 보여주어 그 사람을 변화시킨다면, 그로써 서로 간에 갈등을 피하고 상황을 긍정적인 방향으로 이끌어갈 방법을 찾을 수 있을 것이다.

다음 사례는 자신들이 인성을 제대로 훈련하지 않았다는 사실을 깨달아가는 타냐와 요시 부부의 이야기이다.

타냐와 요시는 몇 달 전에 결혼한 신혼부부이다. 이들은 다른 사람들에게 아주 친절하고, 자주 집으로 사람들을 초대한다. 어느 날, 요시는 타냐가 속이기 쉬워서 가끔 친구들이 그녀에게 억지로 시키는 일이 많다는 것을 알게 되었다. 그리고 타냐는 요시가 사람들에게 인기 있는 것을 즐기고 때때로 사람들의 관심을 끄는 데 너무 몰두해서 진짜 친구가 누구인지 궤도를 잃기도 한다는 것을 알게 되었다.

타냐와 요시는 각자 깨달은 서로의 행동에 대해 언쟁하기 시작했고, 나중에는 두 사람의 갈등이 심지어 결혼생활에 위협을 주는 수준에까지 이르렀다. 두 사람은 감정적으로 점차 멀어져갔고, 요시는 전보다 더 자주 저녁에 집을 비웠다. 특히 힘들었던 어느 날, 타냐는 계속 이런 식으로 지내기에는 그녀에게 결혼생활이 너무 소중하다는 것을 깨달았다. 타냐는 결국 요시에게 자신들의 문제를 차분하게 다시 이야기해보자고 제안했다.

타냐와 요시는 이야기를 해나가면서 두 사람 모두 친절함이라는 인성을 잘못 사용하고 있다는 것을 깨달았다. 이러한 통찰력은 행동에 균형을 찾을 수 있게 해주었고, 두 사람은 친절함을 긍정적인 인성으로 개선하도록 서로 도와주기 시작했다.

타냐와 요시는 이를 통해 개인적으로나 결혼생활에 이익을 주는 방법으로 서로 효과적으로 영향을 주고받기 시작했다.

메이드 인격 간에 균형을 맞추고 절제하기

인성 간에 균형을 맞추거나 조정하는 것은 인성의 오용을 효과적인 사용으로 바꾸는 방법 중에 하나이다. 예를 들어 한 사람의 용기가 언제부턴가 무모하고 해가 되고 위험한 행동으로 변했다. 그럴 때 이 사람의 행동에 친절함과 존경심을 더해 균형을 맞추면 무모함은 본래의 순수한 용기로 바뀔 것이다.

절제는 당신의 삶 모든 곳에 이익을 가져다주는 인성이다. 그런데 이것을 인성에 적용할 때 인성을 절제하는 것이 전심전력으로 훈련하거나 보통 또는 '불충분한' 수준으로 훈련한다는 것이 아니다. 이는 절제를 오용하는 것이다. 여러분의 목표는 현명한 선택을 통해 인성을 훌륭하게 훈련하는 것이라는 걸 기억하자.

© 2005 Catherine F. Hosack

예를 들어, 정직을 절제한다는 것은 경우에 따라 거짓말도 용인될 수 있다는 의미가 아니다. 거짓말을 하거나 진실의 반만 이야기하고 또 중요한 정보를 주지 않으면 인간관계에 분개와 분노와 불화를 일으킨다. 또한 신뢰를 절제해야 하는 상황이란 여러분이 알고 있는 진실과 모든 세부사항을 말하는 것이 시기적절하지 않은 상황을 말한다.

일반적인 예를 살펴보자. 현명한 사람들은 정직하게 말해야 할 때와 장소를 알고, 재치를 발휘하여 정직을 절제해야 할 때를 안다. 예를 들어, 아내가 저녁에 외출하려고 옷을 차려입고 있는 상황을 가정해보자. 그녀가 "여보, 나 이 옷 입으니까 뚱뚱해보이지 않아요?"라고 물어본다. 그 순간, 사실을, 있는 그대로의 사실을, 오직 진실을 말하는 것은 두 사람 사이에 심각한 갈등을 불러일으키고 아내의 감정을 상하게 할 수 있다. 그저 "당신, 오늘 밤 정말 아름다워 보여."라고 하거나 "난 당신이 파란 드레스를 입은 모습이 더 좋아."라고 말하는 것이 현명하고, 재치 있고, 정직한 대답이다!

신중함과 식견이라는 인성을 이용하면 여러분의 인성과 그 인성들 간의 상호작용을 스스로 평가하고 모든 상황에서 절제를 어떻게 훈련하는지 이해하는 데 도움이 될 것이다. 절제는 상황에 따라 다양하게 적용된다. 또한 선택은 여러분이 직면한 상황에 따라 변하므로, 어떨 때는 절제로 보이고 또 어떤 때는 절제가 아닌 것으로 보일 수 있다. 여러분에게 있는 인성들 간의 상호작용을 잘 살펴보고, 상황을 정확하게 파악하고 융통성을 발휘해야 한다. 카린과 사이먼 부부의 사례에서 절제가 어떻게 사용되었는지 살펴보자.

카린은 뛰어난 창의성을 인정받는 유명 그래픽 디자이너로, 전 세계를 돌아다니며 기업 고객이 소비자들의 시선을 잡아끄는 획기적인 마케팅 자료를 개발하도록 영감을 주고 여러 면에서 도와주는 일을 한다. 고객의 프로젝트 진행을 더디게 하는 부분을 찾아내어 아이디어를 주거나 혹은 직접 새로운 디자인을 창조하는 타고난 능력 덕분에 카린은 고객들에게 매우 높은 평가를 받고 있다. 열성적으로 고객의 일에 집중하는 그녀의 열정 또한 전 세계에서 카린을 찾는 이유 중에 하나이다.

카린과 사이몬은 한 정신 연구 세미나에 참석했다. 사회자는 글을 하나 읽고서 참가자들에게 방금 들은 이야기를 그림으로 묘사해보라고 했다. 그림을 그리기 시작한 사이먼 옆에 가만히 앉아 지켜보던 카린은 그가 사용하는 색과 생각이 서로 어울리지 않는다는 것을 잡아냈다. 그러고는 마치 사이먼이 백만 달러짜리 고객인 것처럼 그의 그림에 열중하며 관여하기 시작했다. 카린은 사이먼에게 빨간색과 노란색으로 어떻게 색을 새롭게 배합해야 하는지 열변을 토하고, 사이먼이 선택한 회색을 검정색으로 바꿔놓았다.

그러자 사이먼은 잠시 손을 멈추고 달라진 자신의 그림을 바라보더니 아예 붓을 놓아버렸다. 카린의 공격적인 태도와 그녀가 자신의 창의적인 표현을 존중해주지 않는 점에 화가 난 것이다.

이때 카린은 신중했어야 했다. 그녀는 개인적인 상황에서 마치 일을 할 때처럼 열정을 보이는 것은 적절하지 않다는 것을 미리 생각했어야 했다. 특히, 사이먼의 그림에 관여하기 전에 그를 도와줘도 괜찮은지 먼저 물어봤어야 했다. 다음의 이야기는 같은 상황에서 사이먼이 카린의 행동에 다르게 대응하는 설정으로 새로운 시나리오를 꾸민 것이다.

여기에서 사이먼은 카린이 그녀의 열정과 능력을 오용했다는 것을 인식했다. 자, 다음 시나리오에서는 어떤 상황이 펼쳐지는지 살펴보자.

사이먼은 카린이 자신의 그림에 의견을 제시하는 것을 잠자코 들었다. 그러고는 아내에게 장난스럽게 미소 지으며 말했다. "여보, 난 당신의 열정을 사랑해. 그리고 당신이 나에게 얼마나 도움을 주고 싶은지 그 마음도 잘 알고 있어. 그런데 나는 내 식대로 이 그림을 그려보려고 해. 생각해줘서 고마워."

이 시나리오에서 사이먼은 자신과 아내의 관계를 앞의 예에서보다 더 좋게 유지하려 하고, 그녀가 자신의 긍정적인 인성들을 잘못 사용하고 있다는 것을 깨닫도록 도와주었다. 카린은 사이먼의 그러한 애정 어린 피드백 덕분에 다음번에는 자신이 다르게 행동해야 한다는 것을 깨닫게 될 것이다. 또한 카린은 두 사람이 함께 그 문제에 대해 의논할 때, 사이먼에게 평소 자신을 잘 살펴보다가 열정을 오용하거나 혹은 그러려는 낌새가 보이면 알려달라고 구체적으로 부탁하는 것이 좋다.

주요 메리드 인격이 잘못 사용된 경우

여러분이 잘 알고 자주 사용하는 주요 인성을 잘못 사용하면 대개 인간관계에 갈등을 유발한다. 자신의 주요 인성을 잘못 사용하고 있다는 것을 깨달으면 가까운 사람들과 갈등을 빚는 상황을 줄일 수 있다. 다음에 소개하는 프란시스코와 보니타 부부의 이야기에서 그들이 인성을 어떻게 잘못 사용하는지 살펴보자.

프란시스코와 보니타 부부는 집에 친구들을 초대했다. 일 년 중에 가장 중요한 야구 경기에 푹 빠져 있는 그들에게 간식을 대접하느라 보니타가 잠시 텔레비전 앞을 지나갔는데, 공교롭게도 그 순간은 바로 경기의 클라이맥스였다! 중요한 부분을 놓치게 되자 프란시스코는 친구들이 다 있는 앞에서 보니타에게 비키라고 소리를 질렀다. 황당한 보니타도 큰 소리로 맞섰고, 친구들이 듣든 말든 노골적으로 화를 내며 자리를 떴다.
프란시스코는 스스로 자신이 단호하고 솔직하다고 생각했고, 이 두 가지는 그가 갖춘 가장 주요한 인성이다. 그래서 그는 보니타가 상처받았다는 것에 짜증이 났다. 프란시스코는 친구들을 돌아다보며 보니타가 지나치게 민감하다고 말하며 그녀의 감정을 무시했다. 친구 중에 한 명이 오늘 밤 침실에서 쫓겨나 소파에서 자게 될 것 같다고 말하자 프란시스코는 자존심을 버리고 방금 전의 일에 대해 이야기하고자 부엌에 있는 보니타를 찾아갔다.

이 사례를 통해 우리는 프란시스고가 비슷한 상황에서 자신의 주요 인성인 단호함을 다른 사람을 존중하는 인성으로, 솔직한 인성을 재치 있는 인성으로 조정하면 두 사람의 관계에 도움이 될 것이라는 것을 알 수 있다. 물론, 단호하고 솔직함은 프란시스코의 주요 인성이고 그는 이미 그 인성들을 일관되고 효과적으로 사용하는 법을 알고 있다.

그러나 때로는 그 두 가지 인성을 잘못 사용하게 될 때도 있다. 부엌에서 두 사람이 이야기할 때 보니타는 자신이 프란시스코의 솔직한 인성을 얼마나 높이 평가하는지를 알려주고, 방금 전에는 그가 솔직한 인성을 잘못 사용해 마음에 상처를 입었다고 이야기해주었다.

보니타와 친구의 피드백은 프란시스코가 위의 두 인성을 사용하는 방법과 이 두 인성과 다른 인성들 사이의 균형을 맞춤으로써 갈등을 빚는 것을 피하도록 도와주었다. 프란시스코와 보니타 부부는 다음 야구 경기가 시작하기 전까지 보니타가 집에 초대한 프란시스코의 친구들을 잘 대접할 최선의 방법을 함께 의논하기로 했다.

다른 사람들에게도 때로는 프란시스코와 보니타가 겪은 것과 같은 갈등 상황이 일어날 수 있다. 그런 상황이 발생하면 보통 혼자 조용히 있으려 하지만, 문제를 해결하는 데는 혼자 있는 것보다 두 사람이 함께 의논하는 것이 더 낫다. 이런 상황에서는 다음에 소개하는 몇 가지 방법들이 도움이 될 것이다.

- 숨을 깊이 들이마시고 초연해지도록 노력한다.
- 문제가 있다는 것을 스스로 인정한다.
- 문제를 즉시 해결하지 못할 수도 있다는 사실을 받아들인다.
- 문제가 무엇인지, 누구와 함께 있는지에 집중하려고 노력한다.
- 필요하다면 상대방에게 나중에 다시 이야기하자고 부탁한다.
- 되도록 조용한 장소를 찾아서 즉시 문제를 해결한다.

나중에 문제를 해결해야 한다면, 다른 사람들과 헤어진 후 두 사람만 있을 때 문제가 해결될 때까지 함께 의논한다.

창의적인 상상력이 잘못 사용된 경우

당신의 마음을 힘들게 하는 동시에 상대방의 도움이 필요하게 되는 상황은 바로 창의적인 상상력을 잘못 사용한 경우이다. 많은 사람들처럼 여러분도 상상력이 풍부할 것이다. 그리고 어쩌면 불행히도 배우자에게 일어나는 일에 대해 아무 근거 없는 시나리오를 꾸미면서 상상의 나래를 펼치는 데 길들여졌을지도 모른다. 그런 상상을 하다보면 여러분은 마치 상상의 내용이 실제로 일어난 일인 것처럼 상대방을 다그치게 될 수 있다.

여러분의 상상은 종종 두려움이나 과거의 경험에서 나오며 현재의 상황과는 아무런 관련이 없다. 이런 유형의 상상은 두 사람의 관계에 갈등을 만드는 아주 확실한 방법이다. 아래에 소개된 짧은 드라마에서 비키와 리처드에게 창의적인 상상력이 어떻게 작용하는지 살펴보자.

비키는 마지막으로 한 번 더 창밖을 내다보고 거실의 등을 끄고 침실로 들어갔다. 비기는 지금 남편이 어디에 있는지 왜 전화를 받지 않는지 알지 못하고, 이해할 수가 없다. 전남편과 달리 퇴근이 늦어지거나 친구들과 만날 때면 항상 전화해주던 평소와 다른 행동이다. 한편, 밤늦게 집에 들어온 리처드는 비키를 깨우지 않고 곧장 잠을 잤다.

아침이 되어 자리에서 일어난 리처드는 부엌으로 들어오자마자 비키에게 빠르게 키스하더니 자동차 배터리가 나갔으니 교환해달라고 부탁하고 오늘 하루만 그녀의 차를 빌려야겠다고 말했다. 말을 마친 리처드는 서둘러 현관을 나섰고, 비키는 영문도 모른 채 멀거니 그의 뒷모습만 바라봤다.

비키는 리처드의 차에 배터리를 교환하고 그대로 그의 차를 몰고 출근했다. 그런데 남편의 차 뒷좌석에는 그녀가 알기로 그녀 자신의 것도 아니고 딸의 것도 아닌 비키니 수영복이 있었다. 충격 받고 기분이 상한 비키는 자신의 결혼생활에 무슨 일이 일어나고 있는지 의심이 생기기 시작했다. 그녀는 전남편처럼 비밀이 많고 명백하게 그녀를 속인 리처드와 계속해서 함께 살아야 하는 것일까?

저녁이 되어 리처드가 퇴근해 돌아오자 비키는 펑펑 울면서 어떻게 다른 여자와 부정을 저지를 수 있느냐고 소리를 지르며 그를 비난했다. [인격에 대한 공격]

한편, 그녀의 말을 듣고 있던 리처드는 웃어야 할지 울어야 할지 화를 내야 할지를 몰랐다. 비키가 좀 진정되자 리처드는 전날 저녁에 그의 상사가 중요한 기획 회의에 참석하라고 해서 핸드폰 전원을 꺼놓았으며 그 전에 미리 그런 사실을 알려주지 않은 것에 대해 사과했다. 그리고 아침에 서둘러 출근한 것은 전날에 이어 계속된 기획 회의에 참석하기 위해서였다고 해명했다. 또, 비키에게 이번 주 초에 수영 강습에 간 딸과 딸의 친구를 자신이 데리러 갔던 일을 상기시키면서 비키니 수영복은 그때 딸의 친구가 두고 내린 것이라고 말해주었다.

비키와 리처드처럼 여러분 역시 어떤 일이 생기면 바로 그 상황에 어떤 의미가 담겨 있을지 상상하고, 그 일이 여러분과 다른 사람에게 어떤 영향을 미칠지 알아내고자 노력할 것이다. 그것이 너무 지나치지 않고 상상이 부정적인 방향으로 흘러가지만 않는다면 반드시 나쁜 일이라고 할 수는 없다.

여러분은 상대방이 전화를 받지 않거나 수상한 낌새가 있거나 전화하지 않거나 할 때 온갖 상상을 다 하게 될 것이다. 그래서 결국 상대방의 인격을 공격하는 말을 해버리게 되고, 상대방과의 관계는 예전 같지 않을 것이다. 이 점을 반드시 명심하자. 이런 경우 여러분이 상대방을 부정적으로 대하는 것은 단지 여러분의 상상력에 근거할 뿐 실제적인 근거가 없는 행동이라는 점이다.

이러한 부정적인 패턴을 바꾸는 데 필요한 첫 번째 기술은 여러분의 머릿속에서 자동적으로 일어나는 상상의 과정을 인식하는 것이다. 두 번째 기술은 두 사람의 관계에 악영향을 미칠지도 모르는 행동을 하기 전에 일단 자신의 생각을 제어하는 능력을 키우는 것이다. 그런 다음에는 상상에 사로잡혀 행동하는 대신에 실제로 일어난 사실에 입각하여 대응하는 능력을 계발해야 한다. 다음에 나오는 사항들을 따르면 관계 개선 또는 관계 유지를 위한 여러분의 노력에 도움이 될 것이다.

- 어떤 인성을 적용할지 선택한다.
- 상대방은 좋은 의도라고 가정한다.
- 자신을 진정시키는 훈련을 한다. (명상, 음악, 기도, 운동, 산책, 청소 등)
- 호의적으로 의사소통할 수 있을 때까지 잠시 대화를 멈추고 기다

린다.

- 의식적으로 과거는 뒤로 하고 현재에 초점을 맞춘다.
- 진실을 알아보고, 생각을 공유하고, 상황을 이렇게 만든 문제를 해결하는 데 집중하여 의논한다.

이 모든 방법은 두 사람 사이의 화합을 더욱 굳건하게 해줄 것이다.

> **기술 습득의 기회**
>
> 부록 7의 '대화의 기술 : 잘못된 상상 중단하기' 는 혼자 상상해서 만든 시나리오로 상대방을 당황하게 하지 않고 명확한 논점을 갖추어 의논하도록 도와줄 것이다.

부족한 메리드 인격 보완하기

둘 중 한 사람이 배우자가 신경 쓸 만한 일을 할 때가 있다. 그럴 때, 우리는 배우자에게 부족한 인성이 무엇인지 알게 되었다고 믿는다. 그리고 배우자가 그런 행동과 정반대로 행동해야 한다고 생각한다. 예를 들어, 남편이 계단을 청소해야 할 차례인데 깜빡하고 그냥 지나간 적이 몇 번이나 되어 '남편은 무책임하다' 는 생각을 하게 된다. 그리고 남편의 그런 면이 싫은 여러분은 그에게 좀 더 책임감 있게 행동했으면 좋겠다고 말하기 시작한다.

위의 방법보다 더 효과적이고 평화로운 방법이 있다. 레일라와 마이크의 사례를 통해 알아보자.

레일라와 마이크는 주차장에서 회의장으로 걸어가고 있었다. 레일라는 기조 연설자들을 맞이하기 전에 음향 장비를 테스트하고, 유인물을 준비하고, 다과가 마련되었는지 확인해야 했다. 그리고 선거인 등록을 책임지고 있는 마이크는 이름표와 폴더들이 가득 담긴 상자를 가슴에 안고 운반하고 있었다.

그러다 레일라가 마이크를 앞서서 달려가는 바람에 문이 그의 얼굴 앞에서 닫혔고 마이크는 들고 있던 상자를 놓쳐버렸다. 그는 바로 성큼성큼 레일라를 따라가서는 그녀가 늘 성급하게 행동한다고 비난하고 불만 섞인 말투로 이렇게 물어보았다. "당신, 한 번이라도 인내심 있게 행동하려고 노력해본 적 있어?"

레일라의 성급함은 그녀 자신에게 스트레스를 줄 뿐만 아니라 마이크까지 힘들게 한다. 마이크는 여러 상황에서 이 문제를 자주 이야기하는데, 그의 이런 행동은 레일라로 하여금 자신이 남편에게 오해받고 인정받지 못하며 과소평가 받는다고 느끼게 했다.

레일라도 인내심을 길러보려고 많은 노력을 기울였지만 모두 실패했다. 그리고 레일라는 마이크가 그의 바람대로 조금씩 자신을 변화시켜 진정한 그녀의 모습을 지우려 한다고 느꼈다. 그래서 이제는 마이크가 그녀에게 인내심을 가지라고 할 때면 소리를 지르거나 혹은 냉정하게 행동한다. 결국 두 사람 모두 짐짐 불행해져가고 있다.

여러분의 경우를 적용해 생각해보자. 여러분은 배우자에게 어떤 점을 완전히 반대로 바꾸라고 부탁하는가? 여러분도 마이크와 마찬가지로 배우자의 성급함을 발견할 때마다 인내심을 부탁하는가? 그러나 배우자의 '나쁜 인성'을 발견했다고 생각될 때 그 개선 방법을 마이크와 다르게 해석해 본다면 두 사람 사이의 갈등을 줄일 수 있을 것이다. 지금 마이크는 자신이 원하는 모습과 정반대인 레일라의 성급함을 발견할 때마다 비판함으로써 그녀가 인내심을 기르는 데 도움을 줄 수 있다고 잘못 생각하고 있다. 전반적인 상황을 다시금 찬찬히 살펴보면, 마이크는 레일라의 성급함이 사실은 그녀의 주요 인성인 완벽함을 잘못 사용한 결과라는 점을 알게 될 것이다. 그녀는 언제나 모든 일을 최선을 다해 효과적으로 수행하기를 바란다.

마이크가 레일라의 높은 지위와 모든 일을 완벽하게 해내려는 목표를 인정해 준다면 레일라도 그에게 호의적으로 대할 수 있을 것이다. 그렇게 되면 마이크는 레일라가 갖춘 최고의 인성을 제대로 볼 수 있게 된다. 그는 레일라가 현재 어떤지를 말할 뿐 어떻지 않은지는 말하지 않는다. 더불어 레일라도 곧 완벽함을 추구하는 인성을 잘못 사용하면 성급함이 드러난다는 것을 깨닫게 될 것이다. 완벽함을 만족이나 협력과 같은 다른 인성으로 조절하거나 그 사이의 균형을 맞춘다면 레일라는 인내심을 갖추고 다른 사람들과 더 잘 지낼 수 있을 것이다. 또한 다른 사람들을 먼저 존중하면서 완벽함을 잘못 사용하지 않도록 마이크가 레일라를 이끌어준다면 그는 레일라의 성급한 태도를 공격하는 것이 아니라 그녀의 가장 훌륭한 인성을 제대로 사용하도록 도와주는 것이 된다.

현재에 영향을 미치는 과거사

　인생에서 무척이나 크나큰 사건을 겪었다면 여러분은 이후로 같은 일이나 혹은 비슷한 일을 되풀이하지 않으려 특정 인성을 지나치게 사용하게 될 수 있다. 그 결과, 종종 무의식적으로 마치 그 인성을 사용하면 틀림없이 좋은 결과를 낳을 것처럼 행동한다. 쉴라에게 어떤 일이 있었는지 이제부터 살펴보자.

　쉴라는 막 집에 들어온 연하의 남편 콜린에게서 또다시 알코올 냄새를 맡았다. 하지만 그녀는 화를 내는 대신에 그를 포옹해주고 미소를 지으며 맞이했다. 그녀는 틀림없이 자신이 그에게 도움을 줄 것이라고 확신한다. 친구들은 콜린이 계속해서 쉴라를 때리고 함부로 대하자 그와 헤어지라고 몇 번이나 충고했다. 쉴라도 자신의 결혼생활이 붕괴되고 있다는 것을 느끼지만, 그래도 좀 더 강한 자신으로 거듭나고 남편에게 관대하고 결혼생활을 유지하는 데 충실하자고 마음먹었다.

　쉴라는 어렸을 적에 알코올 중독자였던 아버지가 하도 오래 끌고 다녀 다 낡은 자동차를 몰고 나가는 모습을 마지막으로 다시는 아버지를 보지 못했다. 아버지가 떠난 이후 한동안 쉴라는 외로움으로 힘겨워하던 엄마를 위로했다. 하지만 엄마가 계속 남자들을 바꿔 가며 집으로 데려오자 쉴라의 인생은 변하기 시작했다. 그 남자들은 한 달 정도 엄마 곁에 있다가 나중에는 그녀의 아버지처럼 떠나버렸다. 지금 쉴라는 자신이 콜린을 돌보지 않고 그의 음주 습관을 문제 삼으면 그도 자신을 떠나버릴 것이라고 두려워한다.

쉴라는 자신의 강한 정신력과 충실함, 관대함을 잘못 사용하여 남편이 자신에게 위협을 가하는 것을 그냥 내버려두고 있다. 남편이 자기 행동에 책임을 지게 하지 않는 것이다. 그녀는 절대로 어린 시절에 겪었던 일을 또 겪고 싶지 않다. 만약 쉴라가 용기와 단호함을 사용하여 알코올 중독자들을 지원하는 단체에 도움을 청한다면, 지금 그녀가 처한 상황을 충분히 바꿀 수 있다.

잘못 사용된 메리드 인격에 맞대응하기

지금까지 인성을 잘못 사용하여 두 사람 사이에 불화와 갈등이 생긴 사례를 살펴보았다. 두 사람 모두 잘못 사용하는 경향이 있는 인성을 미리 확인하면 갈등 상황을 막는 데 도움이 된다. 그리고 인성을 잘못 사용한 상황에 대해 다른 사람의 조언을 받아들이는 것도 좋다. 이 방법들은 두 사람의 결혼생활이 평화롭게 유지되도록 지켜줄 것이다.

그 한 예로, 아버지가 머물고 있는 요양원을 방문하기 전에 부부가 꼭 함께 의논해야 할 핵심 사항들을 알아보자. 남편은 종종 양로원 직원들이 아버지에게 충분히 관심을 기울이지 않아 화가 난다고 한다. 남편과 다음의 사항들을 의논해보자.

• 남편이 마음속으로 걱정하는 것

- 요양원 직원들에게 단호하게 행동하는 한편 그들의 많은 작업량을 이해하는 방법
- 남편이 요양원 직원들을 대할 때 도움이 되는 인성들(수용력, 인내심, 예의)
- 화를 냈을 때 생길 수 있는 결과
- 요양원 직원들이 아버지에게 더 관심을 기울이도록 하는 방법

부부 사이에 이러한 유형의 의논은 배우자에게 일어난 특정 문제를 확인할 수 있게 해주어 그에게 적절한 도움을 줄 수 있다.

배우자가 여러분을 '비난하는 사람'이 아닌 '한 편' 혹은 '조력자'라고 여기게 하려면 우선 긍정적인 피드백으로 시작해야 한다는 것을 명심하라.

사람들은 대부분 다른 사람이 자신의 긍정적인 인성은 인정해주지 않고 부정적인 피드백만 주면 듣는 것을 바로 멈추기 때문이다. 피드백의 마지막에도 역시 상대방의 긍정적인 인성을 다시 한 번 말해주는 것이 좋다.

인성을 포괄적으로 이해해 갈수록 여러분은 인성의 뉘앙스와 수준을 살펴보게 될 것이다. 단순히 인성을 제대로 훈련하는 것만으로도 상대방과 인성에 대해 의견을 나누는 것이 간단할 때가 있으나 때때로 복잡한 일이 생기기도 한다. 이는 결혼생활에 굉장한 선물이다. 여러분은 배우자에게 다양한 방법으로 도움을 줄 수 있기 때문이다. 철학자 조지 산타야나(George Santayana)는 "행복의 토대는 인성이다."라고 썼다. (《삶의 이유(The Life of Reason)》)

"어떻게 나한테 로맨틱하지 않다는 말을 할 수가 있어?
난 어제 당신에게 꽃을 사다주려고 생각했었다고!"

"두 사람이 함께 노력해야 결혼생활을 성공적으로 이끌어갈 수 있고, 그 중심에는 상호작용이 있다. 만약 둘 중에 한 사람만 좋은 일을 하고 상대방은 거의 아무 노력도 하지 않는다면 한쪽은 계속해서 분노가 커질 것이고 결국에는 문제가 생기고 만다. 친절함을 똑같이 돌려주어라. 상대는 그것에 힘을 얻어 더 잘하려고 노력할 것이다."

— 칼릴 A. 카바리와 수 윌리스톤 카바리, 《영원히 함께》

"인간의 인성을 가늠할 최고의 지표는 (a) 자신에게 아무 도움이 되지 않는 사람을 어떻게 대하는가, (b) 자신에게 저항할 수 없는 사람을 어떻게 대하는가이다."

— 애비게일 밴 부렌(Abigail Van Buren)의 신문 칼럼 '디어 애비(Dear Abby)',
    1974년 5월 16일

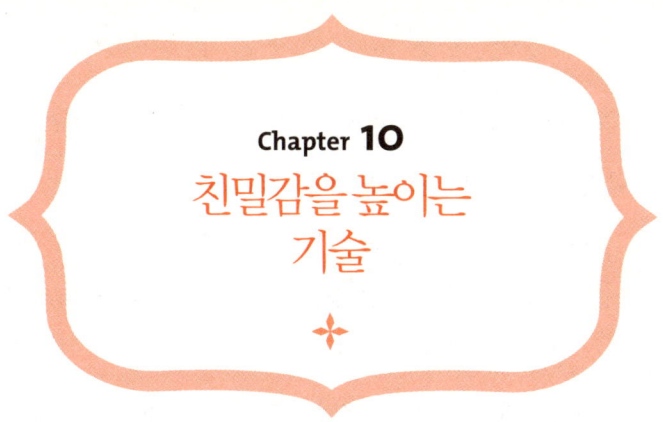

행복한 결혼생활에는 두 사람 간의 친밀감이 절대적으로 필요하다. 친밀감이란 다른 사람들과 공유하지 않는 나 자신과 내 삶을 두 사람이 공유하면서 생겨나는 특별히 가까운 느낌이다. 이는 자신만의 경험과 두 사람의 우정에서 점차 발전한 것이다.

어떤 이들은 친밀감을 주로 육체적이거나 성적인 것으로 생각할 수도 있다. 그러나 진정한 친밀감은 두 사람 사이의 정신적, 정서적, 영적 유대감을 가리킨다.

간혹 결혼생활에서 진정한 친밀감이 생겨난다는 것을 절대로 깨닫지 못하는 사람들이 있다. 여러분도 거기에 포함된다면, 배우자와 친밀감을 형성하는 데 시간이 꽤 걸릴 것이다. 누군가를 아주 잘 알게 되는 것을 두려워하고 거부하거나 혹은 지루하고 식상한 일이라고 생각하는 사람들이 있다. 그러나 누군가를 아주 잘 알게 된다는 것은 동시에 누군가가 당신을 잘 알고 또 당신의 가장 좋은 점과 이상한 버릇을 모두 사랑함으로써 서로 행복해지는 것이다.

친밀감을 느끼는 단계에 이르면 여러분의 배우자를 인생의 파트너로 의지할 만하다는 편안함을 느끼게 된다. 여러분은 두 사람이 원하는 것을 일치시키고 지원해주는 상대방의 능력에 확신이 있다. 예를 들어 여러분이 문장을 시작하면 상대방이 그 문장을 마무리한다. 두 사람은 서로 상대방을 웃게 하는 것이 무엇인지 잘 알고 있다. 상대방이 좋아할 만한 책도 알고 있다. 친밀감은 두 사람의 우정과 결혼생활을 더 깊이 있고 풍부하게 해주며 두 사람의 유대관계를 유지해주는 핵심 요소이다.

상처받기 쉬운 친밀감 조절하기

상대방과 친밀한 관계가 되려면 서로 간에 신뢰와 확신이 있어야 한다. 서로 더 많은 정보와 경험을 공유하며 가까워지다 보면 오히려 더 상처받기 쉬워진다. 그러므로 두 사람은 개인적으로 아는 것을 단지 재미있는 이야깃거리 대상으로 치부하는 등 두 사람의 관계에 해롭게 사용하지 않고 충실하게 서로 보호해줘야 한다. 두 사람이 공유하는 것은 사적인 것이므로 상대방의 허락 없이 사람들에게 '재미있는' 이야기로 떠벌려도 되는 것이 아니다. 또한 여러분은 상대방의 마음을 쥐고 있으므로, 배우자의 창피한 부분을 알리거나 상처받기 쉬운 부분을 두 사람의 결혼생활 테두리 밖에 다른 사람들에게 드러내는 것은 결혼생활을 유지하는 데 악영향을 미친다.

만약 배우자의 부족한 점과 실수를 비난하거나 안 좋은 목적으로 이용한다면, 두 사람의 친밀감은 줄어들거나 아예 사라질 것이다. 반대로, 어려운 상황에서 사랑과 상냥함과 동정심으로 대처하면 서로 간에 친밀감을 크게 키울 수 있다. 심리치료사이자 《산호와 진주》라는 책의 저자 메리 세피배쉬는 이렇게 적었다.

만약 사랑이 바탕이 된 관계라면, 우리는 평가받는다는 두려움 없이 서로 도움을 주며 배우자에게 마음을 열고 정직할 수 있다. 우리는 배우자가 우리의 가장 친한 친구이며, 가장 친한 친구가 될 것이고, 어떤 일이 있어도 언제나 우리를 도와주리라고 확신한다. 사랑이 깃든 관계는 우리에게 어떠한 자유를 준다. 그 자유에는 때때로 영원히 상처가 남을 것이라는 두려움 없이 자신을 제어하지 못할 정도로 크게 화를 낼 수 있는 자유, 완전하지 않아도 되는 자유, 배우자의 존경심을 잃지 않으면서 웃음거리가 될 자유, 변하고 성장하고 가장 필요한 순간이나 또는 비판과 비난이 빗발치고 "그러게 내가 뭐랬어!"라고 말하는 최악의 순간에도 절대 자신은 버려지지 않을 것이라는 확신 하에 실수할 자유가 있다.

우리의 인성을 최악으로 잘못 사용한 모습이 배우자에게 드러났을 때, 특히 배우자의 도움이 절실하다. 이때야말로 배우자의 인정과 사랑이 우리 인생에 든든한 주춧돌이 되어주는 순간이나. 개인의 존엄성을 지키려면 우리가 사랑하고 존경하는 사람의 온정과 인정을 느낄 수 있어야 한다.

여러분의 결혼생활에는 친밀감이 있는가? 그것을 더 깊게 하고자 어떤 노력을 기울일 것인가?

친밀감을 확대하는 방법 중에 하나는 상대방에 대한 믿음의 정도를 평가해보고, 그 믿음의 정도를 높이는 것이다. 혹시 어떤 사건으로 크게 약해진 믿음을 다시 키워야 한다면, 작은 일들을 꾸준히 훈련하는 것이 서로에 대한 확신을 키워주는 데 도움이 될 것이다. 예를 들어 상대방과 계속해서 약속을 만들고 매번 지켜나간다면 엄청난 변화를 만들 수 있다. 또는 전문 상담사를 찾아가보는 방법도 있다.

친밀감은 여러분 개인의 정체성을 잃은 채 상대방에게 빠져드는 것을 의미하지 않는다. 불행한 결혼생활을 하는 부부들은 아마도 한 사람이 전적으로 상대방에게 의존하는 매우 불균형적인 관계일 수 있다. 진정한 친밀감은 서로 간의 협력과 동등한 관계를 형성하는 것이 전제되어야 한다.

의사소통을 통해 친밀감 형성하기

두 사람 사이에 친밀감을 형성하는 방법 중의 하나는 두 사람의 의사소통에 항상 마음을 열어놓는 것이다. 두 사람의 인생에 어떤 일이 일어나고 있고 결혼생활이 어떠한지에 대해 여러분의 생각과 감정을 공유하면 점차 친밀감이 성장한다. 다시 말하면, 서로 원활하게 의논하고 문제를 평화롭게 해결함으로써 두 사람 사이에는 점차 믿음과 확신이 생기고 이를 바탕으로 친밀감이 자란다는 것이다.

만약 부부 중에 한 사람은 내향적이고 다른 한 사람은 외향적이라면, 때때로 두 사람 사이에 생기는 의사소통의 불균형을 조절해야 할 때가 있을 것이다. 이때, 내향적인 사람이 충분히 자신의 의견을 말할 수 있도록 충분한 기회와 용기를 보장하고 외향적인 사람은 대화 내내 이야기하는 것을 자제하는 특별한 노력이 필요하다.

친밀감을 키우는 또 하나의 방법은 여러분의 인성을 배우자에게 솔직하고 진지하게 말해주는 것이다. 두 사람은 아마도 서로에 대해 가장 잘 알 것이다. 두 사람은 각자 인성을 바로잡기 위해 기울이는 노력에 대해 가족이나 가장 친한 친구보다 더 잘 알고 있다.

남편은 아내와 함께 일하는 동료가 그녀를 돕지 않거나 아이들이 부엌을 엉망으로 만들면 아내가 인내심을 잃는다는 것을 알고 있다. 또, 아내는 남편이 누군가가 자신의 요리나 최근의 작업에 대해 부정적인 말을 하면 열정을 잃는다는 것을 알고 있다. 앞서 말한 바와 같이 우리의 인성은 다른 사람들보다 배우자에게 더 많은 영향을 받는 경향이 있다. 부부 두 사람은 이 과정에서 진정한 파트너이다. 다음의 시나리오에서 은퇴 후 의사소통의 부족으로 곤란을 겪는 헬가와 건터 부부의 사례를 알아보자.

헬가는 지난 몇 주 동안 건터가 하루에 커피를 몇 잔씩 마시며 내내 지하실에 틀어박혀 비행기 모형을 만드는 것을 지켜보았다. 그는 종종 헬가에게 최근에 만든 비행기 모형을 보여주며 새로 시작한 취미에 흠뻑 빠졌다. 헬가는 남편이 바쁜 것이 기뻐 그가 더 발전할 수 있도록 조언을 아끼지 않았다. "파란색 대신 빨간색 페인트를 사용하는 것은 어때요?", "더 비싼 광택제를 사용하는 것이 더 나을 것 같아요." 건터는 작업하는 틈틈이 그녀에게 모형이 완성되어가는 모습을 보여주었다.

하지만 시간이 지나면서 헬가는 비행기 모형 때문에 집안이 엉망이 되고 집안 전체에 냄새가 난다고 불평했다. 그러자 건터는 잠시 후 모형 만들기를 아예 중단해버렸다.

어느 날 건터가 부엌 식탁에 앉아 커피를 마시고 있는 것을 보고 헬가는 그에게 왜 이제는 비행기 모형을 만들지 않느냐고 물어보았다. 그러자 건터는 다 만들고 나서 완전히 만족하는 비행기를 절대로 만들 수 없다는 사실에 낙담했다고 대답했다. 그리고 항상 헬가가 비행기 때문에 불평한다고 덧붙였다.

자신의 부정적인 말들이 비행기 모형을 만드는 건터의 자신감과 열정을 방해했다는 것을 깨달은 헬가는 그에게 사과하고 다시는 그러지 않겠다고 약속했다. 그리고 건터가 새로운 취미 생활을 계속하도록 용기를 불어넣었다. 헬가와 건터 부부는 이제 집안을 엉망으로 만들지 않도록 뒷마당에 작업장을 만들기로 했다.

헬가와 건터의 사례처럼 모든 결혼생활에는 어느 한 사람이 상대방이 하는 일에 지장을 줄 때가 있다. 그 행동이 정당하다고 느꼈을지라도 그럴 수 있다. 그러나 자신이 '옳고' 배우자가 '그르다'라고 분류하면 두 사람 사이의 거리는 점점 멀어질 것이다. 열린 사고방식이 없다면 친밀감은 생겨날 수 없다. 한 사람이 부당하게 행동하거나 상대방에게 심각한 해를 끼치지 않는 이상 여러분이 옳다고 판명나지는 않으며, 두 사람은 마치 아무 일도 없었다는 듯 다시 평화로운 결혼생활을 유지하게 될 뿐이다.

장거리에 있는 관계

이사 가거나 출장을 가거나 가족이 아프거나 친척을 방문하는 등의 일이 있어 부부가 육체적으로 떨어져 지내야 할 때가 있다. 우정과 친밀감이 바탕이 되어 있다면 두 사람의 관계는 전화나 이메일, 또는 각자에게 맞는 방법으로 계속해서 친밀감을 유지할 수 있다.

단, 배우자와 육체적으로 떨어지기 전에 두 사람의 관계를 다시 한 번 확인하고 서로 꾸준히 연락을 취하자고 약속한다. 시로 얼미니 지주, 그리고 언제 연락할지 정해두어라. 그리고 비상시에는 또 어떻게 연락할지를 알아야 한다. 또한 두 사람이 떨어져 지내기 전에 충분히 시간을 함께 보내며 두 사람 사이의 친밀감을 더욱 공고히 다지는 것도 도움이 된다.

집으로 돌아가 배우자와 만날 때까지 기다렸다가 그동안 무슨 일들이 있었는지 말하는 것보다 그때그때 적절한 방법을 통해 이야기해주는 것이 훨씬 낫다. 그렇지 않으면 두 사람 사이에 서먹함이 생겨날 수도 있다. 주로 전화를 이용한다면 통화를 끝내기 전에 함께 기도해보라. 처음에는 이 방법이 이상하게 들릴 수도 있지만 친밀감을 유지하도록 도와주고, 연습하다보면 곧 익숙해진다.

육체적인 친밀감

배우자와는 다른 어떤 사람들보다도 육체적으로 친밀하다. 여러분은 그녀가 어깨에 난 사마귀를 부끄러워한다는 것을 안다. 여러분은 그가 머리가 점점 하얗게 세어가는 것을 두려워한다는 걸 알고 있다. 여러분은 그녀가 매일 아침 달리는 것을 꿈꾸지만 절대로 동네를 한 바퀴 걷는 것 이상으로 운동을 하지 않는다는 것을 안다. 여러분은 그가 잘 때 코를 골기도 한다는 것을 안다. 여러분은 훌륭한 식단과 운동을 통해 배우자의 육체적 건강을 챙긴다. 우리는 살아가면서 건강할 때도 있고 건강하지 않을 때도 있다. 그래서 배우자에게는 육체적으로 최상일 때와 최악일 때의 상태를 모두 보여주게 된다.

두 사람은 친밀감을 바탕으로 가정과 인생에서 각자의 생활양식과 습관을 공유하고 이를 통해서 성장할 수 있다. 한 사람이 일을 시작하면 다른 사람이 마무리한다. 두 사람이 함께 아기 기저귀를 갈아주고, 아기의 발가락을 만지작거리며 장난을 친다. 두 사람이 함께 계단에

우리 인생에 어떤 일이 생기더라도 지금의 내 모습이 최악이라고 장담할 수 있어요.(개구리 말)

© 2005 Catherine F. Hosack

앉아 해가 지는 것을 바라본다. 한 사람이 못을 들고 있고 한 사람이 망치질을 한다.(아야, 한 사람이 다칠 수도 있다!) 한 사람이 말의 털을 빗질하는 동안 다른 사람은 마구간을 청소한다. 두 사람이 잠자리에 든 아이 곁에 함께 앉아 이야기책을 읽어준다. 한 사람이 요리를 하면 다른 사람은 설거지를 한다. 친밀감은 살아가면서 해야 하는 일을 함께 할 때 차츰 생겨난다.

육체적인 친밀감에는 당연히 섹스와 신체 접촉이 포함되지만 그 주제에 대해서는 Chapter 11에서 따로 이야기할 것이다.

경험의 공유

살아가면서 겪게 되는 시련과 비극을 포함하여 부부가 서로의 모든 것을 공유하는 데 동의한다면 두 사람의 친밀감은 더욱 깊어질 것이다. 여러분은 무엇이 배우자를 울게 하고, 화나게 하고, 슬프게 하고, 기쁘게 하는지 알고 있다. 또한 어려움이 닥치면 각자 무엇을 잘하고 무엇을 잘 못하는지 알고 있으므로 상대방의 어떤 점을 도와주고 보완해줘야 하는지도 알 수 있다. 친밀감은 상대방에게 정서적으로 필요한 것이 무엇인지 본능적으로 알아채고 안아주고 격려해주거나 기도로써 응대해줄 수 있는 능력을 키워준다.

친밀감은 두 사람이 종교적인 결속력을 키워가는 과정에서도 깊어진다. 이 경우에도 두 사람은 경험을 공유하면서 함께 성장하게 된다. 그동안 종교가 여러분의 삶에 한 부분을 차지하지 않았다면 이제부터 그것을 삶에 조화시켜가면서 서로 간에 또 다른 종류의 친밀감을 키우고자 노력해보라. 종교적인 친밀감은 두 사람의 믿음이 같거나 또는 비슷한 믿음이나 가치 체계가 생길 때 싹트기 시작한다. 두 사람 사이에 이러한 종교적 친밀감이 생기나면 함께 어떤 대상을 숭배하거나 기도할 것이다. 그리고 결혼생활의 일부로 성경을 함께 읽거나 공부하기도 할 것이다. 만약 자녀가 있다면 가족의 종교에 대한 교육에 성심성의껏 최선을 다해야 한다. 결혼생활이란 부부 두 사람의 육체적 결합 그 이상이다. 결혼을 함으로써 두 사람의 영혼도 서로 결합한다.

주의 : Chapter 2의 '의논하고 행동에 옮기기' 편에서는 각 인성이 어떻게 친밀감을 높이는지에 대해 끊임없이 질문한다. 그 질문에 답하는 것이 어렵다면, Chapter 10과 Chapter 11을 다시 읽어보는 것이 도움이 될 것이다.

"서로 간에 믿음과 안심하는 마음과 존중하는 마음이 있다면 두 사람의 친밀한 관계가 더욱 가까워지는 것을 막고 있는 벽이 무너지게 되어 있다. 배우자를 믿고 안심하고 의지하며 존중하는 것은 두 사람의 관계가 동등하게 지속되도록 하는 밑바탕이 된다. 배우자와 대화를 통해 외부로부터 자기 자신을 지키던 예전 방식에 자극을 주는 문제들을 깨달으면 함께 문제의 핵심을 파악하고 계획을 세워 해결할 수 있다.

"숙련된 기술자도 폭탄을 제거하러 지뢰밭에 들어갈 때는 신중을 기하듯이 이 길고 힘든 결혼생활을 해나가는 데는 매우 커다란 용기가 필요하다. 우리가 받는 보상은 함께 즐기고 흥에 겨워 춤도 추고 기쁨을 느낄 수 있는 행복이다."

— 린다와 찰리 블룸(Linda and Charlie Bloom), 《숨 쉬는 동안 사랑한다 말하기》(눈과마음, 최주연 역, 2007년)

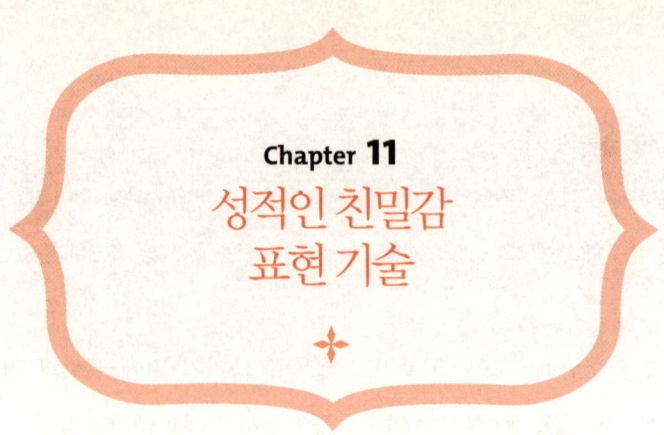

Chapter 11

성적인 친밀감
표현 기술

섹스를 인성과 연관시키는 것이 조금은 이상하다고 생각될 수 있으나 사실은 아주 자연스러운 것이다. 그 관련성은 두 사람이 사랑을 나눌 때를 포함해 모든 관계에 영향을 준다. 인성에 대해 알아가고 결혼생활에 점차 그것들을 적용해 가다 보면 성생활의 친밀감이 더욱 깊어질 수 있다. 사랑을 나누는 동안 인성들을 훈련하면 여러분의 성생활은 점점 두 사람이 사랑하고 친밀감을 유지하게 하는 주요 요인이 될 것이다.

결혼생활은 성적인 표현을 할 수 있는 특별하고 매우 자연스러운 곳으로, 성적인 표현이 두 사람을 어떻게 화합시켜주고 두 사람의 사랑을 키워주는지 알아볼 수 있다. 관능적인 접촉과 성적인 행위의 바탕에 상호 동등한 관계와 존중하는 마음이 자리한다면 두 사람의 백년가약은 더욱 강화될 것이다. 그러나 여기에는 절제와 초연함이 필요하다. 대중 매체에서는 성 관계가 마치 부부 생활에서 거의 가장 중요한 것으로 묘사하는 등 많은 면에서 성을 왜곡한다. 사실상 신문 기사, 책, 영화 모두 섹스를 남녀 사이의 가장 큰 주제로 부각함으로써 더 많은 관객을 동원하려고 한다.

남녀가 섹스로 관계를 시작해서 동거하거나 또는 신속하게 결혼함으로써 그 관계를 뛰어넘는 것이 점차 일반화되면서 오히려 두 사람이 진정으로 친밀해질 기회는 줄어들고 있다. 처음에 느꼈던 육체적 관심이 줄어들면 서로 공동의 관심사가 없다는 것을 깨닫고 얼마 지나지 않아 이혼하게 된다. 이런 과정으로는 당연히 행복을 만들어내는 데 실패할 수밖에 없다.

이 잘못된 사례에서처럼 여러분의 결혼생활도 어쩌면 성적인 끌림은 있지만 서로 잘 알지 못하는 상태일지도 모른다. 그러나 관계를 지속하고자 노력하는 것은 지금도 늦지 않았다. 서로 알아가는 과정에서 핵심은 성적인 친밀감을 확인하는 것을 포함해 삶의 모든 방면에서 배우자에게 있는 인성을 이해하고 격려해주는 것이다.

육체적 관계와 그에 수반되는 모든 것은 결혼생활에서 육체적으로 가장 친밀한 행위이다. 그 행위는 두 사람이 조화를 이루어 열정적인 경험을 하도록 이끈다. 이는 또한 부부 관계의 모든 방면에 영향을 미친다. 이뿐만 아니라 다른 경험들을 공유하면서 키운 친밀감도 두 사람이 침대에서 경험하는 조화를 강화해준다. 사랑을 나누면서 생기는 친밀감은 단순히 두 사람 사이의 육체적인 관계만 의미하는 것이 아니라 두 사람의 마음과 영혼의 결합을 의미힌다. 카바리는 "사랑을 나누는 것은 동등한 두 인격체가 놀이를 공유하는 것이다."라고 말했다.

《《영원히 함께》》

오, 셜리, 나는 당신을 너무나 원해요!
내 심장은 욕망으로 불타고 있어요!

만년설이 녹고 있는 진짜 이유

성적 친밀감을 높여주는 메리드 인격

각자의 생각과 서로 원하는 것을 공유하고 그것들에 대해 이야기할 때 인성을 사용하면 성적인 친밀감을 높이는 데도 도움이 될 것이다. 두 사람은 확신과 단호함, 창의성에 의지하여 언제 어떻게 사랑을 나눌지, 두 사람에게 무엇이 필요한지 결정하게 된다. 성생활이 지루하다면, 분위기를 고조시키고자 열정이나 창의성에 의지해보라.

여러분은 몇 가지 인성들을 쉽고 빠르게 적용할 수 있다. 아울러 배우자가 거기에 더 많은 의견을 제시해줄 수도 있다. 예를 들면, 깨끗함 (청결)은 두 사람에게 모두 중요하지만 서로 기준이 다를 수 있다. 성관계를 하기 전에 각자 개인적으로 어떤 방법으로 위생을 충족할 것인지에 동의할 필요가 있다. 또한 두 사람은 융통성 있게 상대방이 좋아할지도 모른다는 추측이나 혹은 성관계를 하면서 스스로 제한을 두었을지도 모르는 행동들에 대한 고정관념을 깨는 데 동의할 수 있다. 결혼생활에서 두 사람 사이에 조화로운 관계를 만들어주는 완벽하고 만족스러운 성생활에 방해가 되는 것이 무엇인지 알아볼 수 있고, 그것을 어떻게 해결해야 할지에 대해서도 의논해볼 수 있다.

그것을 생각해보는 시간을 보내면 두 사람의 성적인 친밀감을 높일 수 있는 긍정적인 방법으로 성생활에 모든 인성을 적용해볼 수 있다. 우선 관대하고 사려 깊고 융통성 있는 인성을 생각해보자. 그러고 나서 점잖고 인내심 있고 존중하는 인성을 생각해보자. 이 모든 것과 더 많은 인성을 사용하면 상대방을 만지고 두 사람의 몸이 함께 즐길 때 여러분의 태도와 행동을 올바르게 이끌어줄 것이다. 그 목적은 친밀감으로부터 두 사람의 성적인 경험들이 생겨나고, 두 사람의 성적인 경험으로부터 친밀감이 생겨나는 일체감을 강화해주는 것이다.

성과 관련되어 잘못 사용된 인성

인성을 잘못 사용하는 것은 성과 관련된 상황에도 영향을 줄 수 있다. 예를 들어, 충실함을 잘못 사용하는 것은 지나친 소유욕이나 다른 사람에 대한 질투로 보일 수 있다. 또한 자제를 잘못 사용하는 것은 상대방이 자신을 만지는 것을 완강하게 거부하는 것으로 보일 수 있다.

현대 사회에는 결혼생활에 대한 불신이 만연했다. 이때 헌신과 충실함 같은 인성들을 성과 연결시키면 여러분의 결혼생활에 특별하고 친근한 선물이 될 수 있다. 창의성은 결혼생활의 성적인 친밀감을 높여주는 긍정적인 인성이다. 그러나 만약 부정을 저지르고 배우자가 아닌 다른 사람에게서 성적인 만족을 얻으려 한다면, 여러분은 그것을 들키지 않기 위해 창의성을 잘못 사용할 것이다.

잘못 사용된 관용 역시 성적인 면에서 부정을 초래하는 주요 범인이

다. 예를 들어 부정을 저질러도 전혀 문제가 되지 않을 것이라고, 또는
두 사람이 모두 믿음을 깨버려도 아무 상관없다고 잘못 생각할지도 모
른다. 이렇게 인성들을 잘못 사용하는 것은 여러분의 결혼생활을 위협
하고 가족에게 상처를 줄 것이다.

신체 접촉에 대한 배려와 호의

점잖음은 특히 한 사람이 상대방보다 우위에 있을 때 인정되는 것이
다. 간혹 점잖은 인성이 특히 절실할 때가 있다. 즐겁고자 상대방에게
신체 접촉을 했는데 그 또는 그녀가 과거의 경험 때문에 불편해하거나
무서워할 수가 있다. 만약 여러분이 부적절한 신체 접촉이나 성폭행,
근친상간 같은 종류의 학대를 당한 경험이 있다면, 누군가가 여러분을
친근하게 만지도록 두어도 안심할 수 있다고 여기는 것이 매우 어려울
것이다. 그러므로 여러분이 과거에 어떤 일을 겪었는지 상대방에게 솔
직히 말하고, 그 일로 어떤 생각을 하게 되었는지 알려주는 것이 현명
하다. 두 사람은 그 상처를 치료하는 동안 인내심을 가지고 서로 사랑
해야 한다. 또한 여러분의 배우자가 그 일에 대해 간단하게 알고 싶어
하는지, 아니면 여러분이 말하려는 것 이상으로 알고 싶어 하는지 확
인해봐야 한다. 다시 말해, 배우자가 겪은 일에 대해 두 사람이 모두
만족할 만한 정도로 균형을 찾는 것이 중요하다.

과거의 위험한 접촉 때문에 아직도 남아 있는 고통은 긴장, 저항, 성
적인 접촉을 시도하는 사람에 대한 불신을 낳는다. 그 사람이 믿음직

한 남편일지라도 마찬가지다. 만약 이것이 사실이라면 Chapter 10에서 다루었듯이 모든 분야에서 친밀감을 쌓는 데 주력하는 것이 특히 중요하다. 오히려 가장 친한 친구, 믿음직한 인생의 동반자와의 사이에서 감성적으로나 성적으로 상처를 받기가 더 쉽다. 이때 의사소통 능력과 두 사람의 관계는 서로 필요한 것이 무엇인지 알아보고 상대방의 요구에 응해주는 데 도움이 된다.

과거에 성적으로 학대당한 경험이 있다면, 그것을 해결하는 방법 중 하나로 단순히 안전하고 믿음을 주는 환경을 조성하는 것도 있다. 예를 들어, 두 사람이 번갈아가며 접촉을 시도하거나 혹은 사랑을 나누는 동안 배우자의 얼굴을 분명하게 볼 수 있도록 불을 켜놓는 방법이 있다. 또, 사랑을 나눌 때 속도를 늦추고 싶거나 더 부드럽길 원하거나 멈추고 싶을 때 상대방에게 알리는 신호를 정해두는 것도 좋다. 만약 과거의 좋지 않은 경험들이 여러분의 현재 성생활에 영향을 미친다면, 두 사람 사이에 믿음과 친밀함을 더욱 깊이 쌓기 위한 방법을 함께 찾아보고, 전문적인 상담사를 찾아가보자. 만약 두 사람 사이에 성적인 강압이나 학대가 있었다면, 전문가의 도움을 받는 것이 두 사람에게 매우 중요하다.

사랑의 열매 : 아이 갖기

임신은 두 사람이 사랑을 나누고 결혼생활을 유지하는 데 영향을 미치고, 도전 과제를 주기도 한다. 임신 기간에는 관심을 기울이는 대상이 변하면서 자연히 배우자를 대하는 태도도 변하게 된다.

아이를 낳은 후, 아기나 어린 자녀와 온종일 지속적으로 신체 접촉하는 엄마들은 아내로서 강력한 신체 접촉을 하는 남편의 성적 파트너로 역할을 전환하는 데 어려움을 느낀다. 물론 피로와 두 사람이 함께 보낼 시간을 찾는 것도 그들이 극복해야 할 과제이다!

한편, 남편들은 임신으로 몸무게가 늘어난 아내에게 매력을 덜 느낄 수 있다. 《아이들과 행복한 결혼생활을 하다》의 저자인 철학 박사 캐롤 어멜 린드퀴스트(Carol Lindquist)는 남편들에게 "아내들에게 그녀가 여전히 매력적이라고 말해 안심시켜주세요."라고 조언한다. 아울러 사랑 나누는 것을 대신하거나 사랑을 나누는 것의 시작 단계로 이끌어 주는 꼭 껴안아주기나 마사지 등 아내를 안심하게 하는 접촉을 시도하라고 한다.

제임스와 린제이는 초보 엄마아빠이지만 두 사람의 관계를 예전처럼 돌리기 위한 방법을 찾고 있다.

제임스와 린제이는 두 사람 사이에 아이가 생겼다는 사실에 무척이나 기쁘다. 특히 제임스는 아들 다니엘이 미소 짓는 모습을 좋아해서 재미있는 표정을 가르치기까지 한다. 린제이는 다니엘에게 젖을 먹이면서 유대감을 느끼는 것을 좋아한다. 하지만 두 사람이 부모로서 겪는 어려움은 그들의 수면뿐만 아니라 두 사람의 친밀감을 유지하는 데도 영향을 미치는 육체적 피로이다.

린제이는 이제 두 사람의 결혼생활을 재정비할 때가 되었다고 느꼈다. 그래서 그 실천의 하나로 린제이는 자신의 어머니에게 다니엘을 맡기고 두 사람이 온종일 함께 보낼 수 있는 시간을 마련해 제임스를 놀라게 했다. 두 사람은 공원을 산책하고 그들이 좋아하는 레스토랑을 찾아 여유롭고 편안한 분위기에서 맛있는 점심을 즐기고 침실에서 즐거운 시간을 보냈다. 그들은 협동심, 열의, 점잖음, 사랑을 친밀한 관계를 다시 회복하는 시간에 결합시켰다. 이를 통해 두 사람은 서로에게 격려해주고 저녁 시간에 다니엘과 행복한 시간을 보내기 위한 원기를 회복했다.

아이들이 생기면 여러분의 결혼생활은 다양한 면에서 영향을 받는다. 그러나 아이들에게 줄 수 있는 최고의 선물은 평화롭고 화목하며 서로 화합하는 가정을 유지하는 것이라는 걸 기억하기 바란다.

결혼 이후의 순결 지키기

현재 결혼생활이 어떤 상황에 있든 간에 부부가 섹스를 할 때 각자에게 가장 필요한 것은 순결을 훈련하는 것이나. 사람들은 흔히 순결이라는 개념을 결혼 전에 금욕하는 것과 관련해서만 생각하지 결혼 이후와 관련해서는 생각하지 않는다. 그러나 순결의 의미에는 '오직 배우자와만 섹스한다'는 충실함이 포함된다. 이는 다른 사람과의 비교나 경쟁의식도 없애준다. 순결은 자신의 성적 욕구를 배우자에게 의지해서 해결하도록 하며, 배우자가 아닌 다른 이들의 성적 이미지를 볼 수 있는 매체(비디오, 잡지 등)에 의지하지 않게 도와준다.

대중매체는 보고 배울 만한 성적 행위와 매력에 대해 비상식적인 본보기를 제공하기도 해 두 사람 사이에 문제를 일으킬 수 있다. 일례로, 대중매체는 섹스란 언제나 극적이어야 하고 두 사람 모두 신체 컨디션이 최상이고 횟수도 잦아야 한다고 생각하게 한다. 이 본보기는 때때로 현실적이지만, 결혼생활에서 언제나 딱 들어맞는 것은 아니다. 두 사람이 함께 서로에게 잘 맞는 주기를 정해야 한다. 어떤 부부는 매일 섹스를 하고, 어떤 부부는 일주일에 세 번, 어떤 부부는 주말마다, 어떤 부부는 한 달마다, 또는 그보다 적게 하는 부부도 있다. 만약 횟수가 심각하게 줄어들었다면 왜 그렇게 되었는지 함께 이야기해보며 해결책을 상의한다. 아울러 두 사람에게 잘 맞는 것을 의논해볼 수 있다!

물론 섹스는 결혼생활을 유지하는 데 중요하지만 이것은 한 부분일 뿐이다. 만약 결혼생활에서 우정이나 사랑으로 생기는 더욱 폭넓은 친밀함에 큰 가치를 둔다면, 여러분은 현명한 인성을 발휘하여 부부의 성생활에 어쩔 수 없이 방해 요인이 되는 아이들, 질병, 나이에 더욱 잘 대처할 수 있을 것이다. 우정은 지속되지만, 섹스는 어떤 상황에서는 그렇지 못하다. 두 사람이 성생활을 통해 강한 친밀감을 쌓았다면 그것이 우정을 강화해줄 것이다.

기술 습득의 기회

부록 9의 '인성의 활용 : 성적인 친밀감 높이기'는 인성이 여러분의 성생활을 어떻게 의미 있고 신성한 행위로 바꾸어주는지 알도록 해줄 것이다.

"하나님은 생명을 잉태하는 방식을 다른 방식으로 정하실 수도 있었다. 숨겨진 버튼, 비밀스러운 악수, 독특한 표정을 교환하는 방식 등 다른 방식을 선택하실 수 있었다. 정말 그렇게 하실 수 있었다. 그런데 하나님은 성관계를 고안해내셨다. 그만한 이유가 있었을 텐데, 과연 그 이유는 무엇일까? 간단하게 말해서, 하나님은 성관계가 단지 부부가 함께하는 즐거운 시간 이상이기를 원하셨다. 생명이 번식하는 수단에 그저 큰 즐거움만을 더하신 것이 아니었다. 하나님은 아주 고귀한 목적이 있으셨다. 그래서 부부 간의 성관계를 신성한 경험으로 만들어내셨다. 성관계를 통해 경험하는 벅찬 감정과 가슴 뛰는 순간들이 단지 육체적이고 감정적인 경험만으로 남는 것은 원하지 않으셨다. 성관계는 두 육체가 하나가 되는 영적이고 신비로운 경험이다. 이러한 일들이 일어날 때, 하나님은 그곳에 실재하신다."

"성관계는 신성한 것이다. 결혼의 친밀함 가운데 경험되는 신성함이다."
— 팀 알란 가드너(Tim Alan Gardner)의 《신성한 성, 결혼으로 하나 되는 영적인 축복(Sacred Sex, A Spiritual Celebration of Oneness in Marriage)》

Chapter 12
메리드 인격 계발과
정신적 교감의 기술

이제 여러분도 인성에 집중하는 데
시간을 투자하는 것이 왜 중요한지 이해하기 시작했을 것이다. 이러한
인성을 바탕으로 하는 행동은 여러분이 살아가면서 느끼게 되는 행복
의 가장 필요한 요소이다. 인성을 잘 계발했다면 종종 다른 사람에게
직접 본보기를 보여주어 긍정적인 방법으로 영향을 미칠 수 있다.

능력이 닿는 한 인성을 꾸준히 계발하고 훈련하는 것은 결혼생활에
서 두 사람의 화합을 이끌어내고 강화해준다. 많은 종교는 육체적인
죽음 이후의 삶이 있다고 생각하는 믿음을 설파하고, 현세에서 우리가
살아가는 데 손과 눈과 발이 중요하듯이 그 세계에서는 인성이 여러분
의 행복과 안녕에 중요할 것이라고 믿는다.

끊임없이 훈련하기

결혼생활을 하다보면 많은 도전을 겪게 된다. 그 모든 일들에 대처

186 긍정적인 매리드 인격을 위한 커플 심리

하면서, 특히 아이들을 낳고 키우면서 두 사람의 관계는 점차 변할 것이다. 만약 인성들을 제대로 훈련해 두 사람이 친구로서, 동등한 관계의 파트너로서 마음을 결속한다면, 오래도록 함께 행복하게 살아갈 가능성이 커질 것이다.

높은 수준으로 인성을 훈련하고 유지하며 인생을 살아간다는 것은 쉽지 않다. 그렇게 되려면 끊임없이 반복해서 훈련하고, 그 과정을 반성해보고, 목표를 세우고, 끊임없이 노력해야 한다. 또한 그런 방법으로 자기 자신과 결혼생활을 계발하는 것이 보람 있는 일이라는 확신을 바탕으로 헌신적으로 노력해야 한다.

두 사람 사이에 불균형이 존재하면 행복한 결혼생활을 유지하는 데 문제기 생길 가능성이 있다. 불균형의 예를 들자면, 여러분은 어떤 인성을 갖추었는데 배우자는 그렇지 않을 수 있다. 이때 만약 여러분이 그 인성을 꾸준히 훈련한다면 배우지의 미음에도 변화가 생겨 어러분에 대한 이해력이 커질 것이다. 그러면 그 변화는 배우자 또한 그 인성을 훈련하도록 이끌어준다.

또한, 어떤 특정 상황에 적용할 인성에 대해 서로 생각이 다를 수 있다. 예를 들어서 한 사람은 어떤 일이 벌어졌을 때 기다리면서 인내하지만 다른 사람은 단호하게 행동하는 것이 더 적절하다고 생각할 수 있다. 이때는 두 가지 접근 방법을 놓고 두 사람이 함께 의논해서 어떤 것을 선택할지 결정해야 한다. 때로는 단순히 배우자의 직관을 믿는 것이 최선의 방법일 때가 있다. 다음에 나오는 아루나와 라시드, 그리고 이들의 딸 아디티의 이야기에서 그런 상황에 어떻게 대처하는지 살펴보자.

아디티가 읽고 쓰는 법을 배웠을 때부터 아버지 라시드는 자신이 졸업한 대학에 딸이 입학했으면 좋겠다고 누누이 이야기해 왔다. 그는 그 대학의 법대 교육 과정을 밟는 것이 큰딸에게 가장 좋은 기회를 줄 것이라고 믿었다. 하지만 엄마 아루나는 대도시에 있는 거대한 캠퍼스가 오히려 아디티를 주눅 들게 해 적응에 어려움을 겪지는 않을까 걱정했다. 그래서 아디티는 최선의 결정을 내리기 위해 부모님에게 캠퍼스 세 곳을 둘러보자고 제안했다.

캠퍼스를 둘러보면서 라시드는 자신이 다닌 대학을 졸업하면 높은 연봉을 주는 직업을 구할 수 있고 졸업한 후에 남들보다 빨리 일자리를 구할 수 있다고 말해주었다. 그러나 캠퍼스 세 곳을 모두 둘러본 후 딸의 반응을 보고 라시드는 아디티에게 가장 좋은 것이 무엇인지에 대해 아내의 생각이 옳았다는 것을 깨달았다. 앞서 이야기했듯이 아루나는 학교가 너무 크면 도리어 딸아이의 기를 죽여 아디티가 성적 문제로 고민하게 될 것이라고 생각했다. 아디티가 진학할 학교는 결국 온 가족의 의논을 거쳐 결정되었다.

인성을 계발하는 데는 내적인 노력과 헌신이 필요하고, 두 사람이 서로 영향을 주고받을 때 가장 잘 성장할 수 있다는 것을 알게 될 것이다. 결혼생활은 인성이 성장하고 또 인성의 계발을 훈련하기에 최고의 환경이다. 두 사람이 서로에게 영향을 줄수록 그 인성들은 더 많이 사용될 것이다. 두 사람이 창의적으로 함께 인성을 계발하는 방법을 배워보라.

정신적 교감 주고받기

두 사람이 서로 정신적으로 공감대를 형성하고 교류하는 것은 결혼생활을 유지하는 데 큰 도움이 된다. 결혼 전문가 폴 코먼 심리학 박사(Paul Coleman, Psy. D)는 그의 저서 《금슬 좋은 부부가 되는 30가지 비밀》에서 여러 연구 결과 대체로 신앙생활을 열심히 하는 사람들이 행복한 결혼생활을 한다는 것이 증명되었다고 밝혔다. 더불어 사람들이 인생에 의미를 부여하고 목표와 가치를 두는 것은 모두 신앙 덕분이라고 했다. 그리고 부부 두 사람이 함께 기도하라고 조언한다. 그는 특정 종교를 믿지 않더라도 정신 수련을 함으로써 서로 더더욱 가까워질 수 있다고 말한다.

스티븐은 지방의 한 공장에서 일하고, 아내 마리는 세 아이를 키우면서 시간제로 일한다. 그러던 어느 날, 막내 아이의 건강에 문제가 생기면서 그들의 생활은 더욱 어려워졌다. 게다가 어제 공장이 문을 닫아 스티븐은 하루아침에 일자리를 잃었다. 아침에 자명종이 울리자 두 사람은 자리에서 일어나기 전에 서로 포옹하고 침대 가장자리에 함께 앉아 손을 맞잡고 하나님이 자신들을 도와줄 것이라고 기도했다.

오늘 스티븐은 신문과 인터넷을 보며 새 일자리를 찾아볼 것이다. 그리고 마리는 매니저에게 일하는 시간을 늘려달라고 부탁할 것이다. 스티븐과 마리의 이러한 확고한 믿음은 자녀들이 변화에 적응하도록, 가족의 유대관계를 유지하도록 한다.

서로 정신적으로 교류하는 방법에는 휴가를 떠나거나 자연 안에서 시간을 보내거나 배우자와 함께 사회에 봉사할 방법을 찾거나 정신을 주제로 연구하고 의논하고 배우자에게 자신의 사랑을 전달해줄 수 있는 행동을 하는 것 등이 있다. 이러한 행동을 실천한다면 서로 닮은 점과 다른 점을 받아들이고 이해하여 차츰 조화를 이루기 시작할 것이다. 인종, 종교, 나이, 그 밖의 여러 요소가 서로 다르다 해도 부부 두 사람이 조화를 이루는 것은 결혼생활에서 매우 중요하다. 편견 없이 서로 상대방을 존중한다면 화목한 결혼생활을 유지할 수 있을 것이다.

두 사람은 같은 사람이 아니며, 또한 절대로 같은 사람이 될 수 없다. 하지만 결혼생활의 목표는 두 사람이 조화롭게 지낼 방법을 연구하고 실천하는 것이다. 결혼생활에서 조화를 잘 이루면 가족, 일, 사회봉사와 같이 삶의 여러 방면에서 일을 순조롭게 해결해내는 대단한 능력을 갖추게 된다. 다른 사람들은 두 사람의 사랑에 매력을 느끼고, 두 사람의 화합은 다른 사람들에게 행복을 전해줄 것이다.

이 책은 배우자를 보다 잘 알도록 해주고, 결혼생활에 긍정적 인성이 바탕이 된 행동과 태도와 의사소통 방식을 배우도록 이끌어준다. 이러한 것들은 모두 두 사람이 화합하는 데 크게 기여한다.

"외모가 전부는 아니야. 진짜 중요한 것은 네 속에 있어. 우리 생물 선생님이 그렇게 말했어."

Part 2에서 우리는 인성을 더욱 깊이 있게 연구하고 의논할 것이다. 이 과정은 두 사람의 우정을 유지하고 여러분에게 영원히 행복한 결혼생활, 즉 황금 메달을 안겨줄 것이다.

"화가 날 때는 우리가 한 말이나 행동으로 나중에 후회하지 않도록 잠시 멈추고 생각할 시간을 두어야 한다. '남에게 대접받고자 하는 대로 너희도 남을 대접하라' 라거나 '너희가 받고 싶지 않은 대접은 다른 사람에게도 하지 말라' 라는 황금률은 우리가 다른 사람에게 어떤 행동을 취할 때 도움이 된다. 우리는 때때로 배우자의 입장에서 생각해보고 배우자가 무슨 생각을 하는지 알아채려고 노력하면서 배우자에 대해 더욱 많은 것을 알게 되고 배우자를 더욱 완벽하게 존경하도록 배운다. 그러면서 한층 더 발전된 이해력과 동정심, 애정, 친밀감으로 마음을 연다. 긴장감이 고조에 달하고 감정이 격해진 상황에서 '미안해' 라고 말할 줄 아는 것은 서로 간의 긴장을 줄이고 상대방이 자신의 실수를 깨닫도록 해준다."

— 메리 세피배쉬의 《산호와 진주》

"미덕은 때때로 완벽주의와 연관되기도 한다. 인간에게 완벽해진다는 것은 흠이 전혀 없는 것을 뜻하지 않는다. 그것은 완전하거나 전적인 것을 의미한다. 정신적으로 살아 있고 인식 능력이 있는 완전한 존재는 우리에게 있는 흠과 실수, 단점을 깨달을 수 있는 기회를 통해 새로운 교훈을 받아들이게 된다. 그 교훈에는 우리가 새롭게 성장할 수 있게 하는 에너지가 담겨 있고, 그 에너지는 우리 안의 지나치게 발달했거나 충분히 발달하지 않은 미덕에서 얻을 수 있다. 인생은 완벽하지 않다. 인생이란 우리의 미덕을 완벽하게 하고 더욱 가꾸어나가는 과정이다. 또한 완벽함은 우리의 타고난 능력으로 결실을 맺는 과정이다."

— 린다 캐벌린 포포프, 《가정생활의 미덕에 대한 지침》

PART 2

메리드 인격의 이해와 계발

인간의 인격을 가늠할 최고의 지표는 첫째, 자신에게 아무 도움이 되지 않는 사람을 어떻게 대하는가? 그리고 둘째, 자신에게 저항할 수 없는 사람을 어떻게 대하는가? 하는 것이다.
— 애비게일 밴 부렌의 신문 칼럼 '디어 애비(Dear Abby)', 1974년 5월 16일

56가지 메리드 인격

수용력	단호함	아름다움	배려
정조	약속	동정심	확신
만족감	협동심	용기	예의
창의력	초연함	통찰력	격려
열정	동등성	완벽함	신의
융통성	용서	친절	너그러움
상냥함	유익함	정직	겸손함
이상주의	청렴	즐거움	공정함
호의	사랑	충실성	자비
절제	끈기	평온함	인내
순수함	결단성	존경심	책임감
자제력	봉사	성실함	영성
강인함	재치	감사	사려깊음
신뢰	진실함	조화	지혜

서론과 해설

Part 1에서는 메리드 인격, 즉 인성의 중요성을 배웠다. 이 책에 나온 인성들을 더욱 잘 이해할수록, 그리고 그 인성들을 훈련할수록 여러분의 결혼생활은 영원히 더더욱 행복해질 것이다.

Part 1은 Part 2의 토대가 되었다. Part 2를 읽으면서 이따금 Part 1로 돌아가 내용을 참고하는 것이 도움이 될 것이다. Part 1에는 인성의 여러 다른 면이 소개되었다. 다양한 대화의 기술도 훈련하도록 했다. Part 2에서는 그 인성들에 대해 특히 의논하는 방법을 훈련할 좋은 기회를 제공할 것이다.

Part 2는 56가지 메리드 인격을 통해 여러분이 단계적으로 발전할 수 있도록 이끌어줄 것이다. 그 인성들을 배우고 훈련하면 여러분 자신과 결혼생활에 그 인성 하나하나를 적용해볼 수 있을 것이다.

Part 2는 부부가 한 팀으로서 마음을 터놓고 진심으로 인성을 연구할 수 있도록 구성되었다. 그러나 개인적으로 각자 인성을 공부해도 얻는 것이 많을 것이다.

주의 : 의논 과정에서 자기 자신과 상대방에 대해 새로운 모습을 발견할 때가 있을 것이다! 그럴 때는 "아하! 이건 당신 모습 그대로에요!"라고 하지 말고 "아하! 이건 딱 내 모습이에요!"라고 말하라. 서로 예의를 갖추고 존중하는 것을 훈련하라. 상대방을 얕보거나 모욕하고 과소평가하고 비판하지 말라! 의논은 더욱 행복한 결혼생활을 위한 것이지 망치기 위한 것이 아니다!

인성 계발은 평생 끊임없이 노력하는 것이지 정해진 목적지가 있는 것이 아니다. 인성 계발에 관심을 기울일수록 더욱 깊이 있고 빠르게 인성을 계발할 수 있을 것이다. 다음은 두 사람과 결혼생활을 성장시킬 수 있는 간단한 과정이다.

- 끊임없이 지식을 습득하고 그것을 이해한다.
- 의식적으로 변화하려고 노력한다.
- 새로운 방식으로 행동하기 시작한다.
- 여러분의 행동과 그에 따른 영향을 생각해본다.
- 다음부터는 다르게 행동할지 결정한다.

구조

각 인성은 세 항목으로 나누어 설명한다. 여러분이 인성을 계발하는 과정을 돕고자 그 각각의 부분에 대해 조언을 한 마디 하겠다.

1. 인성의 정의와 이해

읽고 생각해보고 의논하라! 각 장은 종교적인 인용문으로 시작한다. 그 다음에는 인성을 가장 이상적인 방법으로 설명했다. 그리고 마지막에는 통찰력 있는 인용문을 소개한다.

2. 의논하고 행동에 옮기기

① 질문 1과 2를 읽고 의논해본 다음 그것들이 여러분에게 어떻게 적용되는지 알아본다.

- 인성을 강화하거나 인성 간의 균형을 맞추기 위해 어떤 새로운 선택을 할 것인지 결심하고 결정한다. 아울러 다음번에는 해당 인성을 더 잘 수행하기 위한 계획을 세워라.
- 과거에 자신이 선택했던 인성 중에 잘 수행하지 못했던 인성들을 개선하기로 약속한다. 그리고 그것을 성공적으로 수행하려면 무엇이 필요한지 의논한다.

② 그리고 나서 남아 있는 주제에 대해 계속해서 의논을 진행한다. 이는 여러분이 결혼생활을 하면서 현재 인성을 어떻게 훈련하고 있는지 확인하고 어떤 새로운 방법을 선택해야 하는지 알려줄 것이다.

3. 관계 강화하기

① 인성을 훈련하기 위한 각각의 조언들을 읽는다.
② 어떤 인성을 사용할지 의논하고 선택한다.
③ 어떤 부가적인 행동을 취해야 할지 의논한다.

여러분의 행동과 선택을 평가하는 간편한 지침서로 이 책을 정기적으로 이용하길 권한다. 어디를 가더라도 유용하게 사용할 수 있는 가치 있는 도구가 될 것이다. 여러분은 이 책을 통해 지금까지 생각했던 것보다 자기 자신과 배우자, 다른 사람들에 대해 더욱 깊이 있게 잘 이해하는 방법을 배우게 된다.

★★★ 여러분의 여정을 함께 즐겨라! ★★★

수용력
Acceptance

할 수 있거든 너희로서는 모든 사람과 더불어 화평하라.
— 기독교의 《성경》, 로마서, 12 : 18

♥

수용력은 상대방이 변할 것이라는 기대 없이 그 사람의 있는 그대로를 무조건적으로 받아들이는 것이며 육체적, 정신적, 정서적, 그리고 영적으로 우리 자신을 잃지 않게 하는 것이다. 수용력은 상대방에 대한 사랑의 표현으로 우리의 기술과 능력, 재능을 성장시키고 발전시키도록 해준다. 우리가 맞닥뜨리게 되는 시련이 인생의 일부라는 것을 인정하면, 그 시련에 불평하지 않고 유머와 은총으로 대처할 수 있다. 수용력을 훈련하면 인내심을 가지고 상대방의 실수를 용서할 수 있게 된다. 상대방의 행동이나 말 때문에 마음이 편치 않고, 실망하고, 기분이 언짢을 때 이러한 감정에 대해 함께 이야기하면 융통성 있게 우리의 태도와 말과 행동에 변화를 줄 수 있다. 각자의 관점이 옳으면서도 서로 다르다는 것을 인정하자.

♥

'수용한다는 것' 은 불쾌하다고 여겨지는 배우자의 행동을 참아 넘기며 그 행동의 이면에 어떤 깊은 의미가 있는지 이해하려고 하고, 그 정황을 확실하고 더욱 크게 보고, 나아가 그 행동이 두 사람의 관계에 가치 있고 중요하다는 걸 인정하는 것을 말한다.
— 앤드류 크리스텐슨과 네일 제이콥슨, 《조화시킬 수 없는 차이점들》

의논하고 행동에 옮기기

1. 수용력 확인하기

    ① 비판적이고 흠을 잘 잡는가?

    ② 일을 할 때 반드시 자신이 만들어놓은 기준에 따라야 하는가?

2. 수용력의 오용 사례 확인하기

    ① 다른 사람이 부당한 방법으로 우리를 대하는 것을 그냥 두는가?

    ② 다른 사람들의 무책임한 행동에 침묵하는가?

3. 언제 수용력이 부족하거나 잘못 사용되어 갈등을 일으키는가?

    어떻게 갈등을 해소하고 다시 관계를 회복하는가?

4. 상대방의 어떤 점이 받아들이기 어려운가?

5. 수용하지 않아서 문제가 생긴 적이 있었는가? 그 일로 화가 나거나

    슬프거나 다른 감정을 느끼는가? 문제를 해결하고 그것을 완벽하

    게 과거의 일로 넘길 방법은 무엇이 있겠는가?

관계 강화하기

• 두 사람과는 다른 사람들을 찾아보고 그들의 독특한 인성들에 대해

    이야기하면서 우정을 키워가라.

• 기도나 따뜻한 포옹처럼 두 사람이 갈등을 겪거나 심각한 논쟁을 벌

    인 후에 다시 가까워지게 할 만한 방법을 찾아보라.

• 서로에 대한 불평은 그만두고, 서로를 수용하는 훈련을 하라.

• 있는 그대로 수용해야 할 서로의 인성들을 확인해보자.

단호함
Assertiveness

인간은 다른 이의 눈을 통해 보지 못하고, 다른 이의 귀를 통해 듣지 못하고, 다른 이의 머리로 이해하지 못한다. …… 그러므로 자기 자신의 생각과 판단에 의지하고 자기 자신이 관찰한 것을 믿어라.
— 바하이교의 《인류 평화의 선포》

♥

단호하다는 것은 어떤 행동을 하거나 또는 자기 생각이나 의견을 제시할 때 자신 있고 당당하다는 것을 말한다. 그것은 말할 때나 어떤 상황에 대처할 때 우리의 태도에 확신을 준다. 단호함은 생각하는 것을 단정적으로 명확하게 표현하는 것이다. 단호함은 상대방에게 호의적이고 정중하게 대하는 적절한 선을 긋도록 도와준다. 단호함은 우리의 행동과 우리 자신을 적절하게 방어하는 데도 사용된다. 단호함은 자신을 돌보는 데 책임감을 부여해 우리가 하는 말과 행동, 인격을 성장시키는 것과 관련된 것에 책임감을 느끼도록 한다. 가족과 사회에 도움이 되는 리더십에도 단호함은 중요한 요소이다. 단호함이 있다면 결혼생활이 활기에 넘치고 계속해서 발전하리라고 확신하게 된다.

♥

무엇보다도 너 자신에 대해 정직하라. 그러면 마치 밤이 낮의 뒤를 따르듯이 너는 다른 누구에게도 거짓되지 않을 수 있다.
— 셰익스피어, 《햄릿》 제1막 3장

의논하고 행동에 옮기기

1. 단호함 확인하기

   ① 다른 사람들이 자신에게 부당하게 대하는 것을 막지 못하는가?

   ② 상황에 맞지 않게 침묵할 때가 있는가?

   ③ 적절한 선을 그을 줄 아는가?

2. 단호함의 오용 사례 확인하기

   ① 대담하고 공격적이며 뻔뻔하게 행동하는가?

   ② 말이나 어조를 무례하게 하거나 공격적으로 대하는가?

3. 언제 단호함이 부족하거나 잘못 사용되어 갈등을 일으키는가?

   또, 어떻게 갈등을 해소하고 다시 관계를 회복하는가?

4. 우리의 생각과 의견, 부탁을 얼마나 잘 표현하는가?

   다른 사람의 표현에는 어떻게 반응하는가?

5. 어떤 사람이 단호한 것이 아니라 공격적이라는 것은 어떻게 알 수 있는가?

관계 강화하기

- 배우자에게 채워지지 않는 부족한 점에 대해 단호하게 요청하라.
- 꺼내기 곤란한 이야기를 할 때는 미리 말할 내용을 준비하자.
- 문제는 집 안에서 인정하고 단호하게 해결하라.
- 단호하지 못했던 때를 돌이켜 생각해보고, 왜 그랬는지 의논하라.

아름다움
Beauty

음식을 포기하면 우리는 더 많은 힘을 얻고, 다른 사람들에게 옷을 나누어주면 더 많은 아름다움을 얻을 수 있다. 순수함과 진실의 존재를 남에게 기부하면 우리는 더욱 귀중한 보물을 얻게 된다.

— 불교의 《불경》, XXIV : 4

♥

아름다움은 상대방과 우리 주변 환경에 내재된 마음, 정신, 감정, 영혼에 기쁨을 주는 가장 호의적이고 매력적인 표현이다. 우리가 건강과 안위를 돌보면 아름다움은 커진다. 결혼생활에서 아름다움은 따뜻한 미소와 생각지도 못한 선물, 사랑, 친절, 정중함과 같은 표현으로 더욱 성장하고 빛을 발한다. 우리는 온갖 종류의 아름다움을 집으로 가져와 우리의 집을 조화롭고 잘 정돈되고 매력적인 장소로 변화시킨다. 우리는 음악, 미술, 문학, 춤, 과학, 자연, 종교 활동, 옷, 새로운 생각들로 삶을 더 풍부하고 아름답게 가꿔나갈 수 있다. 우리 삶에 아름다움이 존재한다면, 우리의 정신은 밝아지고 행복해진다.

♥

우리 주변에 아픔 대신 기쁨을 전파하는 것만큼 우리의 표정이나 모습이나 행동을 아름답게 해주는 것은 없다.

— 랠프 월도 에머슨, 《처세론》 '행동양식'

의논하고 행동에 옮기기

1. 아름다움 확인하기

   ① 외모나 가정의 화목에 무관심한가?

   ② 자연의 아름다움을 감상할 줄 모르는가?

2. 아름다움의 오용 사례 확인하고 균형 맞추기

   ① 색욕이나 포르노를 통해 신체적 아름다움을 숭배하는가?

   ② 다이어트나 운동을 지나치게 함으로써 몸을 혹사하는가?

   ③ 우리 몸을 꾸미고 아름답게 하는 데 (화장, 보석, 문신 등으로) 과
      분한 시간과 돈과 노력을 투자하는가?

3. 언제 아름다움이 부족하거나 잘못 사용되어 갈등을 일으키는가?
   또, 어떻게 갈등을 해소하고 다시 관계를 회복하는가?

4. 매력이 없는 사람보다 아름다운 사람들을 더 잘 대접하는가?
   내적 아름다움에 어떤 가치를 두는가?

5. 아름다움을 인식할 수 있도록 어떤 노력을 기울이는가?

관계 강화하기

• 배우자에게 서로의 아름다운 점에 대한 감사을 표현하라.
• 두 사람이 함께 집 안팎을 아름답게 꾸며보라.
• 두 사람이 함께 적당히 운동을 즐기고 건강한 음식을 섭취하라.
• 두 사람이 함께 해변, 정원, 공원, 벌판, 산, 박물관, 극장과 같이 아
  름다움을 느끼게 해주는 장소를 방문해보라.

배려
Caring

부모님, 일가친척, 부모 없는 아이들, 어려움에 처한 사람들, 가까이 사는 이웃, 낯선 이웃, 옆에 있는 친구, (길에서 만나는) 나그네에게 선행을 베풀어라.

— 이슬람교의 《코란》, 4 : 36

♥

배려란 시기적절하게 적당한 방법으로 진정한 사랑과 관심과 도움을 주는 것이다. 이것은 각자의 안위, 원하는 것, 좋아하는 것, 감정을 높이 평가하고 존중한다는 것을 보여준다. 우리는 배우자의 행복을 바라며 진심으로 그들에게 마음을 쓴다. 그렇지만 배우자를 위해 어떤 일을 할 때는 실제 행동에 옮기기 전에 그것이 진정 배우자를 위하는 것이고 이득이 되는지 본인에게 물어보라. 그러면 배우자가 고맙게 생각할 만한 호의적이고 뜻 깊은 행동을 할 수 있다. 배우자가 힘든 시간을 보내고 있다는 사실을 알게 되면 배우자에게 감정을 이입하여 이야기를 들어주고 격려하고 필요한 도움을 줌으로써 진심으로 배우자를 걱정하고 있다는 것을 보여줘라.

♥

다른 이를 배려하는 능력은 인생에 가장 의미 깊은 것을 준다.

— 파블로 카잘스 작으로 추정됨

의논하고 행동에 옮기기

1. 배려 확인하기
   ① 배우자에게 분명히 필요한 것과 원하는 것이 있다는 것과 그것이 무엇인지 충분히 예측할 수 있어도 그것을 무시하는가?
   ② 배우자나 소유물을 함부로 취급하는가?
2. 배려의 오용 사례 확인하고 균형 맞추기
   ① 배우자의 삶에 간섭하거나 혹은 지나치게 망설이지는 않는가?
   ② 두 사람 사이에 불건전한 의존 관계가 형성되었거나 혹은 배우자가 능력이 없다고 판단하는가?
3. 언제 배려가 부족하거나 잘못 사용되어 갈등을 일으키는가?
   또, 어떻게 갈등을 해소하고 다시 관계를 회복하는가?
4. 배우자에게 배려하고 이해한다는 것을 어떻게 보여주는가?
5. 배우자를 부적절하게 배려하는 경우는 어느 때인가?
   그것이 문제가 된다면 앞으로 어떻게 해야 하는가?

관계 강화하기

- 배우자에 대한 따뜻한 이해와 격려를 담은 짧은 편지를 보내라.
- 배우자를 위해 특별한 식사를 준비해보라.
- 배려를 등한시하는 일은 없는지 평가해보고, 균형을 맞추어라.
- 어떤 방법으로 배려할지 선택한다. 그리고 나서 어떤 결과를 얻었는지 서로 피드백을 주고 더욱 발전할 수 있는 지침도 전달하라.

정조
Chastity

정조는 무수한 세월에 걸친 숭배와 해박한 지식보다 더 훌륭하다.
— 바하이교 바하 울라의 2003년 11월 미공개 편지에서 인용

♥

정조는 부부 두 사람이 모두 순결을 지키는 정중하고 경건한 선물
이다. 정조는 오직 부부 사이에서만 풍부하고 즐겁고 적절하게 성
에 관련된 표현을 하도록 해준다. 성관계에 대해 의견을 나누면서
서로 원하는 것과 또 그것에 대해 타당한 이유를 들어 거절할 수 있
는 자유 사이에서 균형을 맞추고자 노력하라. 결혼생활에서도 부부
각자의 적당한 사생활은 중요하므로 두 사람의 성관계와 관련된 부
분이 다른 사람들과의 잡담거리가 되는 것은 절대로 피해야 한다.
부부 관계는 서로에 대한 믿음으로 유지된다. 이제 우리가 현명한
선택을 하도록 도와주는 영적, 정신적, 육체적인 힘이 무엇인지 함
께 생각해보자. 즐겁고 재미있는 시간을 보내려는 노력은 인간이
느낄 수 있는 최상의 기분 상태를 존중하는 것이다. 정조는 두 사람
이 계속해서 긍정적인 방향으로 발전하여 서로 존중하고 완벽한 결
혼생활을 할 수 있도록 도와준다.

♥

문명과 진보를 결합하게 하는 것이 바로 정조이다. 따라서 정조가
없이는 사회 안정도 없다.
— 메리 베이커 에디, 《과학과 건강》

의논하고 행동에 옮기기

1. 정조 확인하기
   ① 이성에게 지나치게 성적으로 매력적이거나 재미로라도 다른 사람과 불장난을 하고 넘어서는 안 되는 선을 넘는가?
   ② 정신, 감정, 영적인 인성들보다 오직 외모에만 관심을 두는가?
   ③ 성적 반응을 일으키는 데 대중매체(텔레비전, 서적, 잡지, 인터넷)나 다른 방법을 이용하는가?
2. 정조의 오용 사례 확인하고 균형 맞추기
   ① 너무 새침하게 행동하거나 너무 엄격하게 자제하지는 않는가?
   ② 성관계를 '잘못된 것'이라고 분류해두고 머릿속에서 지우고 억제하려고 하는가?
3. 언제 정조가 부족하거나 잘못 사용되어 갈등을 일으키는가?
   또, 어떻게 갈등을 해소하고 다시 관계를 회복하는가?
4. 종교에서는 정조를 어떻게 보는가?

관계 강화하기

- 어떤 신체 접촉과 성적 행위가 적절하고 부석절한지 합의하라.
- 성관계와 관련해서 두 사람만 알아야 할 것들에 대해 합의하라.
- 두 사람이 함께 있고 싶거나 성관계를 원할 때를 위한 특별한 말이나 행동으로 둘만의 신호를 만들어라.

약속
Commitment

믿음이 약하여지지 아니하고 …… 약속하신 그것을 또한 능히 이루실 줄을 확신하였으니.
— 기독교의 《성경》, 로마서, 4 : 19–21

♥

약속은 두 사람의 맹세이며 구속력 있는 합의이다. 두 사람은 하나의 목표로 의견을 일치시키고 서로에 대한 믿음이 쌓이도록 약속된 바를 수행한다. 두 사람은 지키겠다고 맹세한 것들을 소중하게 여기며 결혼생활과 가족의 건강, 발전, 안전을 지키고자 노력한다. 두 사람은 약속을 통해 우정과 사랑을 나누며 시간과 에너지를 공유한다. 약속은 직장과 지역 봉사에 최선을 다하도록 이끌어주기도 한다. 두 사람은 약속을 당연한 것으로 여기지 않는다. 배우자에 대해 불평하거나 험담하고 비판하는 대신 긍정적으로 말함으로써 결혼 맹세를 증명한다. 약속은 두 사람이 영원히 활기 넘치고 행복한 결혼생활을 해나가도록 든든한 밑받침이 되어주는 주춧돌과 같다.

♥

많은 부부가 저지르는 실수는 대개 한쪽이 번번이 두 사람 사이의 약속을 잊어버리는 데서 비롯한다. 약속을 단지 결혼식에서 맹세하는 것이라고만 생각한다면 결혼생활은 발전할 수 없다.
— 하워드 마크맨, 스콧 스탠리, 수잔 블룸버그
　　《행복한 결혼생활 만들기》

의논하고 행동에 옮기기

1. 약속 확인하기
   ① 약속을 존중하는 마음이 부족하다는 말을 듣는 편인가?
   ② 약속을 이행하지 않고 이런저런 이유로 미루는 편인가?
2. 약속의 오용 사례 확인하고 균형 맞추기
   ① 우선순위나 약속을 재조정하는 데 너무 완고하거나 융통성 없게
   행동하지는 않는가?
   ② 건강과 안전, 그리고 두 사람의 관계에 어떤 대가를 치르게 되더
   라도 약속을 지키는가?
3. 언제 약속이 부족하거나 잘못 사용되어 갈등을 일으키는가?
   또, 어떻게 갈등을 해소하고 다시 관계를 회복하는가?
4. 배우자와 나 자신에게 어떤 중요한 맹세와 약속들을 하는가?
   그 약속들을 지키고자 어떤 노력을 기울이는가?

관계 강화하기

- 결혼 서약의 의미를 다시 상기하며 이야기해본다.
- 일주일에 한 번 상대방을 위해 무언가를 해주겠다는 약속을 하고 지
  킨다.
- 두 사람이 함께 성취해야 할 목표와 그것을 성취하기 위한 방법을
  적어서 그 약속을 지켜나가 보자.
- 일종의 의식처럼 두 사람의 약속을 되새겨보는 시간을 보내라.

동정심
Compassion

인간은 살아 있는 생명체를 미워해서는 안 된다. 모든 생명체에게 친절히 대하고 동정하라.

— 힌두교의 《신의 노래 : 바가바드기타》, XII

♥

동정심은 다른 사람과 그들에게 닥친 어려움을 측은하게 여기고 진심으로 관심을 기울이는 것이다. 동정심은 가까운 사람들의 마음과 인생, 그리고 고통을 느끼게 해준다. 이는 그들의 고통을 덜어주는 데 도움을 줄 수 있고, 때로는 이 과정에서 어떤 희생을 하게 되기도 한다. 그러나 동정심은 우리 마음이 충분한 위안을 얻게 해주고, 그들의 이야기를 들어주도록 하고, 그들을 용서하도록 해준다. 특히, 결혼생활에서 동정심은 두 사람이 진정한 친구가 되도록 이끌어준다.

♥

포옹은 인간의 본능이자 사랑하는 감정에 대한 자연스러운 반응이고, 동정심이고, 욕구이자 기쁨이다. 포옹은 과학이고 상대방을 도와주고 치료하고 성장하게 해주는 아주 간단한 수단이기도 하다. 특히 포옹이 최고의 모습을 보여줄 때는 정말 예술이라 할 만하다.

— 캐서린 키팅, 《포옹할까요》(이레, 이수은 역, 2002년)의 서론

의논하고 행동에 옮기기

1. 동정심 확인하기

    ① 다른 사람이 질병이나 죽음, 실패, 정신적인 충격을 받아들일 수 있도록 도와주고 함께 충분히 슬퍼하는가?

    ② 운이 좋지 않은 사람들의 문제와 한계에 대해 경솔하고 비판적인 태도를 보이지는 않는가?

2. 동정심의 오용 사례 확인하고 균형 맞추기

    ① 다른 사람들의 문제에 지나치게 관여하지는 않는가?

    ② 다른 사람이 스스로 책임감이 없다고 생각하도록 만드는가?

    ③ 배우자가 상처받지 않도록 지나치게 보호하는가?

3. 언제 동정심이 부족하거나 잘못 사용되어 갈등을 일으키는가?

    또, 어떻게 갈등을 해소하고 다시 관계를 회복하는가?

4. 동정심은 언제 도움이 되고, 언제 도움이 되지 않는가?

    그리고 그것은 왜 그러한가?

관계 강화하기

- 배우자에게 힘든 일이 있을 때 손을 잡고 이야기를 들어준다.
- 배우자와 함께 슬퍼하거나 아픈 친구를 방문한다.
- 포옹해주며 배우자의 상황을 함께 걱정한다는 것을 보여준다.
- 배우자의 실수를 이해하고 용서한다.

확신

Confidence

의인은 사자 같이 담대하니라.

— 유대교의 《성경》, 잠언 28 : 1

♥

확신이란 우리가 제대로 생각하고 행동하기 때문에 다른 사람들이 우리에게 의존한다고 자신하는 것이다. 우리는 자신 있게 자발적으로 나서서 가족과 다른 사람들, 자기 자신을 돕는 데 재능과 타고난 능력을 사용한다. 확신은 우리가 믿는 것과 또 가치 있다고 생각하는 것에 대해 자신하는 것이다. 확신은 배우자에게 터놓고 이야기하고 새로운 것을 시도할 수 있도록 감성적인 안정감을 준다. 우리는 결혼생활이 즐거울 때나 어려울 때 서로 상대방을 도와줄 것이라는 확신과 믿음이 있다. 우리는 결혼생활이 영원할 것이라고 확신한다. 우리는 배우자에게 의존할 만한 힘과 지혜와 판단력이 있고 도움이 필요할 때는 언제든 도움을 요청하고 도움 받을 수 있다는 확신이 있다. 또한 우리에게 살아가는 데 필요한 지침과 은총이 풍부하다는 것을 확신한다.

♥

두 사람에게 모두 충분한 확신이 있고 서로 감추는 것 없이 솔직한 결혼생활에는 속임이 없다.

— 헨릭 입센, 《들오리》, 제4막

의논하고 행동에 옮기기

1. 확신 확인하기

   ① 다른 사람들이나 활동에 연루되는 것이 두려운가?

   ② 자신이 다른 사람들보다 능력이 없다고 생각하는가?

2. 확신의 오용 사례 확인하고 균형 맞추기

   ① 자기 자신에 대해 지나치게 자신감이 넘치거나 혹은 자부심이 강하다고 다른 사람들에게 자랑하지는 않는가?

   ② 여러분이 믿는 것이 언제나 옳다고 자신하는가?

3. 언제 확신이 부족하거나 잘못 사용되어 갈등을 일으키는가? 또, 어떻게 갈등을 해소하고 다시 관계를 회복하는가?

4. 언제 배우자에 대한 확신이 여러분의 생각을 행동으로 옮기는 데 도움을 주는가? 종교적인 힘이 일상생활에 어떻게 도움을 주는가?

5. 확신은 어떤 때 두 사람 관계에 문제를 만드는가?

관계 강화하기

- 함께 새로운 것을 시도해보고, 그것에 대해 의견을 나눠보라.
- 두 사람 사이에 확신을 키울 부분을 확인하고, 서로 상대방에게 도움을 요청하고 격려를 부탁하라.
- 확신을 키워줄 만한 인용문을 찾아 그것을 더 예술적으로 표현할 방법을 찾아보자.
- 어려운 과제를 성공적으로 수행해낸 것을 축하하라.

만족감
Contentment

돈을 사랑하지 말고, 있는 바를 족한 줄로 알라.

— 기독교의 《성경》, 히브리서, 13 : 5

♥

만족감을 느낀다면 우리의 마음과 감정이 편안해져 결혼생활과 가정과 인생이 평화롭게 느껴질 것이다. 만족감이란 우리 신체와 가족 안에서 자연스럽게 흐르는 리듬과 주기는 바뀌지 않는다는 사실을 순순히 받아들이는 것이다. 만족감은 우리 인생이 지금과는 달라져야 한다고, 즉 미래에 대해 걱정하고 비교하며 강요하고 재촉하지 않는다. 우리는 느긋하게 현재의 삶을 즐기고 다른 사람들과의 우정을 고맙게 생각한다. 우리는 목표를 이루고, 재능과 능력을 최대한으로 발휘하면서 현명하게 시간을 보낼 때 만족감을 느낀다. 이는 우리의 인생에 목표와 꿈, 비전이 있다는 것을 뜻한다. 기도나 명상 같은 정신 활동을 하면 인생에 만족감이 생긴다. 그러면 우리의 인생에 만족하고 행복하며 생산적인 삶을 살아가리라는 믿음이 생길 것이다.

♥

자기 자신에 대한 확고한 기대를 줄이면 다른 사람에 대한 기대도 줄일 수 있다.

— 수잔 M. 캠벨, 《권력 투쟁을 넘어》

의논하고 행동에 옮기기

1. 만족감 확인하기
   ① 인생이 변해야 한다고 투덜대거나 변화를 재촉하지는 않는가?
   ② 사람들이나 주변 환경이 바뀌었으면 좋겠다고 간절히 바라고 미래를 걱정하느라 시간을 낭비하지는 않은가?
2. 만족감의 오용 사례 확인하고 균형 맞추기
   ① 문제를 피하려 물러나거나 하지 말아야 할 일을 하지는 않는가?
   ② 새로운 아이디어와 변화를 거부하는가?
3. 언제 만족감이 부족하거나 잘못 사용되어 갈등을 일으키는가?
   또, 어떻게 갈등을 해소하고 다시 관계를 회복하는가?
4. 자기의 인생에 만족하는지 혹은 흘러가는 대로 그냥 두는지 무엇으로 알 수 있는가? 여러분에게 마음과 믿음은 만족감과 어떤 관계가 있는가?

관계 강화하기

- 집 안에 명상하고 기도할 수 있는 장소를 마련하라.
- 두 사람의 관계에 대해 느끼는 두려움을 인정하고 해결하기 위해 적절한 조치를 취하고 그것에 만족하라.
- 해결하려는 문제를 확인하고 그 문제에 초연해져라.
- 푸념하거나 불평하거나 걱정하지 않는 날을 정해두어라.

협동심
Cooperation

결혼이 마음의 안식처가 되려면 부부의 협동심이 필요하다.
— 바하이교의 《편집본》, 제2권

♥

협동심이 있으면 두 사람이 충분히 대화를 나누며 무슨 일이든 적극적인 태도로 접근할 수 있다. 우리는 결혼생활, 가족과 사회에 협동심이 필요하다는 사실을 아주 잘 알고 있다. 그래서 서로의 생각과 시간을 공유하고, 각자의 개인적 목표를 지원해주고 공동의 목표를 이루고자 협력한다. 단, 서로에게 억지로 무엇인가를 하도록 강요하지는 않는다. 협동심은 다른 사람과 타협하거나 다른 사람의 생각을 받아들이기 위해 우리의 생각을 조절하는 것을 뜻하기도 한다. 이렇게 해서 협동심은 우리가 제대로 된 해결책을 찾도록 도와준다.

♥

성공적인 결혼은 오직 어려움을 통해서만 배울 수 있는 예술이다. 이는 힘들게 얻은 다른 기술들과 같이 자긍심과 만족감을 준다. 인간의 성숙도를 평가하는 가장 확실한 기준은 결혼생활에서의 조화와 서로 맞춰나가는 생활 방식, 행복, 존엄성, 그리고 서로에게 주는 기쁨과 격려이다. 성숙하지 못한 사람은 직장에서는 성공할 수 있을지 몰라도 결혼생활에서는 절대로 성공할 수 없다.
— 벤저민 스포크, 《품위와 상스러움》

의논하고 행동에 옮기기

1. 협동심 확인하기

   ① 항상 독립적으로 행동하고 다른 사람의 도움을 거부하는가?

   ② 다른 사람과 함께 일하는 것을 꺼리는 편인가?

2. 협동심의 오용 사례 확인하고 균형 맞추기

   ① 누군가와 함께 일하기 위해 자신의 판단보다는 다른 사람의 의견을 따르면서 자신의 가치와 신념을 희생하는가?

   ② 다른 사람들에게서 얻어낼 것이 있을 때만 협력하는가?

3. 언제 협동심이 부족하거나 잘못 사용되어 갈등을 일으키는가? 또, 어떻게 갈등을 해소하고 다시 관계를 회복하는가?

4. 언제 각자 일하는 것이 더 효과적인가? 또, 반대로 언제 함께 일하는 것이 좋은가? 두 경우가 균형을 이루어 행복한 결혼생활을 하고 있는가?

5. 어떤 일을 할 때 다른 사람과 협동하는 것이 좋은가?

관계 강화하기

- 협동심이 필요한 집안일이나 그 밖의 다른 일을 함께 해보라.
- 부부, 가족에게 중요한 것이 무엇인지 명확하게 보여주는 '가훈' 을 만들어라.
- 함께 머리를 맞대고 즐거운 가족 활동을 계획하라.
- 친구, 가족의 계획이나 활동을 도와주도록 노력하라.

용기
Courage

부처님은 지치고 슬픈 자들에게 위안을 주시고, 삶의 무게에 눌려 주저앉은 이들에게 평화를 되돌려주신다. 그는 약한 자들이 (기꺼이) 자기 의존과 희망을 포기하면 그들에게 용기를 준다.

— 불교의 《불경》, 1 : 3

♥

용기는 무언가를 옳다고 믿는 것이 나 혼자뿐이고 커다란 대가를 치러야 한다고 해도 그것을 실천하거나 지지하며 앞으로 나아가는 것이다. 용기는 인생에서 두려움을 느낄 때, 특히 혹독한 과정을 거칠 때 인내할 수 있는 힘을 준다. 용기는 부모로서의 역할을 수행하고, 새로운 집으로 이사하고, 직업을 바꾸고, 비도덕적이고 비윤리적인 도전에 맞닥뜨렸을 때와 모험을 이겨나가야 할 때 우리를 강력하게 지지해준다. 용기는 시련과 실패를 겪고 난 후에 다시 시작할 수 있도록 우리를 이끌어준다. 용기는 다른 사람들에게 도움을 요청할 때도 필요하다. 용기는 우리가 계속해서 전진하고자 노력하고 기도하며 하나님은 항상 우리와 함께 있고 우리를 도와주실 것이라는 확고한 신념에서 생겨난다.

♥

완벽한 용기란 세상이 지켜봐야만 하는 일을 봐주는 이 하나 없어도 하는 것이다.

— 프랑수아 드 라로슈푸코, 《인간의 본성에 대한 풍자 511》

의논하고 행동에 옮기기

1. 용기 확인하기
   ① 새로운 일을 시작할 때 두려움 때문에 망설이는 편인가?
   ② 다른 사람이 위압하거나 이용하거나 매도해도 그냥 두는가?
   ③ 스스로 자신의 가치를 부인하거나 무시하는가?
2. 용기의 오용 사례 확인하고 균형 맞추기
   ① 자기 자신만을 위해, 혹은 다른 사람들의 행복만을 위해 생각 없이 무모하게 행동하는가?
   ② 부정적인 결과나 갈등을 일으키는 부적절한 말들을 하는가?
3. 언제 용기가 부족하거나 잘못 사용되어 갈등을 일으키는가? 또, 어떻게 갈등을 회복하고 다시 관계를 회복하는가?
4. 살아오면서 보여준 용감한 행동에는 무엇이 있는가?
5. 두 사람 중에 누가 용기를 연습할 필요가 있는지 어떻게 알 수 있는가? 그리고 그 사람을 어떻게 도와줄 수 있겠는가?

관계 강화하기

• 용기 있는 사람이 됨으로써 얻게 되는 교훈을 확인해보라.
• 중요한 일이지만 이야기하기 곤란한 문제에 대해 열의 있게 의논해보고, 변화를 위한 계획을 세워보라.
• 두려워하는 일이나 미뤄둔 일을 시도해보라.
• 두 사람 사이에 풀지 못한 문제를 해결하려고 다시 노력해보라.

예의
Courtesy

누군가가 당신에게 (예의바르게) 인사한다면 더 예의바르게 답례하거나 (적어도) 동등하게 예의를 갖춘다.

— 이슬람교의 《코란》, 4 : 86

♥

예의는 상대방에게 애정을 담아 정중하게 행동하는 것이다. 예의를 갖추면 우리 자신의 필요보다 다른 사람의 필요를 우선 만족시켜 주게 된다. 우리는 공손한 몸가짐과 예의바른 태도, 친절한 언어를 사용하여 진심으로 두 사람의 관계를 소중히 여긴다는 것을 증명할 수 있다. 예의를 지키는 방법에는 "부탁합니다."와 "감사합니다."와 같은 예의바른 표현을 사용하는 것, 항상 몸짓과 행동 하나하나를 의식해 뜻하지 않게 무례한 행동을 하지 않도록 주의하는 방법 등이 있다. 스트레스를 받거나 서둘러야 할 때도 예의를 갖추는 것을 잊지 말아야 한다. 그렇지 않으면 성질을 부리거나 명령조로 말하면서 다른 사람들의 기분을 상하게 할 것이다. 명령하는 대신 부탁하라. 예의는 결혼생활에서 생기는 모든 상호 교류가 원활히 이루어지도록 한다.

♥

당신은 예의야말로 만지는 것마다 모두 금으로 바꾸는 진정한 연금술이라는 것을 알지 못하는가?

— 조지 메러디스, 《예의가(歌)》

의논하고 행동에 옮기기

1. 예의 확인하기

   ① 배우자에게 무례하게 굴거나 예의범절을 지키지 않는가?

   ② 공손하게 부탁하는 대신 명령조로 말하는가?

   ③ 상대방에게 고마워해야 할 일을 당연한 것으로 받아들이는가?

2. 예의의 오용 사례 확인하고 균형 맞추기

   ① 다른 사람들이 행동하기 전까지 비겁하게 뒤로 물러서 있거나 자아의식만 중요하게 여기는가?

   ② 이기적인 동기 혹은 잘 보여야겠다는 마음이 들 때만 예의바르게 행동하는가?

3. 언제 예의가 부족하거나 잘못 사용되어 갈등을 일으키는가? 또, 어떻게 갈등을 해소하고 다시 관계를 회복하는가?

4. 언제가 예의를 훈련하기에 가장 어려운가?

관계 강화하기

• 일주일 동안 다른 사람과 도움을 주고받을 때 의식적으로 "부탁합니다." "감사합니다." 그리고 "별 말씀을요."라고 말해보라.

• 저녁식사에 손님을 초대하고 최대한 예의를 지켜 대접하라.

• 평소에도 서로 예의를 갖추어 행동하라.

• 배우자에게 실망했을 때도 예의를 갖추어 대하라.

창의력
Creativity

세상의 장인들은 마땅히 …… 최대한 노력하고 부지런히 작업에 임하여 그들의 노력이 최고로 아름답고 완벽하다는 것을 모든 사람의 눈앞에서 증명하는 작품을 창조해야 한다.
— 바하이교의 《압둘 바하의 작품들로부터의 발췌문들》

♥

창의력이란 이전에는 없던 새로운 것을 개발하게 하는 독창적인 영감과 아이디어이다. 부부 관계는 두 사람이 함께 창조하는 아주 특별한 관계이다. 부부는 상상력을 발휘하여 인생과 결혼생활에 흥미와 활력을 더하고자 사랑, 대화의 기술, 우정, 결혼생활을 향상시킬 새롭고 위대한 방법을 창조한다. 그리고 이런 것들을 수행하기 위해 계속해서 창조적인 아이디어를 생각하고 계획을 세워야 한다. 창의력은 우리를 꿈꾸게 하고 도전하게 한다. 창의적인 해결책은 살아가면서 맞닥뜨리는 수많은 문제를 해결하기 위한 논의 과정에서 생긴다. 글쓰기, 시, 음악, 그 밖의 다른 예술을 통해 창의력을 표현하는 것은 우리의 영혼을 자라게 한다. 창의력은 다른 사람에게 생각과 감정을 표현하는 새로운 방법을 발견하게 하고 삶에 꾸준히 새로운 경험과 활기를 더하게 한다.

♥

대개 언어가 사라지면 진정한 창의력이 생긴다.
— 아서 케스틀러, 《창작 활동》, 제1권 제2편 제7장

의논하고 행동에 옮기기

1. 창의력 확인하기

    ① 새로운 발전 가능성에 제한을 두거나 피하지는 않는가?

    ② 무언가를 할 때 늘 같은 방법을 사용하지는 않는가?

    ③ 스스로 예술적인 표현을 제한하는가?

2. 창의력의 오용 사례 확인하고 균형 맞추기

    ① 장난스러운 계획으로 다른 사람의 기분을 상하게 하는가?

    ② 무언가를 얻기 위해 부정한 방법을 생각해낸 적은 없는가?

    ③ 자신의 행동을 숨기거나 정당화하기 위해 이야기를 꾸미는가?

3. 언제 창의력이 부족하거나 잘못 사용되어 갈등을 일으키는가?

    또, 어떻게 갈등을 해소하고 다시 관계를 회복하는가?

4. 살아가면서 어떤 상황에서 창의적인 사람이 되는가?

    어떤 상황에서 더 창의력을 발휘할 수 있는가?

관계 강화하기

• 배우자를 위해 멋진 '데이트'나 특별한 이벤트를 마련해보자.

• 음악회 등 감정을 표현할 수 있는 예술적 활동에 참여해보라.

• 두 사람의 관계가 나아가야 할 새로운 방향에 대해 함께 의논해보
  고, 이를 상기시켜주는 것과 활동들을 생각해보라.

• 집을 새롭게 단장하면서 서로 사랑을 표현하라.

초연함
Detachment

평온한 정신은 기쁜 일이나 고통스러운 일이나 차분하게 받아들이고 흔들리지 않는다.

— 힌두교의 《신의 노래 : 바가바드기타》, Ⅱ

♥

초연함은 어떤 상황이나 다른 사람에 대해 감정적인 거리를 둔 채 객관적이고 공정한 상태를 유지하는 것이다. 초연함은 배우자의 감정을 마음으로부터 공감할 수 있게 해주며, 자신의 생각과 감정과 사실을 고려하여 그 상황에 맞게 적절히 대처할 수 있게 한다. 초연함은 특히 현재 일어나는 일보다 과거의 일과 관련될 때 더 중요하다. 질투하고 화내며 속단하지 않음으로써 결혼생활을 망치지 않게 하고, 슬픔이나 외로움이 우리의 인생을 방해하지 않도록 하며, 우리의 안위나 결혼생활에 해로운 영향을 끼치는 사람들이나 장소, 물건들을 대할 때 그 상황을 극복할 수 있도록 도와준다. 또한 자기 비판에 빠지지 않으면서 자신의 약점을 받아들이고, 자만하지 않으면서 자신의 강점을 받아들이도록 도와준다.

♥

모든 감정은 우리가 다양하게 사용하는 에너지이다. 우리는 감정을 그저 느끼고 무의식적으로 반응하지 않고 스스로 그 에너지를 사용할 수 있도록 훈련한다.

— 해피 답스, 《영적인 존재 : 사용자 가이드》

의논하고 행동에 옮기기

1. 초연함 확인하기
   ① 포기하지 못하는 어떤 대상에 감정적으로 집착하지는 않는가?
   ② 다른 사람의 말이나 행동에 생각 없이 반응하지는 않는가?

2. 초연함의 오용 사례 확인하고 균형 맞추기
   ① 다른 사람들의 감정에 둔감하거나 혹은 고려하지 않는가?
   ② 다른 사람들에게 고의로 상처를 주거나 보복하거나 혹은 바라는 것을 얻기 위해 어떤 말을 하거나 행동하지는 않는가?
   ③ 다른 사람들과 관계를 끊고, 비밀리에 계획을 세우고, 다른 사람을 냉정하게 거부하거나 애정 없이 대하는가?

3. 언제 초연함이 부족하거나 잘못 사용되어 갈등을 일으키는가? 또, 어떻게 갈등을 해소하고 다시 관계를 회복하는가?

4. 애정이 깃든 초연함과 다른 사람에 대한 관심 부족 사이의 차이점을 어떻게 이해하는가?

관계 강화하기

- 당황스러운 상황에서 어떻게 반응하고 대처하는지 이야기해보고, 다음부터는 그런 상황에서 어떤 식으로 대응할지 의논해보라.
- 초연함에 도움이 되는 기도문이나 인용문을 암기해두자.
- 배우자에게 어떤 기대를 품고 있는지 다시 한 번 생각해보라.
- 인생에 갈등이나 혼란을 초래하는 문제들을 없애고자 노력하라.

통찰력
Discernment

네 귀를 지혜에 기울이며 네 마음을 명철에 두며 …… 그런즉 네가
공의와 정의와 정직 곧 모든 선한 길을 깨달을 것이다.

— 유대교의 《성경》, 잠언 2 : 2,9

♥

통찰력은 누군가에 대해 혹은 어떤 상황에 대해 선입관이나 편견
없이 명확하게 보고 옳고 그름을 판단하는 것이다. 통찰력은 우리
가 배운 것을 부적절하게 사용하지 않도록 문제가 되고 있는 사안
이나 문제의 본질, 실행할 수 있는 해결책과 조치가 불분명한 것들
에 대해 의논하게 한다. 통찰력은 과거의 문제가 현재에 부정적으
로 영향을 미칠 때 그것을 인지하도록 도와주며, 이는 그 문제를 과
거로 돌려놓을 기회를 준다. 또한 통찰력은 우리의 인생과 세상에
서 받는 은혜를 섬세하게 인식할 수 있도록 해준다. 다른 사람들이
부정적인 것만 보게 되더라도, 우리는 그 안에서 훌륭한 점을 찾아
내고 숨겨진 지혜도 발견할 수 있다. 우리는 사물을 있는 그대로 보
고, 더 넓고 깊은 맥락에서 이해할 수 있다. 또한 불가사의한 것을
보면 그 본질을 발견하고 그것에서 새로운 지식을 얻을 수 있다.

♥

양심은 당신에게 말하는 신의 진정한 목소리이다.

— 러더퍼드 B. 헤이스, 《러더퍼드 버차드 헤이스의 일기와 편지》,
　제5권

의논하고 행동에 옮기기

1. 통찰력 확인하기

   ① 다른 사람의 충고를 주의 깊게 듣지 않고 피하거나 무시하는가?

   ② 선택을 앞두고 도덕이나 윤리, 가치 체계, 그 밖의 다른 기준을 고려하는가?

2. 통찰력의 오용 사례 확인하고 균형 맞추기

   ① 우리에게 아무런 영향도 주지 않는데 괜히 다른 사람 일에 나서서 참견하지는 않는가?

   ② 어떤 환경이나 사람의 흠을 찾아 꼬투리를 잡고 비판하는가?

3. 언제 통찰력이 부족하거나 잘못 사용되어 갈등을 일으키는가? 또, 어떻게 갈등을 해소하고 다시 관계를 회복하는가?

4. 인생의 어느 부분이 혼란스럽고 막연한가? 과거에 일어났던 문제가 현재에도 영향을 끼치는가? 누구에게 혹은 어디에서 그에 관한 지혜와 충고를 얻을 수 있는가?

관계 강화하기

• 가정이나 인생에서 간과하고 있는 것이 무엇인지 확인해보라.

• 각자 채워지지 않는 욕구가 무엇인지 가족들과 이야기해보라.

• 사회 문제를 주제로 이야기를 나누면서 가능한 해결 방법을 찾고 이행한 다음 그 해결 방법이 효과가 있는지 평가해본다.

• 평가하고 처리하길 꺼리던 문제들을 끄집어내어 이야기해보라.

격려
Encouragement

서로 사랑하고 격려하고 함께 일하고 몸과 마음이 하나가 되면, 우리의 정신은 활기를 얻고 계발되어 진정 유기적이고 건강한 신체가 된다.

— 바하이교의 《충고의 근원》

♥

격려는 다른 사람의 인성, 인상적인 행동, 좋은 의도에 대해 진심에서 우러나온 호의적인 말을 해주는 것이다. 우리는 배우자에게 중요한 것이 무엇이고 우리의 계획이 무엇인지 잘 알고 있다. 격려는 이를 바탕으로 배우자에게 용기를 낼 수 있도록 긍정적인 말을 해주거나 그렇게 행동하는 것이며 그가 성공할 만한 능력이 있다는 것을 믿어주는 것이다. 격려는 사람들의 기를 살려주고 더 열심히 노력하도록 부추긴다. 서로 격려하면 두 사람은 더욱 가까워지고 상대방의 가치를 더욱 높이 평가하게 된다. 격려는 긍정적인 생각과 감정, 창의적인 힘을 우리 삶에 퍼뜨린다. 격려는 배우자를 지지하고 결혼생활을 잘 유지하게 해주는 아주 훌륭한 방법이다.

♥

사람들은 서로 꿈과 목표를 격려해줄 때 훨씬 호의적으로 감정을 교류한다.

— 존 M. 가트맨와 조앤 디클레어, 《관계의 회복》

의논하고 행동에 옮기기

1. 격려 확인하기

    ① 배우자에게 중요한 것에 대해 부정적으로 말하지는 않는가?

    ② 배우자의 행동, 인격, 능력을 폄하하거나 비판하지는 않는가?

    ③ 배우자의 장점을 찾아내지 못하고 배우자가 현재 겪고 있는 어려움을 극복해낼 능력이 있다는 것을 믿지 못하는가?

2. 격려의 오용 사례 확인하고 균형 맞추기

    ① 격려를 지나치게 자주 해서 혹시 가식으로 보이지는 않는가?

    ② 다른 사람에게 해롭고 현명하지 못하고 바람직하지 않은 일을 하도록 부추기거나 강요하지는 않는가?

3. 언제 격려가 부족하거나 잘못 사용되어 갈등을 일으키는가? 또, 어떻게 갈등을 해소하고 다시 관계를 회복하는가?

4. 어떤 말이나 행동, 결과로써 서로 격려해주는가? 우리에게 가장 격려가 필요할 때는 언제인가? 우리의 기대가 현실적인가?

관계 강화하기

- 각자 과거에 했던 훌륭한 일을 인정해주어라.
- 특별한 사건이나 상황에 기념이 될 만한 선물을 주어라.
- 배우자에게 특별히 높게 평가하는 인성 다섯 가지를 말해주어라.
- 전혀 예상치 못한 장소에 격려가 담긴 쪽지를 두어라.

열정
Enthusiasm

해야 할 일이라면 …… 힘차게 추진해라!
— 불교의 《불경》, XLVIII : 11

♥

열정은 멋지거나 비범한 것에 대해 진정으로 참되고 정열적인 감정이 정신을 가득 채울 때 생겨난다. 열정은 어떤 것에 대해 흥분하고 적극적으로 되는 것이며, 어떤 사물이나 사람에게서 명백히 최상의 것을 보고, 마음 속 깊은 곳에서부터 충실하고 흥분된 마음으로 공감하는 것이다. 열정은 마음을 다 바쳐 전력투구하는 것이다. 열정은 서로 간에 육체와 정신과 마음과 영혼을 열정적으로 공유하는 것이다. 열정은 새로운 모험, 가능성, 경험을 함께 창조하는 것이다. 그러나 열정에 너무 넋이 빠져 서로에게 소홀해지거나 의무를 잊어서는 안 된다. 열정은 또한 의심과 걱정이 방해하지 않도록 삶을 부드럽게 감싸 안으며 미소와 웃음으로 모든 일을 즐기는 것이다. 서로 미소와 애정으로 인사하고, 가족과 친구와 함께 시간을 보낼 때 마음껏 열정을 표현해야 한다. 열정적일 때 우리는 영감을 받고 행복하며 스스로 즐기고 삶을 극대화할 수 있다.

♥

열정 없이 성취된 위대한 것은 아무것도 없다.
— 랠프 월도 에머슨, 《순환론》

의논하고 행동에 옮기기

1. 열정 확인하기
    ① 모든 것은 다 똑같고 세상에 특별한 것은 없다고 생각하는가?
    ② 태도가 부정적, 비관적, 체념적, 권태적, 냉소적이지는 않는가?
2. 열정의 오용 사례 확인하고 균형 맞추기
    ① 알고 있거나 본 것을 지나치게 과장해서 이야기하지는 않는가?
    ② 상대방의 신념이나 계획, 아이디어에 불쑥 끼어들어 괜히 부정
      적인 영향을 끼치지는 않는가?
3. 언제 열정이 부족하거나 잘못 사용되어 갈등을 일으키는가?
    또, 어떻게 갈등을 해소하고 다시 관계를 회복하는가?
4. 결혼생활과 다른 활동적인 면에서 열정적이 되도록 고무하는가?
    언제 서로 다른 여러 가지 일에 모두 열정적이 되는가?
5. 배우자가 어떤 일에 열정적이지 않을 때 어떻게 반응하는가?
    반대로 지나치게 열정적일 때는 어떻게 반응하는가?

관계 강화하기

- 두 사람 다 열정을 보이는 일 다섯 가지를 목록으로 만들어보자.
- 날마다 서로 상대방에게 무엇을 기대하는지 이야기하라.
- 장황하고 지루하거나 어려운 일에서 긍정적인 면을 찾아내고, 그 속
  에서 열정을 느낄 만한 무엇인가를 찾아내보자.
- 여행처럼 삶에 활력을 줄 수 있는 활동을 만들어보자.

동등성
Equality

인간 세상에는 두 개의 날개가 있다. 하나는 여성이고 다른 하나는
남성이다. 두 날개가 동등하게 발달되지 않는 한 새는 날 수 없다.
미덕과 재능을 획득하는 데 여성의 세계와 남성의 세계가 동등해
지지 않는 한 마땅히 달성되어야 할 성공과 번영은 결코 얻을 수
없다.

— 바하이교의 《압둘 바하의 작품들로부터의 발췌문들》

♥

동등성은 결혼생활에서 배우자를 동료로 인정하는 균형 잡힌 상태
를 말한다. 서로 지원하고 격려함으로써 잠재력을 최대한 개발하
고, 교육과 직업에서 똑같은 기회를 갖고, 가족과 공동체에 기여하
는 부분에서 동등하게 책임지고, 상대방을 자신보다 우월한 혹은
열등한 존재로 대하지 말아야 하며, 상대방이 원하지 않는 도움이
나 충고는 적절히 자제해야 한다. 인생, 결혼생활, 가족, 일 등 부부
공동의 생활에 대해서는 항상 함께 상의하고 하나의 결론에 도달해
야 한다. 그러나 동등성은 반드시 부부 두 사람이 똑같은 선택을 하
고 똑같은 역할을 하는 것을 뜻하지는 않는다.

♥

결혼생활의 친밀도를 제대로 확인하기 위해서는 남편과 아내가 동
등해야 한다.

— 블레인 J. 파워스, 《결혼생활의 행복 신화를 넘어서》

의논하고 행동에 옮기기

1. 동등성 확인하고 행동에 옮기기

   ① 다른 사람에게 명령하거나 지배 또는 통제하려고 하지 않는가?

   ② 다른 사람보다 배우자를 더 중하게 여기는가?

   ③ 여러분이 당연히 해야 할 일을 때때로 거부하지는 않는가?

2. 동등성의 오용 사례 확인하고 균형 맞추기

   ① 역할과 책임이 모두 똑같아야 한다고 고집스럽게 주장하지는 않는가?

   ② 사람들의 차이를 무시하거나 평가절하하지는 않는가?

3. 언제 동등성이 부족하거나 잘못 사용되어 갈등을 일으키는 것 같은가? 또, 어떻게 갈등을 해소하고 다시 관계를 회복하는가?

4. 가사 업무는 어떻게 분담하는가? 그 분담 구조는 동등성을 반영하는가? 전통적인 성 역할에 따라 한 사람에게 부담이 편중되지는 않는가?

관계 강화하기

- 각자 익힌 새로운 기술을 서로 가르쳐주자.
- 서로 상대방을 더욱 잘 이해하도록 하루 동안 집안에서 각자의 역할을 바꿔보자. 또는 배우자가 하는 일에 동행해보자.
- 번갈아가며 먼저 다가가 다정하게 어루만져주자.
- 초대 손님을 위해 함께 집안을 꾸며보라.

완벽함
Excellence

이 세상에서 큰 뜻을 품은 사람들은 두 가지 방향으로 깨달음을 얻을 수 있다. 명상하는 자는 지식을 통해 얻고, 활동적인 자는 자기 희생적인 행위에서 얻는다.

— 힌두교의 《신의 노래: 바가바드기타》, Ⅲ

♥

완벽함은 높은 수준의 성취와 삶의 질을 의미한다. 완벽함은 배우자에 대한 우정과 결혼생활에 최선을 다해 헌신하는 것이다. 또한 완벽함은 성취하고자 하는 것에 관해 배우자와 함께 상의하는 것이다. 완벽함은 지속적으로 잘 할 수 있을 때까지 꾸준히 과제를 해결하고 기술과 적극적인 행동을 훈련하는 것이다. 완벽함은 가족과 직업에 가장 득이 되는 것을 습득하는 데 집중하는 것이다. 그렇게 되려면 다른 사람들을 위한 봉사를 포함하는 일정한 목적과 원칙에 따라 조심스럽게 노력해야 한다. 완벽함은 다른 사람들에게 겸손한 본보기와 자극이 되어주는 것이다. 그러나 균형을 목표로 한다고 해서 지나치게 완벽함을 기하느라 완벽주의에 빠져서는 안 된다. 결혼생활과 가족의 완벽함은 우리의 성장, 행복, 안정성, 조화를 통해 알 수 있다.

♥

완벽한 것은 영구불변한 것이다.

— 제인 애덤스(Jane Addams)

의논하고 행동에 옮기기

1. 완벽함 확인하기

    ① 책임을 다하는 데 소홀하지는 않는가?

    ② 결혼생활이나 감정적 유대 관계를 무시하지는 않는가?

    ③ 완벽함보다는 보통으로 족하다고 생각하지는 않는가?

2. 완벽함의 오용 사례 확인하고 균형 맞추기

    ① 성과와 자기 자신에 대해 고집스럽고 융통성이 없으며 가까운 사람들에게 종종 인내심 없이 화풀이하지는 않는가?

    ② 다른 사람들에게도 자기 기준을 강요하지는 않는가?

3. 언제 완벽함이 부족하거나 잘못 사용 돼서 갈등을 일으키는가? 또, 어떻게 갈등을 해소하고 다시 관계를 회복하는가?

4. 어떤 분야에서 일을 '반듯하게' 처리하고자 지나치게 노력하는 편인가? 보통 어떤 때 내가 '잘 되기' 위해 남을 이용하는가?

5. 완벽함에 대한 상대방의 기대에 부응하고자 노력하는가? 상대방의 기대에 어긋날 때는 어떻게 하는가?

관계 강화하기

- 상대방이 완벽하게 성취한 것에 대해 높이 평가하고 토의해보자.
- 결혼생활이 더욱 풍성해지도록 함께 이뤄나갈 목표를 설정하자.
- 공동체 내에서 자원하여 업무 계획을 완벽하게 수행하자.
- 서로 새로운 기술을 가르쳐주고 완벽하게 습득하도록 연습하자.

신의
Faithfulness

그들의 신뢰와 맹세를 신의로 지킬 것이다.

— 이슬람교의 《코란》, 23 : 8

♥

신의란 신념 또는 관계에 대한 약속을 헌신적으로 지켜나가는 것이다. 신의는 결혼생활과 우정이 한결같이 유지되도록 지원해준다. 신의는 생각과 말과 행동에서 서로에게 충실한, 즉 서로에게 진실하고 신뢰할 만한 대상이 되는 것이다. 신의는 불신을 초래할 수 있는 사람은 찾지도 않고 가까이 관계를 맺지도 않는 것이다. 신의는 성스럽고 일관적인 결혼 서약의 완전함을 존중하고, 두렵거나 불안함을 느낄 때 서로 든든한 지원군이 되어주는 것이다. 신의는 어떤 어려운 상황에서도 믿음으로 가득한 길을 갈 수 있게 하며, 그 도전을 더욱 강해지는 기회로 삼을 수 있게 한다.

♥

누군가를 믿는 것은 그 사람에게 자기 에너지의 일부를 주는 것이다. 어떤 사상을 믿는 것은 그 사상에 자기 에너지의 일부를 주는 것이다. 두려움은 자기 에너지의 일부를 빼앗기는 것이다. …… 인생의 본질은 에너지이며, 우리에게 내재된 모든 고유한 정신적 능력은 우리가 어떤 것을 선택하는 동기가 무엇인지, 우리가 두려움과 신의 존재를 믿는지 스스로 깨닫게 해준다.

— 캐롤라인 미스, 《영혼의 해부》(한문화, 정현숙 역, 2003)

의논하고 행동에 옮기기

1. 신의 확인하기

    ① 행동이 종종 자신의 신념과 다르지는 않은가?

    ② 부당하게 타인과 육체나 마음을 공유하지는 않는가?

2. 신의의 오용 사례 확인하고 균형 맞추기

    ① 가족보다 친구나 다른 사람들에게 더 신의가 있지는 않는가?

    ② 진실성에 대한 면밀한 검토 없이 맹목적으로 종교적 신앙을 따르지는 않는가?

3. 언제 신의가 부족하거나 잘못 사용되어 갈등을 일으키는가?

    또, 어떻게 갈등을 해소하고 다시 관계를 회복하는가?

4. 서로 간에 결혼생활에 신의를 지키도록 지원하는 것은 무엇인가?

5. 신의를 지키면 어떤 이득이 있는가? 그에 대한 도전이 있다면 무엇인가? 어떤 도움이나 지원이 필요한가?

관계 강화하기

- 서로 간의 신의에 감사하는 마음을 공유하자.
- 결혼 서약이 신의와 어떤 관련이 있는지 토의해보자.
- 말, 생각, 행동 면에서 신의를 지키지 못했을 때 심각하지 않은 사항이라면 융통성을 발휘하여 상대방을 용서하자.
- 두 사람이 함께 신의를 강화시킬 수 있는 정신 훈련법을 정하고 일정 기간 실행해본 후 제대로 작용하는지 알아보자.

융통성
Flexibility

그것이 당신에게 기쁨이 된다면, 나를 당신의 은총 가득한 초원에서 부드러운 향초로 자라게 하소서. 그리하여 당신이 품은 소망의 부드러운 바람으로 나를 휘젓고 구부려 나의 움직임과 멈춤이 전력으로 당신의 명령에 따르는 것과 같이 당신의 기쁨에 걸맞게 하소서.

— 바하이교의 《바울랍의 기도와 명상》

♥

융통성은 삶의 우연성에 적응하고 그 자연스러움을 즐기는 능력이다. 융통성은 필요에 따라 자기 자신의 가치관과 신념에 충실하면서도 얼마든지 방향을 바꿀 수 있도록 지원한다. 융통성은 삶에서 일어나는 일들에 저항하거나 두려워하거나 분노하지 않고 그저 가볍게 몸을 구부려 흘러가도록 한다. 융통성은 변화와 서로의 의견, 사상, 선택, 감정에 개방적이므로 여러 창의적인 선택과 접근 방법, 전망을 두루 볼 수 있게 한다. 융통성은 도전으로부터 배우고, 새로운 여건에 적응하며 상황에 따라 적절히 생각을 바꾸고 나쁜 습관을 없애며 성장하고 변화하며 끊임없이 발전하도록 도움을 준다.

♥

일단 결정하면 그 결정에 충실해야 한다. 그러나 동시에 한편으로는 융통성이 있어야 한다. 진행 상황을 평가하고 목표를 달성하는 데 필요하다면 지속적으로 조정해 나가야 한다.

— 칼릴 카바리, 《영적 지능》

의논하고 행동에 옮기기

1. 융통성 확인하기

    ① 자기 방식을 고집하거나 변화가 생겼을 때 당황하지는 않는가?

    ② 자기 자신에 대해서는 아무것도 바꾸지 않으려 하지 않는가?

    ③ 계획이 변경되면 처리하는 데 어려움을 겪지는 않는가?

2. 융통성의 오용 사례 확인하고 균형 맞추기

    ① 새로이 일정, 계획, 구조, 목표를 정하는 데 저항하지는 않는가?

    ② 원칙을 포기하면서까지 상대방이나 상황에 적응하지는 않는가?

3. 언제 융통성이 부족하거나 잘못 사용되어 갈등을 일으키는가?

    또, 어떻게 갈등을 해소하고 다시 관계를 회복하는가?

4. 살아가는 동안 일어나는 크고 작은 변화에 어떻게 대응하는가?

5. 문제를 바라보는 관점을 변화시키는 데 어떤 것이 도움이 되는가?

관계 강화하기

• 아무 계획 없이 그냥 집을 나선 후 미지의 목적지에 가서 미지의 활동으로 열정적이고 자연스러운 데이트를 만들어보라.

• 다음 30일 동안에 걸쳐 자신의 생활에 새로운 방식을 도입하거나 또는 오랜 습관을 버려보자.

• 다른 종교의 예배 의식에 참석해보자.

• 배우자를 행복하게 해주고자 무언가를 희생해보자.

용서
Forgiveness

누가 누구에게 혐의가 있거든 서로 용납하여 피차 용서하되 주께서
너희를 용서하신 것과 같이 너희도 그리하라.
— 기독교의 《성경》, 골로새서 3 : 13

♥

용서는 타인의 부당한 말이나 행위를 넘겨주고 그 일을 과거사로
돌리는 것이다. 이로써 우리가 분노, 원한, 상처받은 느낌으로부터
초연해지도록 도움을 주고, '희생양' 이 된 느낌으로부터 해방시켜
준다. 그렇게 하기가 무척 어려울 때도 용서는 이미 일어난 일을 받
아들이고 체념하며 상대방에게 한 번 더 기회를 주게 한다. 여기에
는 자기 자신을 스스로 용서하고 고통을 지난일로 묻어버리는 것도
포함된다. 또한 용서는 누구나 실수를 한다는 사실을 받아들이고
자신의 일과 행동을 변화시키거나 혹은 필요에 따라 수정하는 일에
대해 각자 기꺼이 책임을 지는 것이다.

♥

용서할 때는 말보다 행동으로 하고, 아울러 진심으로 해야 한다. 또
한 기꺼이 용서와 도움의 손길을 뻗어야 한다. 진심으로 상대방을
용서할 때는 언행에 품위가 있어야 한다. 용서하는 것은 물론 상대
방에게 친절하고 관대하게 행동하면 두 사람의 관계를 동등하게 되
돌려주어 아주 강력하게 사랑을 유지할 수 있도록 한다.
— 하워드 J. 마크맨 외 4명 공저, 《우리에게 필요한 12시간》

의논하고 행동에 옮기기

1. 용서 확인하고 행동에 옮기기

   ① 잘못한 데 대한 상대방의 사과를 거절하지는 않는가?

   ② 과거의 원한이나 분노에 집착하여 그것을 되새기지는 않는가?

   ③ 용서는 행위를 묵인하는 것이라고 생각하지는 않는가?

2. 관용의 오용의 사례 확인하고 균형 맞추기

   ① 반복되는 부당하고 해로운 행동을 계속 참기만 하는가?

   ② 무책임하게 행동하면서도 받아들여질 것이라고 가정하는가?

   ③ 자기 자신도 같은 잘못이나 선택을 한 적이 있다는 이유로 타인
   의 행동을 용인해주지는 않는가?

3. 언제 용서가 부족하거나 잘못 사용되어 갈등을 일으키는가?
   또, 어떻게 갈등을 해소하고 다시 관계를 회복하는가?

4. 빨리 용서하는 데 도움이 되는 것은 무엇인가? 용서하는 데 오래 걸
   리지는 않는가?

관계 강화하기

• 함께 기도하고, 서로 상처준 것에 대해 하나님께 용서를 구하자.

• 상처가 되는 문제에 대해 터놓고 솔직하게 의논해보자.

• 음악이나 기도 등으로 두 사람만의 용서 의식을 만들어보자.

• 무언가 관대하고 사랑스러운 일을 행함으로써 용서의 소극적인 사
  용을 성실하게 개선해 나가보자.

친절
Friendliness

두 사람이 한 사람보다 나음은 …… 혹시 저희가 넘어지면 하나가
그 동무를 붙들어 일으키려니와 ……
— 유대교의 《성경》, 전도서 4 : 9-10

♥

친절은 적극적으로 타인과 관계를 맺고자 하는 외향적이고 사교적
인 태도이다. 또한 두 사람의 결혼생활을 넘어 배우자와 함께 사회
적으로 결속되는 것을 추구한다. 친절은 함께 이야기하고, 함께 웃
으며, 친구로서 함께 공동의 목표를 향해 나아가는 것이다. 친절은
서로 미소를 짓고 반가운 얼굴로 인사하는 것이다. 친절은 다른 사
람들을 집으로 초대해서 그들에게 행복을 나누어주는 것이다. 친절
은 결혼생활에서 두 사람이 서로 친구로서 시간과 생각, 느낌, 촉
각, 축하, 노력, 사랑을 함께 나누고, 어려움도 함께 헤쳐 나가며 상
대방의 의견에 귀 기울이고 서로 영향을 미치며 서로의 진정한 모
습을 높이 평가하는 것이다. 또한 친절은 두 영혼의 우정이 오래도
록 지속되리라는 것을 신뢰하는 것이다.

♥

우정은 두 육신에 거주하는 하나의 영혼이다.
— 아리스토텔레스(Aristotle)

의논하고 행동에 옮기기

1. 친절 확인하기
    ① 다른 사람이 먼저 호감을 나타내길 기다리면서 서로 간에 혹은 타인에게 냉담하게 대하지는 않았는가?
    ② 집에 다른 사람들을 초대하는 것을 회피하지는 않는가?
2. 친절의 오용 사례 확인하고 균형 맞추기
    ① 지위 상승이나 성공 또는 권위에 대한 욕망이 친절의 동기가 된 적은 없는가?
    ② 친구들과 어울려 노는 데 너무 많은 시간을 할애하는가?
3. 언제 친절이 부족하거나 잘못 사용되어 갈등을 일으키는가? 또, 어떻게 (갈등을 해소하고 다시) 관계를 회복하는가?
4. 언제 배우자에게 친절하게 대했을 때 행복한가? 당신의 그 친절이 문제가 될 때가 있는가?
5. 친절과 사랑이 넘치는 후한 대접을 당연하고 중요하게 여기는가? 아니면 사교 활동을 피하는가?

관계 강화하기

• 매일 미소 짓고 인사하며 서로 가장 친한 친구로 대하라.
• 부부가 함께 이웃과 이야기하는 데 시간을 투자하라.
• 정기적으로 가족과 친구들을 방문하기로 하자.
• 매일 저녁 함께 시간을 보내면서 그날 있었던 일을 이야기해보자.

너그러움
Generosity

그대가 (정당하게) 번 좋은 것들을 아낌없이 바칠 것이며, 그대를
위해 생산한 땅의 수확물도 아낌없이 바칠 것이며……
— 이슬람교의 《코란》, 2 : 267

♥

너그러움은 솔직하고 아낌없이 자기가 가진 것을 함께 나누는 것이
다. 너그러움은 서로의 생각과 느낌, 촉감, 시간, 들은 것, 영적인
것을 자유롭고 완전하게 공유하는 것이다. 너그러움은 두 사람에게
또는 다른 사람들에게 행복이 되길 바라며 적절한 도움을 베푸는
것이며 다른 사람이 베푸는 것을 기쁘게 받아들이는 것이다. 아울
러 우리가 베푼 너그러움에 대한 보답으로 상대방의 칭찬이나 감사
와 같은 보상을 기대하지는 말아야 한다. 그래도 우리에게는 더 베
풀고자 하는 너그러움이 충분히 남아 있다.

♥

결혼과 동시에 새로이 생겨나는 의무 중에는 일반적으로 배우자가
되는 것의 일부로 아주 당연시되는 것이 있다. 예를 들면 서로 신의
를 지키고, 의사를 명확하게 전달하고, 서로 가사를 분담하는 것 등
이다. …… 배우자에게 관대해지는 방법에는 배우자의 장점을 인정
하고 칭찬해주기, 부득이한 잘못은 용서해주고 배려와 관심을 베푸
는 것이 있다.
— 블레인 J. 파워스, 《결혼생활의 행복 신화를 넘어서》

의논하고 행동에 옮기기

1. 너그러움 확인하기

   ① 애정, 돈, 시간, 평가, 격려, 선물, 축하, 긍정적인 반응, 자질, 지혜와 소유물 등에 인색하지는 않은가?

   ② 서로 신념, 친절 또는 관용을 베푸는 것을 피하지는 않는가?

2. 너그러움의 오용 사례 확인하고 균형 맞추기

   ① 가족에 대한 약속을 소홀히 하면서 베풀지도 않는가?

   ② 재산을 이용해 사치, 낭비, 도박을 하지는 않았는가?

3. 언제 너그러움이 부족하거나 잘못 사용되어 갈등을 일으키는가? 또, 어떻게 갈등을 해소하고 다시 관계를 회복하는가?

4. 두 사람 사이에 혹은 다른 사람과 어떤 선물을 나누는가?

5. 재정적으로 관대해지기 전에 처리해야 할 책임은 무엇이며, 합의해야 할 것은 무엇인가? 너그러움과 절약, 저축, 투자, 지출은 어떻게 균형을 잡을 것인가?

관계 강화하기

- 수입의 일성 부분을 가치 있는 목적을 위해 기부하라.
- 결혼기념일이나 다른 뜻 깊은 날은 특별한 방법으로 축하하자.
- 무언가를 함께 만들거나 사서 기증하자.
- 자원 봉사 활동에 함께 참여해보자.

상냥함
Gentleness

생필품을 충족시킬 때는 나비처럼 꽃을 빨되 그 향기나 본질을 파괴해서는 안 된다.

— 불교의 《불경》, XCIV : 17

♥

상냥함은 배려하는 마음의 표현이다. 그것은 우아하게 움직이고 부드럽게 만지며 조심스럽게 붙잡고 조용히 이야기하도록 도와준다. 상냥함은 상호관계를 소중하게 여기고 대단히 특별한 것으로 생각한다. 상냥함은 극단적으로 생각하는 대신에 점잖고 사랑스러운 생각을 한다. 사람을 점잖아지도록 유도하는 부드럽고 아름다운 장소를 집안에 꾸며 놓는다. 상냥함을 고취하며 정신이 고양되는 부드러운 분위기의 음악을 듣는 것을 즐긴다. 사람들은 보통 점잖아지려고 자각과 감수성과 자제력을 이용한다. 단, 아무리 강한 사람일지라도 서로 간에 육체적으로 상처를 주는 것은 절대로 피해야 한다. 서로 사랑의 미소와 부드러운 포옹, 사랑의 말을 건네야 한다. 상냥함은 두 사람 사이에, 그리고 가정에 안전과 든든함과 평온함을 가져다준다.

♥

겉으로는 점잖으나 마음속 사랑은 너무나 강력해 모든 자연의 진로를 바꿀 수 있을 정도이다.

— 에드먼드 스펜서, 〈아모레티〉, XXX

의논하고 행동에 옮기기

1. 상냥함 확인하기
    ① 서로를, 또는 소유물을 거칠게 다루지는 않는가?
    ② 냉정을 잃고 소리 지르거나 강압적으로 말하지는 않는가?
2. 상냥함의 오용 사례 확인하고 균형 맞추기
    ① 어떤 사람, 일, 또는 문제를 다루는 데 단호함을 사용하길 회피
      하지는 않는가?
    ② 다른 사람들이 쉽사리 조종할 수 있을 만큼 유순하고 너무 느긋
      하지는 않는가?
3. 언제 상냥함이 부족하거나 잘못 사용되어 갈등을 일으키는가?
    또, 어떻게 갈등을 해소하고 다시 관계를 회복하는가?
4. 언제 상대방의 점잖은 태도에 감사하는가? 언제 단호함을 더 선호
    하는가? 상냥함과 단호함의 차이는 무엇인가? 언제 점잖은 행동을
    취하기 힘든가?

관계 강화하기

- 어디서는 기분이 좋은 장소에서 서로 포옹하고 어루만지고 마사지
  해주자.
- 어린 아이, 나이든 가족, 애완동물에게 다정다감하게 행동하자.
- 서로에 대한 긍정적인 생각과 존경심을 자주 표현하라.
- 합당한 것에 대해 다정하지만 단호해져라.

우리는 기회 있는 대로 모든 이에게 착한 일을 하되……
— 기독교의 《성경》, 갈라디아서 6 : 10

♥

유익함은 누군가에게 필요한 것을 살펴보고 그것을 충족하도록 조치를 취하는 것이다. 서로 대하는 데 신중하고, 사려 깊고, 자연스러워야 한다. 어떤 일을 하는 데 시간이 모자라거나 능력이 안 될 때는 다른 사람의 유익한 도움을 감사해야 하다. 때로는 자신은 분명히 다른 사람을 위해 앞장서서 무언가 유익한 일을 했는데 그것이 상대방에게는 오히려 성가신 일로 받아들여질 수 있다. 그러면 무엇이 효과가 있고 무엇이 효과가 없는지에 대해 의논해 보아야 한다. 서로 필요한 것을 충족시킬 해결책을 함께 찾아내고, 두 사람 모두의 인생을 편안하게 만들어가야 한다. 서로 도움을 주고받는 것은 두 사람에게 행복함과 기분 전환을 선사한다. 우리는 배우자의, 또는 필요에 따라서는 다른 사람의, 또는 종교 단체의 사랑이 담긴 도움을 정중하게 받아들여야 한다.

♥

다른 사람에게 관심을 기울임으로써 자기 자신을 잊어버려라. 매일 누군가의 얼굴에 즐거운 미소를 실어줄 선행을 한 가지씩 하라.
—데일 카네기, 《카네기 행복론》

의논하고 행동에 옮기기

1. 유익함 확인하기

    ① 자신의 필요에만 집중하고 다른 사람 일은 모른 척하지 않는가?

    ② 어떤 조치를 취해야 할 때 그 책임을 회피하지는 않았는가?

    ③ 도와주기는 하지만 마음으로는 내키지 않는가?

2. 유익함의 오용 사례 확인하고 균형 맞추기

    ① 상황을 제대로 판단하지 않고, 또 상대방이 원하는지 물어보지
       도 않고 도움을 주려고 하지는 않는가?

    ② 다른 사람이 책임을 회피할 수 있도록 상황을 만들지는 않는가?

    ③ 도와달라는 요청에 응하는 것이 혹시 자신의 도덕적 가치관을
       위배하지는 않는가?

3. 언제 유익함이 부족하거나 잘못 사용되어 갈등을 일으키는가?
    또, 어떻게 갈등을 해소하고 다시 관계를 회복하는가?

4. 어떤 일에 도움이 필요한가? 언제, 어째서 도움을 요청하지 않거나
    망설이게 되는가?

관계 강화하기

• 상대방이 시간이 없어 처리하지 못한 일을 대신 처리해주자.

• 어떤 일에 대해 서로 도움을 부탁해보자.

• 힘든 하루를 보낸 배우자를 위해 근사한 저녁식사를 준비해보자.

• 이웃, 가족, 또는 친구를 위해 봉사 활동을 해보자.

정직

Honesty

너희는 정직과 완전함을 사랑할지니라.

— 유대교의 《성경》, 스가랴서 8 : 19

♥

정직은 자기 자신을 완벽하게 파악한 후에 다른 사람들에게 우리가 어떤 존재인지 알리면서 시작된다. 정직은 강력한 유혹에 직면할지라도 도덕적이고 합법적으로 행동하고 말하는 것이다. 정직은 서로 속이거나 물건을 훔치거나 거짓말하거나 거짓된 약속을 하지 않는다는 것을 믿는 것이다. 의도한 바를 진심으로 말해야 하며, 말하는 것이 그 뜻과 같아야 하며, 말과 행동이 일치해야 한다. 판단할 필요 없이 느낌과 생각을 정직하게 공유할 수 있는 안전한 환경을 조성하고, 기꺼이 서로의 이야기를 주의 깊게 들어주고 어떤 문제에 대해서든 마음을 열고 이야기할 수 있어야 한다. 정직은 사람들이 믿음을 갖도록 도와준다.

♥

관계는 소질을 키워주고, 감정은 우리를 구성하는 요소이다. ……느낌에 대해 가능한 한 정직해지는 법을 배우는 것은 매우 중요한 사랑의 법칙이다. 단순한 심리 테스트 문장이지만 여기에는 속임수가 있다. "지금은 ＿＿ 느낌이다." 일단 느낌을 인정하고 나면 그것을 표현할지 말지 선택해야 한다.

— 이얀라 밴전트, 《그동안에》

의논하고 행동에 옮기기

1. 정직 확인하기

    ① 중요한 정보를 알려주지 않거나 행동을 숨기지는 않는가?

    ② 경기에서 상대방을 속이거나 또는 세금, 수수료 등을 적게 내거나 또는 다른 사람의 공을 빼앗거나 또는 사람들에게 사기를 치거나 다른 사람의 것을 훔치지는 않는가?

2. 정직의 오용 사례 확인하고 균형 맞추기

    ① 분별없이 행동하고 말하고 다른 사람을 모함하지는 않는가?

    ② 상대를 당황하게 하거나 상처주려고 정직을 사용하지 않는가?

3. 언제 정직이 부족하거나 잘못 사용되어 갈등을 일으키는가?
    또, 어떻게 갈등을 해소하고 다시 관계를 회복하는가?

4. 스스로 정직한지 아닌지 어떻게 알 수 있는가?

5. 언제 서로 덜 정직하고 싶어지는 유혹을 받는가? 어떻게 하면 서로 정직해질 수 있는가?

관계 강화하기

- 재정적 문제를 정직하게 처리하고 있는지 함께 이야기해보자.
- 서로 정직하지 못했던 문제들을 이야기해보고 개선할 방법을 찾아라. 그리고 다음부터는 서로에게 정직하기로 약속하라.
- 살아가는 데 중요다고 생각하는 것을 서로 터놓고 이야기해보자.
- 상처 주는 일을 했다면 함께 정직하게 반성하자.

겸손함
Humility

겸손한 자세와 언어로 (도시의) 문을 들어서라. 그러면 그대는 잘못을 용서받고, 선행을 행한 자의 몫은 늘어날 것이다.

— 이슬람교의 《코란》, 2 : 58

♥

겸손함은 다른 사람과의 관계에서 자신의 진정한 모습과 힘을 찾아가는 것이다. 그것은 결혼생활에서 동등한 동반자가 되어주고, 누가 더 중요하거나 덜 중요한 사람이라고 생각하지 않도록 해준다. 그것은 우리가 인생의 모든 정답을 알기에는 불완전하고 무능한 존재라는 것을 인정하도록 해준다. 또한 우리의 한계를 인식하고 다른 사람에게 도움을 청하도록 해준다. 겸손함은 스스로 자신을 존중하고 자신의 힘을 인식하며 성취한 것에 대해 겸허해지도록 해준다. 다른 사람의 욕구도 자신의 것과 마찬가지로 가치 있다는 것을 알아야 한다. 실수를 인정하고, 그것에서 배우고, 용서하고, 영적인 것들을 포함한 다양한 원천으로부터 도움을 구하고 그것들로부터 받은 도움을 받아들여야 한다. 그리고 인생의 축복에 대해 겸허하게 감사하여야 한다.

♥

지나친 교만은 익숙한 죄이지만, 인간은 지나친 겸손함으로 쉽사리 하나님의 의지를 좌절시킬지도 모른다.

— 캔 폴렛, 《이 세상의 기둥》

의논하고 행동에 옮기기

1. 겸손함 확인하기
   ① 스스로 성취한 것에 대해 자만하지는 않는가?
   ② 서로 상대방보다 더 낫다고 생각해 지나치게 맹렬하고 부적절하게 경쟁하지는 않는가?
   ③ 자기 자신은 실수를 하지 않는다고 자만하고 다른 사람의 실수를 비난하지는 않는가?
2. 겸손함의 오용 사례 확인하고 균형 맞추기
   ① 다른 사람이 자신을 함부로 대하도록 그냥 두지는 않는가?
   ② 자신의 불완전함을 너무 자책하지는 않는가?
3. 언제 겸손함이 부족하거나 잘못 사용되어 갈등을 일으키는가?
   또, 어떻게 갈등을 해소하고 다시 관계를 회복하는가?
4. 서로 얼마만큼 소중하게 대하는가?
5. 위대한 업적은 어떻게 이루는가? 둘 중에 한 사람이 상대방에게 영향을 줄 만한 실수를 했을 때는 어떻게 하는가?

관계 강화하기

- 서로의 장점을 칭찬하는 시간을 마련하라.
- 잘못을 저지른 점은 겸허하게 인정하고 고치도록 노력하라.
- 교만에 빠지지 말고 성과를 공유하자.
- 위대한 영적인 힘과 관련 있는 눈에 보이는 표상을 만들어보라.

이상주의

Idealism

너의 행동이 전 인류의 지침이 되게 하라. ······ 네가 다른 사람들과
구별됨은 너의 행동을 통해서니라. 행동을 통해 네가 보내는 밝은
빛이 온 누리에 비추리라.
— 바하이교의 《바울랍의 저작 선집》

♥

이상주의는 현존하는 것을 넘어 이 세상에서 성취할 수 있는 더 나
은 것을 추구하는 것이다. 이상주의는 타인에게 부족한 부분을 메
워주도록 봉사할 수 있는 길을 함께 찾는 것이다. 또한 그들을 위해
변화를 가져올 수 있다고 믿는 것이다. 창의력을 사용하여 부당한
것을 어떻게 바로잡을지 상상하고 문제점들을 해결하고자 본격적
으로 행동하는 것이다. 결혼생활과 가족을 변화시키겠다는 꿈과 이
상을 수행하려면 현실에 맞게 실질적인 행동의 궤도를 벗어나서는
안 된다. 이상주의는 부정적인 생각과 주변 상황을 평가해보고, 모
든 상황에서 가능한 한 최선의 결과를 추구하고 창출해낼 수 있도
록 해준다.

♥

인간은 이상주의자의 운명을 안고 태어난다. 태어나면서부터 행동
하도록 되어 있기 때문이다. 행동하는 것은 종말의 가치를 긍정하는
것이고, 행동하는 것을 고집하는 것은 이상을 만들어가는 것이다.
— 올리버 웬델 홈즈 2세, 《올리버 웬델 홈즈 연설집》

의논하고 행동에 옮기기

1. 이상주의 확인하기

   ① 그날그날의 생활만 돌보고 그 밖의 주변 상황에서는 어떤 것을 개선해야 하는지 못보고 지나치지 않는가?

   ② 살아가면서 세상에 대해 비관적으로 생각하지는 않는가?

   ③ 가장 쉬운 길을 찾거나 현재 상태에 안주하지는 않는가?

2. 이상주의의 오용 사례 확인하고 균형 맞추기

   ① 현실보다는 이상적인 꿈에 더 관심을 두지는 않는가?

   ② 이상을 너무 높이, 그리고 엄격하게 설정한 탓에 자신이 생각하기에 완벽하지 않은 것은 용인하지 못하는 것은 아닌가?

3. 언제 이상주의가 부족하거나 잘못 사용되어 갈등을 일으키는가? 또, 어떻게 갈등을 해소하고 다시 관계를 회복하는가?

4. 현실과 모순되는 이상을 품고 있지는 않은가? 모순되는 이상을 어떻게 조화시킬 것인가? 두 사람은 서로의 이상을 존중해주는가?

5. 어떤 꿈을 실현하고 싶은가? 그 꿈을 어떻게 실현할 것인가?

관계 강화하기

• 자신이 생각하는 이상적인 결혼생활의 모습을 설정해보라.

• 인생에서 성취하고자 하는 꿈에 대해 서로 이야기해보라.

• 공동체 사회 개선 계획의 차원에서 자원봉사의 시간을 계획하자.

• 살아가면서 개선되길 바라는 분야를 설정해 계획을 세우자.

청렴
Integrity

내가 주를 바라오니 성실과 정직으로 나를 보호하소서.

— 유대교의 《성경》, 시편 25 : 21

♥

청렴은 인생과 결혼생활이 균형 잡힌 완전한 상태에 있는 것을 말한다. 청렴은 우리의 이상과 의도, 말과 행동이 정직하고 공정하고 정당하다고 인정되며 조화를 이루는 것이다. 도덕적이고 명확한 규범 체계가 우리의 삶과 일을 인도하고, 다른 사람이 기준을 낮추도록 영향력을 행사하는 것을 허용하지 않는다. 가족 간에, 사회 구성원 간에, 서로에 대한 맹세와 약속을 하고 그것을 지키는 데 책임을 다해야 한다. 반성과 기도, 의논과 종교적인 지침을 사용하여 청렴을 강화할 수 있다. 청렴을 훈련하면 강한 신념과 높은 가치에 걸맞은 방법으로 행동할 수 있게 된다.

♥

청렴한 사람들은 약속을 반드시 지킨다는 명성이 있다. 청렴을 훈련하여 훌륭한 평판을 얻는 것은 자신이 말한 것과 행동이 조화를 이룬 결과이다. 사람들은 약속을 지키는 사람의 말에 귀를 기울이고, 스스로 약속한 것에 맞추어 행동을 준비한다. …… 부부가 서로에 대한 약속을 지키면 상대방의 행동을 예측할 수 있게 되고, 그것은 안정성과 신뢰를 창출한다.

— 산드라 그레이 벤더, 《같이 늙어가는 배우자와 결혼생활 즐기기》

의논하고 행동에 옮기기

1. 청렴 확인하기

   ① 두 사람이 합의한 약속을 파기하지는 않는가?

   ② 행동 기준이 낮게 설정되어 있지는 않은가?

   ③ 비도덕적이고 비윤리적인 행동을 하지는 않는가?

2. 청렴의 오용 사례 확인하고 균형 맞추기

   ① 잘못된 동기에서 행동하거나 잘못된 선택으로 말미암은 결과를 회피하지는 않는가?

   ② 자신의 약점을 보지 못하고 잘못할 리가 없다고 생각하는가?

3. 언제 청렴이 부족하거나 잘못 사용되어 갈등을 일으키는가? 또, 어떻게 갈등을 해소하고 다시 관계를 회복하는가?

4. 약속을 잘 지키는가? 이행하지 못한 약속에 대해 어떤 식으로 변명하는가? 청렴이 부족한 분야를 어떻게 회복시킬 것인가?

관계 강화하기

- 자신에게 부족한 능력이 있다면 그것을 보완하도록 노력하라.
- 모든 청구서의 대금은 제때 시급하라.
- 고민하고 있는 윤리적이고 도덕적인 문제에 대해 서로 이야기하며 어떻게 해결하면 좋을지 논의해보라.
- 신념과 행동을 비교하여 신념이 행동에 반영되도록 노력하라.

즐거움

Joyfulness

우리가 환난 중에도 즐거워하나니 이는 환난은 인내를, 인내는 연단을, 연단은 소망을 이루는 줄 앎이로다.

— 기독교의 《성경》(새 국제 성경 버전), 로마서 5 : 3-4

♥

즐거움은 활기찬 기쁨과 행복을 느끼는 감정이다. 즐거움은 우리가 슬픔을 극복하도록 해주고, 에너지를 채워주고, 일상을 충만하게 해준다. 또한 우리가 삶을 낙관하게 하여 인생과 결혼생활에서 최상의 것을 기대할 수 있게 해준다. 즐거움은 우리가 서로 영적으로 연결되어 있다고 느끼고, 부부로서 함께 사랑의 시간을 보내고, 함께 웃고, 함께 재미있어 하고, 함께 유머를 나눌 때 생겨난다. 즐거움은 우리가 사랑하고 깊은 관심을 기울이는 사람들과 함께할 때 찾아온다. 우리는 흥분된 마음으로 각자의 새로운 지식과 통찰을 함께 나누고 서로 어떤 종류이든 간에 선물을 주고받을 때 즐거움을 느낀다. 즐거움은 활력과 사랑과 인생에 대해 감사함으로 우리의 가슴을 가득 채워준다. 그것은 자기 자신을 행복하게 하고 다른 사람도 행복하게 한다.

♥

사랑을 느낄 때 즐거운 감정을 느끼는 것은 자연스러운 것이다.

— 베티 프로스트, 《사랑의 열쇠》

의논하고 행동에 옮기기

1. 즐거움 확인하기
   ① 자기 삶에 대해 투덜거리고 불평하며 다른 사람의 행운을 진심
   으로 기뻐해주지 못하는가?
   ② 행복하고 즐거운 사람, 장소, 경험을 회피하면서 좋은 것보다는
   나쁜 것을 추구하지는 않는가?
2. 즐거움의 오용 사례 확인하고 균형 맞추기
   ① 조용하고 민감한 문제가 있어 다른 사람의 감정을 존중해주어야
   할 때 너무 눈에 띄게 즐거워한 적은 없는가?
   ② 비교적 사소한 일에 대해 과장되게 즐거워하지는 않는가?
   ③ 다른 사람의 슬픈 감정을 무시하거나 심지어 비판하지 않는가?
3. 언제 즐거움이 부족하거나 잘못 사용되어 갈등을 일으키는가?
   또, 어떻게 갈등을 해소하고 다시 관계를 회복하는가?
4. 결혼생활과 인간관계에 즐거움을 주는 것은 무엇인가?
   슬픔을 느낄 때 어떻게 즐거움을 훈련할 것인가?

관계 강화하기

- 함께 그날 하루 재미있었던 일을 이야기해보라.
- 영적인 기쁨을 경험하도록 함께 기도하고 명상하라.
- 웃고 즐길 수 있는 재미있는 놀이나 여행을 계획해보라.
- 서로 즐거움을 줄 수 있는 선물을 나눠보자.

공정함
Justice

진실을 말하며 너희 성문에서 진실하고 화평한 재판을 베풀고 ……
— 유대교의 《성경》, 스가랴서 8 : 16

♥

공정함은 어떤 상황에서도 모든 사실과 느낌을 평가하여 도덕적이고 윤리적인 원칙과 일치하도록 행동하는 것이다. 공정함은 각자 선입관과 편견을 버리고 스스로 상황을 정확하게 볼 수 있게 한다. 이는 우리가 다른 사람의 말에 의존하는 것에서 해방시켜준다. 공정함은 어떤 판단을 하거나 행동할 때 공정성을 지키고 상호 존중하는 분위기에서 공정한 해결책을 찾는 데 도움이 된다. 우리는 자신의 행동과 그 결과에 대해 책임져야 한다. 서로 간에 말과 행동, 힘을 사용해 상처를 주어서는 안 된다. 결혼생활에 공정성과 동등성이 있다면, 두 사람 사이에는 안정성, 조화, 균형감이 생긴다.

♥

부부 사이에 명백한 권력의 차이가 있으면 친밀감을 쌓는 데 제한이 생긴다. 통제를 유지하려면 배우자와 어느 정도 거리를 두고 떨어져 있어야 하기 때문이다. 부부 간에 친밀감을 쌓으려면 결혼생활에 공정성이 있어야 한다. 불공평한 경험이 계속되면 두 사람 사이에 명확하게 의사를 전달하고 정서적 친밀감을 쌓는 데 바탕이 되는 신뢰를 유지하기가 어려워질 것이다.
— 블레인 J. 파워스, 《결혼생활의 행복 신화를 넘어서》

의논하고 행동에 옮기기

1. 공정함 확인하기
   ① 다른 사람을 멸시하고 불공평하게 대우하거나 또는 다른 사람이 자신을 그렇게 대하도록 그냥 두지는 않는가?
   ② 편견이나 순간적인 감정에 근거하여 행동하지는 않는가?
2. 공정함의 오용 사례 확인하고 균형 맞추기
   ① 공정하려고 지나치게 노력한 나머지 도리어 우유부단하지는 않는가?
   ② 다른 사람을 부당하게 옹호하지는 않는가?
   ③ 적절하지 못하게 자비로워지지는 않는가?
3. 언제 공명정대함이 부족하거나 잘못 사용되어 갈등을 일으키는가? 또, 어떻게 갈등을 해소하고 다시 관계를 회복하는가?
4. 둘 중에 한 사람이 옳고 다른 사람은 틀렸다고 몰고 갈 때 어떻게 반응하는가?
5. 결혼생활에서 각자의 권리와 책임과 자유란 무엇인가?

관계 강화하기

- 문제를 확인하고 해결하는데 도움이 될 만한 사실들을 찾아보라.
- 선입관과 편견이 있었음을 인정하고 그것을 없애고자 노력하라.
- 불공정한 사회적 문제에 대해 해결책을 논의해보라.
- 결혼생활에서 일어나는 불공평한 일들을 해결하자.

호의
Kindness

다른 모든 것보다 더욱 위대한 것이 자비심이다. 달빛이 다른 모든
별빛보다 16배나 강렬하듯이 자비심은 다른 모든 종교적 성취를 합
한 것보다 정신적 해방에 16배나 더 효과적이다.
— 불교의《불경》, XX : 22

♥

호의는 다른 사람을 따뜻하게 배려하는 태도가 서로 간에 이롭고
두 사람의 관계를 더욱 풍성하게 해주는 행동으로 변한 것이다. 우
리의 마음은 동정적인 호의를 주고받으며 진실함의 문을 열어간다.
호의는 부드러운 사랑과 배려를 표현하는 말과 몸짓을 함께 나누는
것이다. 우리는 어려운 시기를 함께 보내면서, 때때로 실패를 경험
할 때면 이해와 수용이 필요하다는 것을 알고 있다. 서로에 대한 호
의는 감성이 혼란에 빠졌을 때 우리를 침착하게 해준다. 호의적인
행동은 우리가 슬플 때 미소 짓게 하고 인생이 고단할 때 희망을 느
끼며 앞으로 나아가도록 격려해준다. 배우자에게 호의를 보이는 것
은 점차 이 인성을 발달시켜 우리가 살아가면서 만나게 되는 다양
한 사람들에게도 호의를 나타내도록 해준다.

♥

호의는 삶의 혈액이며 결혼생활의 특효약이다. 호의는 정열과 배려
사이의 차이를 만든다. 호의는 부드러움이다. 호의는 사랑이다.
—랜돌프 레이, 《모퉁이에 있는 나의 작은 교회》

의논하고 행동에 옮기기

1. 호의 확인하기

　　① 잘못을 저질렀으면 마땅히 그 결과를 심각하게 받아들여야 한다는 듯이 행동하지는 않는가?

　　② 주변 사람들의 궁핍함을 외면하지는 않는가?

　　③ 계속해서 인색하게 굴거나 또는 비판적이지는 않는가?

2. 호의의 오용 사례 확인하고 균형 맞추기

　　① 지나치게 호의적이어서 다른 사람들의 행위에 대해 도덕적 관점을 잃거나 자신의 책임 또는 가족을 등한시하지는 않는가?

　　② 이해관계가 맞는 사람에게만 호의적이지는 않는가?

3. 언제 호의가 부족하거나 잘못 사용되어 갈등을 일으키는가?

　　또, 어떻게 갈등을 해소하고 다시 관계를 회복하는가?

4. 배우자의 호의가 가장 고마울 때는 언제인가?

관계 강화하기

- 함께 이야기할 때 긍정적이고 격려해주는 언어를 사용하라.
- 친구들과 정신적으로 도움이 될 만한 의견을 공유히라.
- 호의적인 행동으로 배우자를 놀래주자.
- 집으로 오는 모든 서신과 정보를 호의적이고 효과적인 방법으로 주고받자.

사랑
Love

하나님께서 한 인간으로부터 그대를 창조하여 그와 같은 본성을 지닌 배우자로 삼으셨으니 이는 그가 사랑 속에 그녀와 함께 거하도록 함이니라.

— 이슬람교의 《코란》, 7 : 189

♥

사랑은 우리를 배우자나 하나님이나 다른 사람에게로 이끄는 강력한 자석이며 배려하는 힘이다. 그것은 매우 고단할 때도 우리를 붙들어주는 강력한 감정의 결속이다. 우리의 가슴 속에 존재하는 사랑은 온유함, 호의, 인내심 등의 모든 인성을 이해하도록 해주며 다른 사람들의 인성들을 이해하고 격려하도록 해준다. 우리의 사랑은 내재되어 있는 최상의 인성들을 일깨운다. 우리는 서로 간의 사랑을 당연한 것으로 여기지 않는다. 우리는 서로 어떤 식으로 사랑을 표현할 때 가장 감사하는 마음이 드는지 알게 된다. 그 다음에 우리는 의식적으로 말과 행동과 몸짓으로 사랑을 전달하게 된다. 사랑은 우리를 부정적인 감정과 생각에서 해방시켜주고, 결혼생활에 생기와 희망과 행복을 가져온다. 우리는 날마다 의식적으로 서로를 사랑하려고 노력한다.

♥

사랑은 당신의 인생이 기적을 향해 나아가도록 하는 도약대이다.

— 게이 헨드릭스와 캐슬린 헨드릭스, 《지속적인 사랑》

의논하고 행동에 옮기기

1. 사랑 확인하기

    ① 서로 간에 냉엄하고 비판적이거나 모욕적이지는 않은가?

    ② 상대방에게 애정 없이 행동하지는 않는가?

2. 사랑의 오용 사례 확인하고 균형 맞추기

    ① 상대방에게 너무 많은 시간과 관심을 할애하고 억압하는 탓에
       서로 떨어져 있거나 자신만의 공간이 필요하지는 않는가?

    ② 성적인 애정만 표현하지는 않는가?

    ③ 사랑한다는 이유로 서로 상대방의 약점을 눈감아주지는 않는가?

3. 언제 사랑이 부족하거나 잘못 사용되어 갈등을 일으키는가?

    또, 어떻게 갈등을 해소하고 다시 관계를 회복하는가?

4. 사랑을 어떻게 표현하는가? 사랑을 느끼게 하는 것은 무엇인가?

    자신이 사랑받고 있다는 느낌을 어떻게 전달하는가?

5. 사랑의 감정을 유지하는 데 방해될 만한 환경은 무엇인가?

    그것을 어떻게 피할 수 있을까?

관계 강화하기

- 사랑을 표현하는 새로운 방법을 연구해보라.
- 예상치 못한 장소에 눈에 띄는 사랑의 메모를 남겨보라.
- 특별한 저녁 나들이로 함께 기쁨을 찾아보라.
- 일체감을 주는 관능적이면서도 성적인 시간을 보내라.

충실성
Loyalty

우리는 충실하고 진지하면서 선한 의지를 지닌 인간이 되고자 하는 노력을 결코 게을리 해서는 안 된다. 우리는 신의와 신뢰에 변함이 없어야 하고 모두를 위한 기도에 몰입해야 한다.

— 바하이교의 《압둘 바하의 작품들로부터의 발췌문들》

♥

충실성은 우리가 배우자에, 가족에, 공동체에, 국가에 소속되었음을 표현하는 것이다. 우리는 충실성의 대상이 번영하도록 노력해야 한다. 충실성은 서로의 마음을 헌신적으로 묶어주고, 결혼생활을 특별하고 소중하게 여기도록 지지해준다. 충실성은 유혹에 빠지거나 상대를 배반할 수 있는 기회에 굳건히 저항하는 것을 포함한다. 우리는 배우자에 대한 충실함을 넘어 가족, 친구, 고용주, 이상적 인물, 국가와 지구 공동체에 대해서도 충실해야 한다. 두 사람을 서로 다른 방향으로 잡아끄는 모순된 충실성이 있는 것처럼 느껴지면 함께 상의해서 최선의 방안을 찾아보자.

♥

부모나 친구 또는 다른 사람들에게 배우자에 대해 불평을 늘어놓는 것은 결혼생활에 치명적인 결과를 불러온다. 불만이 있다면, 그것을 알아야 할 사람은 다름 아닌 배우자이다. 배우자는 당신과 서로 이해관계가 있는 사람이다.

— 칼릴 카바리와 수 윌리스톤 카바리, 《영원히 함께》

의논하고 행동에 옮기기

1. 충실성 확인하기

   ① 남을 헐뜯거나 은근히 누군가의 명예를 훼손시키지는 않는가?

   ② 종종 상대방을 보호해주지 못하는가?

   ③ 두 사람의 관계나 우정을 쉽게 깨뜨리는가?

2. 충실성의 오용 사례 확인하고 균형 맞추기

   ① 의리 때문에 다른 사람들의 공정하지 못하거나 거짓되거나 부정
   적인 행위를 모른 체거나 쉽게 용서해주지는 않는가?

   ② 사람들에게 너무 충실한 나머지 그들을 돕기 위해 비도덕적이거
   나 불법적인 행동까지 하지는 않는가?

   ③ 지나치게 배우자에 대한 소유욕이 강하거나 현명하지 못한 관계
   를 선뜻 끊지 못하는 것은 아닌가?

3. 언제 충실성이 부족하거나 잘못 사용되어 갈등을 일으키는가?
   또, 어떻게 갈등을 해소하고 다시 관계를 회복하는가?

4. 살아가면서 무엇에, 그리고 누구에게 충실할 것인가?

관계 강화하기

- 충실성을 보여준 친구들에게 감사하는 마음을 가져라.
- 가정에서 어떤 식으로 충실성이 반영되는지 토론해보라.
- 충실성이 잘못 사용된 경우를 알아보고, 초연해지도록 노력하라.
- 서로에 대한 충실성을 확인해보라.

자비
Mercy

하나님 아버지 또한 자비로우시니, 그대도 자비로워야 할 것이니라.
— 기독교의 《성경》(킹 제임스 버전), 누가복음 6 : 36

♥

자비는 다른 사람의 잘못을 온화하고 관대하게 수용하는 방법이다. 자비는 그럴 만한 가치가 없을 때도 용서하는 것이다. 상대방의 사과와 잘못의 정정을 부드럽고 다정하게 수용하는 것이다. 자비는 과거의 잘못을 끄집어내는 것을 피하게 해준다. 또한 자비는 다른 사람이 직면한 환경과 도전에 관심을 기울이고 동료에게 일어난 일을 잘 해결해주어 그로부터 벗어나도록 스스로 도와주는 것이다. 일이 잘 풀리지 않을 때 도움이나 용서를 베풀면서 자비로워질 수 있다. 자비로워지면 반복적으로 비판하고 불평하고 많은 것을 요구해 서로 상대방을 짜증나게 하는 것을 피할 수 있다. 하나님께서는 자비롭게도 실수에서 배울 수 있는 기회를 여러 번 주신다. 우리도 같은 방법으로 서로 자비로워질 수 있도록 최선을 다해야 한다.

♥

자비라는 인성은 부족한 적이 없다. 그것은 하늘에서 저 아래로 부드러운 비가 되어 떨어지기도 한다. 그것은 이중의 축복이다. 그것은 주는 자와 받는 자를 모두 축복해준다.
— 윌리엄 셰익스피어, 《베니스의 상인》, 4막 1장

의논하고 행동에 옮기기

1. 자비 확인하기
   ① 다른 사람의 결점을 멸시하거나 훈계하거나 조장하지 않는가?
   ② 여러분을 해친 어떤 사람이 자비를 베풀어줄 것과 다시 한 번 기회를 달라고 부탁할 때 그것을 거절하지는 않는가?
   ③ 가슴속에 원한이나 분노를 품고 있지는 않는가?
2. 자비의 오용 사례 확인하고 균형 맞추기
   ① 불친절하고 불공정한 행위를 반복적으로 허용하지는 않는가?
   ② 잘못된 행위에 대해 상대방이 묻지 않기를 기대하지는 않는가?
3. 언제 자비가 부족하거나 잘못 사용되어 갈등을 일으키는가?
   또, 어떻게 갈등을 해소하고 다시 관계를 회복하는가?
4. 다른 사람을 비판하고 싶은 유혹을 느낄 때 실제로 비판하는 대신 반대로 자비를 베풀도록 해주는 것은 무엇인가?

관계 강화하기

• 기분이 상했을 때도 배우자를 용서하고, 좀처럼 사라지지 않는 분노의 끈은 놓아버려라. 그리고 너 이상 그 문제를 제기하지 미라.
• 아직 해결되지 않은 어려운 문제에 대해 서로 이야기해보자.
• 서로 자비를 발휘하고, 상대방에게 어떤 문제를 상기시키거나 불평하고 잔소리하는 것은 그만두도록 하라.
• 서로에게 고맙게 여기는 것들을 목록으로 작성해보라.

절제
Moderation

사람은 먹을 때나 오락을 즐길 때나 절제하도록 하고, 잠잘 때나 깨
어 있을 때나 늘 절제하도록 하라.
— 힌두교의 《신의 노래 : 바가바드기타》, VI

♥

절제는 모든 일에서 극단을 인식하고 인생의 다양한 면에서 균형을
추구하는 것이다. 우리의 인생은 적당한 경계선과 우선순위에 따라
가족, 일, 봉사, 여가를 모두 아우른다. 절제는 생각과 느낌을 공유
할 시간을 보내도록 도와주고, 스트레스 수준을 낮춰주며, 조금 더
편안해지도록 해준다. 절제는 더 높은 수준의 완전성을 갖추어 책
임을 다할 수 있게 하고, 즐거움과 친밀함과 애정을 추구하는 에너
지를 만들어낸다. 또한 절제는 결혼을 최우선순위로 삼아 결혼생활
을 지속적으로 풍요롭게 한다. 절제를 수련하면, 자제력을 사용하
여 강한 욕망을 통제할 수 있으며 인생에 도전이 닥쳐왔을 때 침착
하게 대응할 수 있다. 절제는 현명하게 소비하도록 하고, 건강에 좋
은 식사를 하도록 하며, 정중히 말하도록 하고, 인생에 목적을 갖
고, 품위를 지키며 안락하게 살도록 해준다.

♥

절제는 모든 미덕의 진주 목걸이를 꿰어주는 비단 줄이다.
— 조셉 홀, 《기독교인의 절제》의 서문

의논하고 행동에 옮기기

1. 절제 확인하기

   ① 행동과 감정이 양 극단을 왔다 갔다 하는가?

   ② 너무 많은 것을 다루려고 하다가 기진맥진해버린 적이 있는가?

   ③ 중독성 있는 행동에 지나치게 탐닉하지는 않는가?

2. 절제의 오용 사례 확인하고 균형 맞추기

   ① 인생을 완전히 즐기는 것을 스스로 억제하는가?

   ② 부부 관계 혹은 다른 사람들과의 관계에 지나치게 조심스럽거나

   소심하거나 내성적이지는 않는가?

3. 언제 절제가 부족하거나 잘못 사용되어 갈등을 일으키는가?

   또, 어떻게 갈등을 해소하고 다시 관계를 회복하는가?

4. 균형이 무너진 삶의 여러 분야를 어떻게 조정할 것인가?

5. 절제는 어떻게 두 사람의 친밀감을 높일 수 있는가?

관계 강화하기

- 각자의 일정과 약속을 검토해보고, 함께하는 시간이 더 늘어나도록
  생활의 우선순위를 재조정하라.
- 재정 상태를 점검해보고, 필요에 따라 지출 계획을 변경하라.
- 두 사람의 너무도 다른 쟁점이 무엇인지 확인하고, 그것을 어떻게
  완화시킬지 의논해보고 새로운 표현 방법을 배워보라.
- 현재의 식단을 더 건강한 식단으로 개선할 방법을 연구해보자.

끈기
Patience

사건의 종말이 시작보다 더 낫다. 인내심 많은 사람이 건방진 사람 보다 더 낫다.

— 유대교의 《성경》, 전도서 7 : 8

♥

끈기는 어떤 상황을 천천히 조용하고 빈틈없는 방법으로 처리하고자 충분히 기다리고, 자신의 힘으로 변화시킬 수 없는 것은 유머와 품위를 갖추며 있는 그대로 받아들이는 것이다. 끈기는 일이 지연되거나 곤란한 상황일 때도 불평, 비판, 소란, 조바심내지 않고 관대함을 발휘하며 조용히 견디게 한다. 끈기는 서로에게 적당한 수준의 자유를 부여하게 한다. 끈기는 누군가가 자신을 표현하고자 할 때 참을성 있고 진지하게 귀를 기울이게 한다. 끈기는 상대방에게 즐거움을 주고자 기꺼이 시간을 투자하게 한다. 끈기는 신뢰를 바탕으로 결국에는 모든 것이 잘 해결될 것이라는 조용한 희망이다.

♥

나는 시련을 견뎌낼 인내심이 있다. 나는 고통 속에서 은총을 본다. 나는 다른 사람에게 인내한다. 나는 희망과 기대에 가득 차 있다. 나는 끈기 있게 생의 은총이 열리기를 기다린다. 나는 창조주에게 믿음과 신뢰를 느낀다.

— 린다 캐벌린 포포프, 《성스러운 순간》, 10월 14일

의논하고 행동에 옮기기

1. 끈기 확인하기

   ① 상황을 충분히 파악하지 않고 성급하게 나아가지는 않는가?

   ② 어떤 일이 빨리 이루어지도록 재촉하지는 않는가?

   ③ 어떤 일에 비합리적이거나 성급하지는 않는가?

2. 끈기의 오용 사례 확인하고 균형 맞추기

   ① 문제를 모른 척하거나 지나치게 느리게 행동하지는 않는가?

   ② 상대방이 여러분의 요구사항을 들어주어 마침내 목적이 달성될 때까지 애정과 관심을 유보해 두는가?

3. 언제 끈기가 부족하거나 잘못 사용되어 갈등을 일으키는가? 또, 어떻게 갈등을 해소하고 다시 관계를 회복하는가?

4. 다른 사람이 모두 조급해할 때 어떤 느낌이 드는가? 끈기가 필요하다고 느껴지지 않는가?

5. 살아가면서 어떤 문제가 생겼을 때나 사업 계획을 세울 때 끈기를 더 발휘할수록 이득을 보는가?

관계 강화하기

- 배우자가 바쁠 때는 점잖고 편안한 태도로 기다려줘라.
- 어려운 상황에서 특히 자제력과 끈기를 발휘하라.
- 단계와 작업 단위가 너무 많아 복잡한 일들은 정리 정돈해두자.
- 무언가를 기다리는 동안 할 만한 활동을 개발하라.

평온함
Peacefulness

진리는 열망하는 마음에 평화를 준다. 그것은 오류를 정복한다. 그것은 욕망의 불길을 해소시킨다.

— 불교의 《불경》, Ⅲ : 12

♥

평온함은 고요하고 중심이 잡힌 상태이며, 갈등을 감소시키고자 노력하는 것이고, 다른 사람과의 관계에 유대감을 형성하는 것이다. 평온함은 의견 일치와 조화가 이루어지는 지점을 찾음으로써 친밀감을 높이는 것이다. 또한 서로 존중하고 사랑하는 방식으로 의사소통하는 것이다. 평온함은 내면적으로 평온하고, 조용하고 행복한 감각을 창출한다. 내면의 평온함은 꾸준히 감사하는 마음으로 명상하고 기도할 때 개발된다. 내면이 평온해지면 주변에 평온한 분위기를 조성하기가 더욱 쉬워진다. 평온함을 추구하는 방법으로는 자연 속에서 시간을 보내거나 정신을 고양시키는 음악을 듣는 것 등이 있다. 평온함은 화가 나거나 당황스러운 상황, 고군분투하는 상황에서 감정을 다스리는 데 도움을 주고, 평온한 마음과 언어를 통해 부정적인 생각, 정서, 행동을 사랑과 화해로 전환시킬 수 있다.

♥

갈등하고 반목해서는 아무것도 이룩할 수 없다. 갈등은 더 큰 갈등을 초래할 뿐이다.

— 에릭 블루멘털, 《이해하고 이해받기》

의논하고 행동에 옮기기

1. 평온함 확인하기

    ① 서로 자주 싸우거나 불화와 갈등을 일으키지는 않는가?

    ② 생길지 안 생길지도 모르는 부정적인 결과에 대해 자주 불안해
       하고 걱정하는가?

2. 평온함의 오용 사례 확인하고 균형 맞추기

    ① 감정을 너무 억누르는 탓에 즐거움이나 흥분 같은 긍정적인 느
       낌을 표현하지 못하는 것은 아닌가?

    ② 부당함을 보고도 분노를 억제하지는 않는가?

    ③ 강력하고 결정적인 행동을 취하는 것을 회피하지는 않는가?

3. 언제 평온함이 부족하거나 잘못 사용되어 갈등을 일으키는가?
   또, 어떻게 갈등을 해소하고 다시 관계를 회복하는가?

4. 어떻게 하면 싸움과 심각한 불화 대신 의논을 통해서 행복한 결혼
   생활을 만들어갈 수 있겠는가?

5. 가정에서 평온함을 창출하는 데 도움이 되는 것은 무엇인가?

관계 강화하기

- 조용하게 시간을 보낼 만한 평온하고 조화로운 장소를 찾아보라.
- 논쟁을 예방하거나 피하기 위한 행동에 관해 이야기를 나눠보라.
- 편안하고 느긋하게 할 수 있는 운동을 함께 계획하고 실행하라.
- 자신이 좋아하는 잔잔한 음악 연주곡들을 목록으로 작성해보라.

인내
Perseverance

참을성 있게 인내하는 자는 진정으로 푸짐한 상을 받게 될 것이다.
— 이슬람교의 《코란》, 39 : 10

♥

인내란 목표 달성에 끈질기게 매진하기 위해 자신이 보유한 힘과 자원을 사용하는 것이다. 행복하고 지속적인 결혼생활도 그 목표 중의 하나이다. 이 목표를 이루려면 서로의 관계를 긴 안목으로 바라보고 목표를 향해 안정적으로 전진할 능력이 있다고 믿어야 한다. 서로의 육체, 마음, 애정, 영혼의 리듬을 배우는 데는 시간이 걸린다는 것을 늘 마음에 새겨두고, 어떤 장애를 만나든 인격 함양과 목표, 계획에 매진해야 하며, 동시에 식견을 사용하여 목표와 방향의 변경이 필요한지 여부를 생각해보고 평가해야 한다. 또한 인내하는 과정에 어려움이 생길지라도 마음을 굳게 먹고, 긍정적인 결과가 생길 것이라고 믿으며 계속해서 전진할 수 있도록 필요에 따라 서로 격려하고 협력하여 과제에 집중해야 한다. 과제에서 멀어지거나 궤도에서 이탈하도록 하는 산만함은 바로잡아야 한다. 인내심이 여러분의 성공을 도와줄 것이다.

♥

그러나 나는 큰 언덕을 넘고 나면 또 다시 넘어야 할 언덕이 더 많이 존재한다는 비밀을 알게 되었다.
—넬슨 만델라, 《자유를 향한 머나먼 여정》

의논하고 행동에 옮기기

1. 인내력 확인하기
   ① 무언가를 달성하는 데 필요한 과정을 회피하거나 문제가 있다는 것을 알리는 처음의 신호를 무시하지는 않는가?
   ② 제대로 마무리하지 않고 이 일 했다 저 일 했다 하지는 않는가?
2. 인내력의 오용 사례 확인하고 균형 맞추기
   ① 목표를 재고하거나 과정에 변화를 주거나 자문을 구해야 한다는 것을 알려주는 신호들이 반복되는데도 이를 무시하지는 않는가?
   ② 포기하거나 양보하는 것이 합리적이고 적절하며 현명하다는 수많은 징후가 나타났는데도 고집을 부리지는 않는가?
3. 언제 인내력이 부족하거나 잘못 사용되어 갈등을 일으키는가? 또, 어떻게 갈등을 해소하고 다시 관계를 회복하는가?
4. 두 사람 사이의 문제를 극복하기 위해 어떤 노력을 할 것인가?
5. 사기를 저하시키거나 목표에서 이탈하게 하는 것은 무엇인가?

관계 강화하기

- 1년, 5년, 10년, 25년, 50년 후 두 사람의 관계를 어떻게 바라보는지 함께 이야기해보라.
- 현재 직면한 문제들을 극복하기 위한 계획을 세워보라.
- 함께 수행할 수 있는 계획을 확인하고 수행하자.
- 시작은 했으나 완성하지 못한 계획에 대해 서로 격려해주어라.

순수함
Purity

신에 대한 신앙을 타고난 사람은 두려움이 없고 마음이 순수하다.

— 힌두교의 《신의 노래 : 바가바드기타》, XVI

♥

순수함은 육체적 청결함, 긍정적이고 순수한 생각, 사랑하는 마음과 같은 여러 단면들의 조합이다. 신체와 의복의 청결은 두 사람 사이에 친밀함이 생겨나는 데 긍정적인 영향을 준다. 가정이 청결하고 잘 정돈되어 있으면 정신이 자유로워지고 고양된다. 부정적이고 파괴적이며 부적절한 사고는 긍정적이고 올바른 정신으로, 화나고 부정적인 감정을 담고 있는 마음은 순수한 사랑으로 가득 찬 마음으로 대체되어야 한다. 소유에 초연해지도록 훈련해 숭고함에 집중할 수 있어야 하며, 부정적인 습관을 극복하고 인성을 계발하여 순수한 감각과 느낌을 키워야 한다. 진정한 가치에 부합하도록 부정적인 영향을 배제하고 순수하고 긍정적으로 인생을 살아야 한다.

♥

나는 나의 정신세계를 뚫고 들어가 그 안에 있는 생각과 신념을 관찰한다. 어떤 것은 내가 좋아하므로 닦아서 빛나게 하여 더욱 유용하게 만든다. 어떤 것은 내가 보기에 교체나 수선이 필요해 방치하게 된다. 또 어떤 것은 어제 신문이나 오래된 잡지, 낡은 옷처럼 지금에는 적합하지 않아 쓰레기통에 던져 영원히 없애버리게 된다.

— 루이스 L. 헤이의 《치유: 있는 그대로의 나를 사랑하라》

의논하고 행동에 옮기기

1. 순수함 확인하기

   ① 신체, 옷, 자동차, 소유물, 집 등을 소중하게 다루지 않아 먼지나 잡동사니가 쌓이도록 내버려두지는 않는가?

   ② 폭력 혹은 포르노 영화를 오락물로 받아들이는가?

   ③ 마음속에 분노, 증오, 질투의 감정을 담고 있는가?

2. 순수함의 오용 사례 확인하고 균형 맞추기

   ① 사람들이 어질러놓거나 계획을 망칠까 봐 두려울 정도인가?

   ② 스스로 다른 사람들보다 우월하다고 생각하지는 않는가?

3. 언제 순수함이 부족하거나 잘못 사용되어 갈등을 일으키는가? 또, 어떻게 갈등을 해소하고 다시 관계를 회복하는가?

4. 육체적으로 순수해지는 데 도움이 되는 것은 무엇인가? 마음, 감정, 영혼, 가정, 환경을 순수하게 하는 데 도움이 되는 것은 무엇인가?

관계 강화하기

- 집안 구석구석을 함께 꾸미고 청소해보라.
- 물놀이 등 재미있는 놀이를 함께 해보라. (예를 들면 기품 목욕, 수영, 강에서 보트 타기, 분수 만들기……)
- 순수함을 훈련하기 위한 기도문이나 명상의 글을 써서 공유하라.
- 욕을 대체할 만한 두 사람만의 재미있는 말을 만들어보라.

결단성
Purposefulness

천하 범사가 기한이 있고 모든 목적이 이룰 때가 있나니, 올 때가 있고 웃을 때가 있으며, …… 찾을 때가 있고 잃을 때가 있으며, 지킬 때가 있고 버릴 때가 있으며, …… 침묵할 때가 있고 말할 때가 있으며, 사랑할 때가 있고 …… 평화할 때가 있느니라.

— 기독교의《성경》, 전도서 3 : 1, 4—8

♥

결단성은 최종 목표에 초점을 정확히 맞추고, 시작한 것은 끝까지 완수하고자 굳게 결심하는 것이다. 우리는 인생과 결혼생활의 목적과 방향을 함께 정해야 한다. 목표와 꿈을 실현하고 인성을 계발하려면 결의를 굳게 다지고 능률적이고 효과적으로 행동해야 한다. 개인적 관심사보다 더 광범위한 문제로 관심을 돌리도록 인생에는 더욱 고차원적인 정신적 목표가 존재한다는 것을 이해해야 한다. 인생이 제 마음대로 흘러가거나 다른 사람들이 대신 일하도록 가만히 두지 말고, 스스로 우선순위를 정하고 인생의 계획과 이상을 실현하겠다는 목표에 따라 행동하는 결단성이 있어야 한다.

♥

우리는 유전적인 특징을 통제할 필요는 없고 행동만 통제하면 된다. 하나님은 스스로 돕는 자, 올바르게 행동하는 자, 목적을 가지고 살아가는 자를 돕기 때문이다.

— 댄 밀먼, 《목적을 가지고 살아가기》

의논하고 행동에 옮기기

1. 결단성 확인하기

   ① 계획과 목표를 설정하는 것을 회피하지는 않는가?

   ② 진정한 삶의 의미도 없이 그저 살기 위해 일하고 일하기 위해 살

   지는 않는가?

2. 결단성의 오용 사례 확인하고 균형 맞추기

   ① 지나치게 목표에 집중한 나머지 두 사람의 관계나 자신의 책임

   을 무시하지는 않는가?

   ② 새로운 정보나 여건이 주어질 때, 필요에 따라 계획을 굽히거나

   변경하는 것을 어렵게 생각하지는 않는가?

3. 언제 결단성이 부족하거나 잘못 사용되어 갈등을 일으키는가?

4. 어떤 목표를 달성하는 데 결단성을 발휘하여 행동하는가?

5. 결단성을 잃게 하는 행동은 무엇인가? 이 문제를 어떻게 해결하기

   를 바라는가?

관계 강화하기

- 두 사람이 함께 다음 해에 달성할 목표를 적어도 세 가지를 설정하

  고, 달성한 정도를 측정할 방법과 횟수를 정해보라.

- 결혼생활과 가정 외의 다른 활동에도 참가하라.

- 일부분만 성취된 계획을 완성할 계획을 세워라.

- 일주일 동안 결단성을 훈련할 수 있는 방법을 의논하라.

존경심
Respect

결혼생활은 반드시 서로에게 존경심을 가지고 동등한 관계여야 하며 서로 상의하는 것을 원칙으로 삼는 것이 관례여야 하며 자기 뜻에 복종시키려고 폭력을 사용하는 것이 배제되는 관계여야 한다.

— 바하이교의 《편집본》 제2권

♥

존경심은 사람들과 또 그들이 중요하게 여기는 것들을 존중할 만한 가치가 있는 대상으로 여기고 대우하는 것이다. 서로의 생각, 느낌, 필요한 것, 영역과 권리 등에 관심을 기울이고 가치를 인정해야 한다. 존경심은 결혼생활과 가정이 동등한 관계를 바탕으로 조화롭게 제 기능을 다할 수 있도록 해준다. 존경심은 서로에 대한 매력과 친밀감을 증대시킨다. 서로의 정신적 신념과 그것을 위한 훈련에 대해 존경심을 보여야 한다. 가족은 늘 함께하고 우애를 다지면서 각자가 존중받고 있다는 것을 알도록 해야 한다. 존경심은 인생을 더욱 평온하고 질서 있게 해준다.

♥

훌륭한 결혼생활에는 서로에 대한 존경심이 스며들어 있다. 이것은 두 사람이 서로 조심스럽고 형식적으로 대한다는 뜻이 아니다. 단순히 행동이나 말에 서로를 진정으로 존경하는 마음이 반영된 것일 뿐이다. 사랑은 존경심이 있는 곳에서 번창할 수 있다.

— 칼릴 카바리와 수 윌리스톤 카바리, 《영원히 함께》

의논하고 행동에 옮기기

1. 존경심 확인하기

    ① 배우자나 다른 사람에게 비판적이고 거칠게 말하지는 않는가?

    ② 자기의 소유물에 부주의하거나 또는 종교적 대상에 경건하지 않
      거나 또는 빌린 물건을 돌려주지 않은 적은 없는가?

    ③ 다른 사람의 사회적 권리와 영역을 무시하지는 않는가?

2. 존경심의 오용 사례 확인하고 균형 맞추기

    ① 어떤 사람을 너무 존경한 나머지 그가 무슨 짓을 해도 용인하거
      나 두둔하고, 옳지 않은 행동을 제지하지 않은 적은 없는가?

    ② 어떤 사람에게 유독 요구하는 대로 다 들어주지는 않는가?

3. 언제 존경심이 부족하거나 잘못 사용되어 갈등을 일으키는가?

    또, 어떻게 갈등을 해소하고 다시 관계를 회복하는가?

4. 서로 존경심을 표현하는 방법에는 어떤 것이 있는가?

    결혼생활에서 어떤 것이 존경심의 표현인가?

관계 강화하기

• 대답하거나 말할 때 자기만의 기준을 고집하지 않고 상대방의 말에
  귀 기울여라.

• 개인적 공간이나 사생활을 존중받을 수 있는 공간을 마련하라.

• 친구들에게 배우자를 자랑하고, 배우자에 대한 존경심을 표현하라.

• 특별하고 중요한 행사는 기억해두었다가 기념하라.

책임감
Responsibility

유능한 아내는 남편의 왕관이다. …… 자기 땅을 경작하는 자에게
는 풍족한 식량을 줄 것이니라. …… 사람은 본질적으로 그의 행동
에 따라 보상을 받는다.

— 유대교의 《성경》, 잠언 12 : 4, 11, 14

♥

책임감은 타인과의 계약은 물론 자기 자신의 행복과 선택의 소유권
을 취득하는 것이다. 책임감은 약속을 지키고 우리에게 중요한 일
에 최상의 노력을 기울이는 것이다. 일이 잘되어 가면 칭찬을 겸허
하게 받아들이고, 일이 잘못되어 갈 때는 기꺼이 해명하고 오해를
풀고 잘못을 정정하고 개선이 필요한 부분을 파악해야 한다. 진실
을 존중하고 훌륭한 판단을 내리며 현명한 선택을 하고 법을 준수
하려면 서로 신뢰해야 한다. 책임감은 문제가 생겼을 때 성숙하게
대처하게 하며, 또한 자기 삶의 질을 높게 유지해 준다.

♥

배우자와 함께 성공적인 삶을 산다는 것은 혼자 사는 사람에서 동
료와 함께 사는 사람으로 정서적으로 전환하는 것을 뜻한다. 훌륭
한 거래는 두 사람 모두에게 좋은 거래라는 것을 인정하고, 훌륭한
거래를 하는 데 둘 다 책임이 있다. 한 사람이 다른 한 사람의 희생
으로 좋은 거래를 얻는다면 결국 두 사람 모두 잃는 것이다.

— 버지니아 스콧, 조지 딥, 페기 러넬스, 《사랑하는 가족 만들기》

의논하고 행동에 옮기기

1. 책임감 확인하기
   ① 약속을 어기거나 규칙을 무시하거나 잘못을 사과하지 않거나 잘
      못을 개선하지 않거나 하지 않는가?
   ② 중요한 과제를 미결인 상태로 내버려두거나 또는 도와주거나 변
      화시킬 방법을 찾는 것을 피하지는 않는가?
   ③ 잘못했을 때 변명하거나 부인하지는 않는가?
2. 책임감의 오용 사례 확인하고 균형 맞추기
   ① 모든 일을 심각하게 생각하고, 책임을 떠맡으려 하고, 느긋하게
      마음 편히 즐거움을 만끽하고 웃을 때가 드물지는 않는가?
   ② 다른 사람이 해야 할 일을 나서서 처리하지는 않는가?
3. 언제 책임감이 부족하거나 잘못 사용되어 갈등을 일으키는가?
   또, 어떻게 갈등을 해소하고 다시 관계를 회복하는가?
4. 어떤 곳에서 책임감이 부담스러운 짐이 되는가?

관계 강화하기

- 두 사람이 서로의 능력과 새로운 기술을 배우려는 욕망, 공평성 등
  을 배려하여 서로 합의 하에 가사와 외부 일을 분담하라.
- 상대방의 잘못을 알려주고 개선해줄 것을 정중하게 부탁하라.
- 완전히 지키지 못했던 약속을 완벽하게 이행하라.
- 최우선적으로 해결할 문제를 정해 그것을 해결할 방법을 찾아보라.

자제력
Self-Discipline

참을성, 굳건함, 자기 통제 능력을 보여주어라.
— 이슬람교의 《코란》, 3 : 17

♥

자제력은 개인의 목표나 인생의 목적을 달성하는 데 필요한 내면적 통제로, 외적인 가르침을 참고하여 스스로 설정한 구조이다. 자제력은 자신의 생각과 행위를 감시하고 통제하여 사람들과의 관계나 자기 자신을 해치지 않도록 한다. 그리고 서로 감시하거나 따로 상기시켜줄 필요 없이 중요한 일을 질서 있고 시기적절한 방법으로 처리하게 한다. 자제력은 때로는 자신이 하고 싶은 일보다는 해야 하는 일을 하고, 그 일을 시기적절한 때 수행하는 것을 뜻한다. 자제력은 영양, 운동, 수면에 대해 현명하게 선택하도록 하고, 상처 받거나 분노를 느낄 때도 자기 통제력을 잃지 않도록 한다. 자제력은 가정과 결혼생활에서 일상적인 처리 과정, 질서정연함, 조화로움을 창출하는 데 필요하다.

♥

스스로 통제하고 스스로 방향을 설정하여 삶을 영위하는 것은 기분 좋은 느낌의 중심에 있다. 자기 통제는 타인으로부터 배울 수 있는 어떤 것이다. 자기의 모범적 인물상이 기품 있고 쾌활하다면 그것은 그들을 따를 만한 동기부여가 될 수 있다.
— 칼릴 카바리, 《영적 지능》

의논하고 행동에 옮기기

1. 자제력 확인하기

   ① 규칙, 원칙, 약속을 버리고 좋은 습관이나 규범도 없이 멋대로 살고 있지는 않은가?

   ② 더 쉬운 일을 위해 가치 있는 목표를 포기하지는 않는가?

2. 자제력의 오용 사례 확인하고 균형 맞추기

   ① 서로에게 불쾌한 태도로 엄격한 규칙을 강요하여 두 사람 간의 친밀감과 공감을 덜어내지는 않는가?

   ② 가정에서 고정적으로 맡은 업무의 일정을 미루는 데 어려움을 느끼지는 않는가?

3. 언제 자제력이 부족하거나 잘못 사용되어 갈등을 일으키는가? 또, 어떻게 갈등을 해소하고 다시 관계를 회복하는가?

4. 언제 자제력을 사용하는 것이 두 사람 사이에 문제가 생기지 않을 것 같은가? 무엇이 자제력을 발휘하게 하는가?

관계 강화시키기

- 매주 집안을 정돈하고 청소하는 시간을 정하라.
- 해야 할 일의 우선순위를 검토하고 어떻게 조정할지 결정하라.
- 예산을 세우고 그에 따른 결과를 평가해보라.
- 제한 속도와 같은 법을 준수하고 그 결과를 평가해보라.

봉사
Service

형제들아 너희가 자유를 위하여 부르심을 입었다. 그러나 그 자유로 죄에 탐닉할 기회를 삼지 말고 오직 사랑으로 서로 봉사하라. …… 네 이웃 사랑하기를 네 몸과 같이하라.

— 기독교의 《성경》, 갈라디아서 5 : 13-14

♥

봉사는 겸손한 태도이며, 삶의 질을 눈에 띄게 변화시키는 희생적인 행위이다. 봉사는 다른 사람의 관심이나 보상 또는 감사를 기대하지 않고 조용히 과업을 수행하는 것이며, 다른 사람의 인생이 더 편안해지도록 아무리 사소한 일이라도 무언가 날마다 할 수 있는 일을 찾는 것이다. 봉사하는 자세는 고상한 신념에 고무되고 강화되어 자기 자신보다 다른 사람을 먼저 생각하도록 한다. 봉사하는 자세는 우리가 속한 사회 공동체 안의 문제점을 해결하는 데 도움을 준다. 또한, 다른 사람에게 베푸는 데 충분한 시간을 할애함으로써 그들과 자신의 인생에 모두 사랑과 행복을 증진시키는 것이다. 성실하고 기쁨이 가득하고 정이 넘치며 가슴에 사랑으로 가득 찬 봉사는 결혼생활을 더욱 행복하고 건강하고 강력하게 해준다.

♥

당신의 모든 활동에서 하나님에 대한 봉사와 다른 사람에 대한 봉사를 끊임없이 깨달아야 한다. 그것이 기적을 이루는 자의 길이다.

— 웨인 W. 다이어, 《매일의 지혜》

의논하고 행동에 옮기기

1. 봉사 확인하기
   ① 배우자나 다른 사람이 시중 들어줄 것을 기대하지는 않는가?
   ② 자기 일을 다른 사람이 대신 해결해주리라 기대하지는 않는가?
   ③ 다른 사람의 문제에는 관심도 없고 오로지 자신의 문제에 신경 쓰는 것만으로도 벅차다고 생각하지는 않는가?
2. 봉사의 오용 사례 확인하고 균형 맞추기
   ① 다른 사람이 지나치게 여러분에게 의존하게 하지는 않는가?
   ② 두 사람의 관계, 약속, 책임을 지키지 못할 만큼 너무 많은 일을 하겠다고 동의하지는 않는가?
   ③ 상대방의 호의를 기대하고 봉사하지는 않는가?
3. 언제 봉사가 부족하거나 잘못 사용되어 갈등을 일으키는가?
   또, 어떻게 갈등을 해소하고 다시 관계를 회복하는가?
4. 어떤 봉사가 가장 큰 행복을 가져다주는가?

관계 강화하기

- 서로에게 항상 봉사하라.
- 어떤 기관이나 종교단체에 소속되어 함께 자원봉사를 해보라.
- 늘 배우자가 맡아 하던 집안일을 대신 나서서 해보라.
- 다른 사람들에게 함께 봉사활동에 참여하자고 권유해보라.

성실함
Sincerity

올바른 발언은 길 위에 있는 안식처가 될 것이고 …… 올바른 노력은 발걸음이 될 것이다. 올바른 생각은 생명력이다. 올바른 명상은 발자국을 따라오는 평화를 가져다줄 것이다.

—불교의 《불경》, XVI : 21

♥

성실함은 말과 행동에 꾸밈이 없고 정직하여 다른 사람들과의 관계에 신뢰를 쌓는 것이며, 마음 속 깊이 느낀 것들을 진심으로 표현하는 방법이다. 상대방의 말을 신뢰할 수 있기에 서로가 하는 말에 주의 깊게 귀 기울이도록 하는 것이다. 성실한 말은 가슴 속 깊숙이 파고든다. 성실함은 상호작용이 완벽하다는 것을 보장한다. 성실함은 진정한 자아를 보여주는 것이며 서로 솔직한 반응을 속이지 않는 것이다. 다른 사람에게 진심으로 관심을 기울이고 자신의 가치관에 따라 일관된 삶을 사는 것이다. 성실함은 배우자 또는 다른 사람들에게서 이끌어낼 수 있는 최상의 모습을 찾음으로써 우리 모두의 인성을 진심으로 수행하는 것이다.

♥

성실함은 그 사람 전체에 퍼져 있지 않는 한 그 인성을 사용하는 것이 불가능하며, 성실한 척하는 것은 그 순간 그의 인격의 기초를 무너뜨리는 행위이다.

—제임스 러셀 로웰, 《교황론》

의논하고 행동에 옮기기

1. 성실함 확인하기
   ① 서로 상대방의 변화를 유도하는 말이나 행동을 하지는 않는가?
   ② 문제가 있는데도 문제가 없는 척한 적이 있는가?
   ③ 진짜 생각은 숨긴 채 다른 견해를 제시하지는 않는가?
2. 성실함의 오용 사례 확인하고 균형 맞추기
   ① 인생의 모든 부문에 너무 세심히 주의를 기울임으로써 일상, 일, 여가에 지장을 주지는 않는가?
   ② 다른 사람의 의도에 쉽게 속아 넘어가지는 않는가?
3. 언제 성실함이 부족하거나 잘못 사용되어 갈등을 일으키는가?
   또, 어떻게 갈등을 해소하고 다시 관계를 회복하는가?
4. 다른 사람이 성실하지 않다고 느껴질 때 기분이 어떠한가?
5. 성실하게 말하고 행동하면 우리에게 어떤 영향이 미치는가?

관계 강화하기

- 서로 성실하게 칭찬하라.
- 성실함이 이렇게 자신을 감동게 하고 격려하는지 서로 이야기해보며 토론하거나 깊이 한 번 생각해보라.
- 진정으로 높이 평가할 만한 점들을 서로 인정하라.
- 배우자 또는 다른 사람에게 성실하게 도움을 청하라.

영성
Spirituality

세계 어디에나 엄청난 빈곤은 존재한다. …… 그러한 사람들의 삶에 진정으로 숭고한 깨달음이 충만하게 하고 동기를 부여할 수 있도록 인간에게 가장 중요한 정신적 인격인 영성은 아무리 많은 행정 절차와 법을 준수한다고 해도 절대 대체될 수 없는 것이다.
— 바하이교의 《편집본》 제2권

♥

영성은 상호작용을 통해 창조주와 가까워지는 것이고 또한 우리 삶의 신성한 안내자와 연결해주는 것이다. 서로 상대방의 영적인 삶에 양분을 주고 각자 또는 함께 영적 훈련을 행함으로써 결혼생활은 더욱 돈독해진다. 영성은 우리가 계시를 받기 위해서 또는 행복한 결혼생활을 위해 기도하고 명상하는 것이다. 우정과 충고를 얻기 위해 친구에게 의지하듯 대화로 하나님께 의지한다. 언어, 행동, 일, 봉사는 숭고한 가치에 그 근거를 둔다. 그리고 이 숭고한 가치가 우리의 말, 행동, 일, 봉사를 지원한다. 영성을 계발하면 삶은 더욱 활발해지고 내면적으로는 더욱 평온해진다.

♥

기도는 모든 인간에게 있는 미덕의 매력적이고 빛나는 딸이고, 하늘과 땅을 연결하는 아치형 문이며, 사자와 비둘기처럼 달콤한 동반자이다. 그리고 기도는 그대에게 천국의 열쇠를 선사할 것이다.
— 발자크 경, 《세라피타》 제6장

의논하고 행동에 옮기기

1. 영성 확인하기
   ① 일상생활에만 전념하고 종교적 행사는 배제하지 않는가?
   ② 영성이 삶의 중요한 부분이라는 것을 부정한 적이 있는가?
   ③ 최고의 인성을 보면 존경심을 나타내는가?
2. 영성의 오용 사례 확인하고 균형 맞추기
   ① 자신의 영적인 삶에만 집중하여 오랫동안 마음의 문을 닫아걸고
      다른 사람들을 멀리하지는 않았는가?
   ② 자신보다 덜 영적이라고 생각되는 사람들을 멀리하는가?
3. 언제 영성이 부족하거나 잘못 사용되어 갈등을 일으키는가?
   또, 어떻게 갈등을 해소하고 다시 관계를 회복하는가?
4. 영성은 어떻게 두 사람의 유대감을 형성해주는가? 그것을 어떻게
   더욱 발전시키고자 하는가?

관계 강화시키기

• 집에서 두 사람이 혹은 가족과 친구들이 다 함께 참여하여 기도하고
  종교 서적과 음악이 있는 밤을 마련해보자.
• 종교적 또는 정신적 행사나 의식에 참가해보라.
• 경서를 읽거나 매일 명상할 수 있는 경건한 장소를 찾아보라.
• 인상 깊은 인용구나 기도문을 외우고 그것을 친구들과 공유해보라.

강인함
Strength

인내와 지조로 버텨라. 그런 인내력으로 경쟁하라. 서로의 힘을 길러주어라. 그리고 하나님을 두려워하라. 그리하면 번창하리라.

— 이슬람교의 《코란》, 3 : 200

♥

강인함은 도전에 직면했을 때 잘 버틸 수 있게 하는 응집되고 강력한 힘이다. 또한 인격을 강화시키는 효과적인 방법을 이용해 문제를 처리하고 책임을 다하는 것이며, 인성이 강력해지고 일관성을 갖출 때까지 그 방법을 끊임없이 훈련하는 것이다. 그렇게 하기 어려울 때라도 옳은 일을 선택하도록 도움을 주는 것이 바로 강인함이다. 다른 사람이 여러분의 강인함을 보고 다가왔을 때는 그들을 도와줄지 아니면 그 사람 스스로 책임을 다하도록 격려할지 잘 판단해야 한다. 강인함은 우리가 파괴적인 두려움과 나약함에 항복하지 않게 해준다. 강인함은 다른 사람이 자신과 대립하는 상황에서 자기 자신의 신념과 믿음 위에 굳건히 서는 것이다. 강인해지도록 이용할 수 있는 모든 자원을 끌어 모아라. 우리는 언제나 결혼생활과 우정이 결합되어 우리를 지원해주는 강인함에 의지하게 된다.

♥

뭉치면 강해진다.

— 이솝, 《이솝우화》 '장작 꾸러미'

의논하고 행동에 옮기기

1. 강인함 확인하기

   ① 자기 연민에 빠져 맞닥뜨린 어려움에 저항하고 불평하거나 문제
   점을 부인하고 그로부터 도망가지는 않는가?

   ② 궁핍할 때 다른 사람을 버리거나 혹은 위협하지 않는가?

   ③ 신념이나 믿음을 포기하지는 않는가?

2. 강인함의 오용 사례 확인하고 균형 맞추기

   ① 너무 완고해서 문제에 접근할 때 융통성을 발휘하지 못하는가?

   ② 의지가 너무 강한 탓에 다른 일을 하거나 다른 사람의 충고에 귀
   를 기울여야 할 때라는 것을 알아채는 게 어렵지는 않은가?

3. 언제 강인함이 부족하거나 잘못 사용되어 갈등을 일으키는가?
   또, 어떻게 갈등을 해소하고 다시 관계를 회복하는가?

4. 언제 강인함이 두 사람의 관계에 이득이 되었는가? 또는 새롭고 올
   바른 방향으로 변하는 데 강인함이 언제 방해가 되었는가?

5. 강인함을 어떻게 사용하면 두 사람 관계에 도움이 될까?

관계 강화하기

- 규칙적인 운동 계획을 세워라.
- 위기가 닥쳤을 때 대처할 만한 방안을 세워두어라.
- 문제가 생겼을 때 도움이 될 인성을 연구해보라.
- 서로의 상담 기술을 평가하고 훈련하라.

재치
Tactfulness

너희 말을 항상 은혜 가운데서 소금으로 고르게 함 같이 하라. 그리하면 각 사람에게 마땅히 대답할 것을 알리라.
— 기독교의 《성경》, 골로새서 4 : 6

♥

재치란 말을 부드럽고 친절하게 하여 누군가의 감정을 상하지 않도록 하는 것이다. 말하려는 것을 신중하게 생각해보고 단어들이 시의적절하고 건설적이며 현명한지 결정하는 것이다. 재치는 단어, 신체 언어, 어조가 서로에게 미치는 영향을 늘 인식하는 것이다. 때로는 말하기 전에 감정이 안정될 때까지 기다리는 것이다. 재치는 온화하고 적절하게 의사소통할 수 있는 분위기를 조성한다. 다른 사람에게 민감한 감정이 생겼을 때는 그 사람에게 말하는 것을 미루거나 혹은 아예 말하지 않기로 한다. 그렇다고 진실하고도 중요한 말을 하는 것을 피하려고 재치를 사용하지는 않는다. 진실을 말할 때도 재치를 사용하되 친절, 예의, 사랑을 함께 사용한다.

♥

어떤 문제에 관해 진실로 배우자와 소통하길 바란다면 자신의 관점을 그와 공유해야 한다. 그렇게 하려면, 마땅히 배우자 역시 그 문제에 대해 자신만의 관점이 있으며 그 관점은 자신의 것과 당연히 다를 것이라는 점을 이해해야 한다.
— 메리 세피배쉬, 《산호와 진주》

의논하고 행동에 옮기기

1. 재치 확인하기

    ① 괜히 배려한다고 돌려서 말했다가 상대방이 의도와 다르게 받아들일까 봐 우려하여 정직한 말을 내뱉지는 않는가?

    ② 두 사람의 관계나 상황에 무감각하지는 않은가?

2. 재치의 오용 사례 확인하고 균형 맞추기

    ① 다른 사람의 반응을 지나치게 염려한 나머지 자신이 하려던 말을 보류하지는 않는가?

    ② 다른 사람이 자신에게 재치 있게 대하지 못했다고 생각될 때 예민하게 반응하거나 감정을 그대로 드러내지는 않는가?

3. 언제 재치가 부족하거나 잘못 사용되어 갈등을 일으키는가?

4. 어떤 때 재치가 불화를 방지해준다고 생각하는가?

5. 거짓말과 재치의 차이는 무엇인가? 어떻게 하면 상대방에게 상처를 주지 않고 진실을 이야기할 수 있는가?

관계 강화하기

- 배우자가 골라준 옷이나 장신구 말고 다른 것을 사고 싶다는 의사를 사랑스럽게 표현하라.
- 당황스러운 행동에 대해 자연스럽게 제어할 방법을 찾아보라.
- 진실을 나눌 때 보여주는 사랑스러운 표정이나 행동을 연구해보라.
- 상대방에게 재치 있는 방법으로 무언가를 부탁해보라.

감사
Thankfulness

저 높은 곳의 주께 감사하며 주의 이름을 찬양하며……
— 유대교의 《성경》, 시편 92 : 2

♥

감사는 인생과 결혼생활에서 생기는 온갖 축복에 대한 고마움이다. 우리는 하나님이 베푸신 생명, 이해력, 정신, 지성, 배우자라는 선물에 감사한다. 또한 결혼생활, 각별한 우정, 협력 관계 등 삶에 만족감을 주는 일들에 감사한다. 각자가 상대방을 위해서 하는 일에 얼마나 감사하고 있는지 서로 알아야 한다. 때로는 어려운 시련이 닥치기도 하지만 결국에는 두 사람의 관계와 자신이 성숙하고 강해지는 데 감사할 수 있다. 감사하는 마음은 긍정적인 것에 집중하게 하고, 다른 사람이 제안하는 것을 기꺼이 받아들이고 인정하게 한다. 우리는 배우자에게 친절과 사랑으로써 마음을 보여주듯이 행복을 느끼는 것으로써, 또 행동으로써 감사의 뜻을 표현한다.

♥

가정에서 유일한 교환은 두 사람이 서로 상대방에 대한 느낌을 표현하는 것이고, 감사는 종종 간과되는 상품이다. 결혼생활에 만족할 때는 고맙다고 말하는 것이 쉬우나 만족하지 못할 때는 어렵다. 그러나 감사와 그것의 표현은 단순히 행복한 결혼생활을 반영하는 것이 아니라 결혼생활을 행복하게 하는 이유의 하나이다.
— 폴 코먼, 《금슬 좋은 부부가 되는 30가지 비밀》

의논하고 행동에 옮기기

1. 감사 확인하기
   ① 상대방의 행동을 당연하게 생각하고 마음을 표현하지 않는가?
   ② 자기 자신을 스스로 동정하고, 배워야 할 과제를 포함해 앞으로의 인생에서 그 어떤 긍정적인 것도 보지 못하지는 않는가?
2. 감사의 오용 사례 확인하고 균형 맞추기
   ① 상대방이 거북하고 가식적으로 느낄 만큼 지나치게 칭찬하거나 아첨하거나 고마움을 표시하지는 않는가?
   ② 다음번에도 다른 사람이 여러분에게 친절을 베풀어주고 싶다는 생각이 들 만큼 충분하게 감사를 표시하는가?
3. 언제 감사가 부족하거나 잘못 사용되어 갈등을 일으키는가?
   또, 어떻게 갈등을 해소하고 다시 관계를 회복하는가?
4. 무엇으로 은총이나 축복에 감사할 수 있는가?
5. 무엇이 어려울 때도 감사할 수 있도록 도와주는가?

관계 강화하기

• 감사해야 할 것들을 목록으로 만들어보라.
• 다른 사람들에게 줄 세 가지 감사 카드를 만들어서 전달하라.
• 우리가 감사해야 할 일 중에서 아직 진행 중인 일들을 표시해보라.

사려깊음
Thoughtfulness

선한 생각은 선한 행동을 이끌어낸다.
— 불교의 《불경》, XLVIII : 12

♥

사려 깊음은 다른 사람의 안위와 행복을 걱정하며 그들에게 부족한 것이 있는지 궁핍함을 느끼는지 염려하는 것이다. 대개 이것은 묻지 않아도 커피나 차를 내온다든지, 세탁물을 치워준다든지, 따뜻하게 껴안아준다든지 하는 것처럼 사소하지만 친절한 행동을 하는 것이다. 상대방에게 필요한 것과 상대방이 원하는 것, 그리고 상대방의 상황을 사려 깊게 살펴보고 사랑을 담아 도와주는 것이다. 사려 깊음은 두 사람이 함께하는 경험이 어떻게 하면 긍정적이고 유쾌해질 수 있을지를 미리 생각해보는 것이다. 사려 깊음은 또한 중요한 결정을 내릴 때 매우 신중하게 생각하고, 자기중심적인 것을 넘어 결혼생활, 가족, 두 사람에게 최선인 것을 선택하는 것이다. 사려 깊음은 상대방에게 주는 사랑의 선물이다.

♥

우리는 곧잘 서로에게 미소를 지어주고 포용해주고 친절한 말을 건네고 진심으로 칭찬해주고 또 관심을 기울이는 것의 중요성을 과소평가한다. 그것들은 어려운 순간을 특별한 순간으로 바꿔주는 아주 '사소한' 것들이다.
— 메리 세피배쉬, 《산호와 진주》

의논하고 행동에 옮기기

1. 사려 깊음 확인하기

    ① 충동적으로 행동해서 다른 사람들에게 해를 끼치지는 않는가?

    ② 서로에게 가장 필요한 도움을 주지 못했거나 시기적절한 반응을 보이지 않은 적은 없는가?

    ③ 이기적이고 냉정하며 자신의 필요에 따라서 행동하지 않는가?

2. 사려 깊음의 오용 사례 확인하고 균형 맞추기

    ① 지나치게 심사숙고하다가 도와줄 시기를 놓친 적은 없는가?

    ② 세부적인 문제나 올바른 접근 방법에 대해 너무 분석적이고 까다로워지고 또 자기 생각에만 몰두하지는 않는가?

3. 언제 사려 깊음이 부족하거나 잘못 사용되어 갈등을 일으키는가?

4. 어떤 사려 깊은 행동이 가장 인정을 받는가?

5. 사려 깊다고 생각되는 행동을 하기 전에 상대방에게 이야기해주는 것이 중요하다고 생각하는가?

관계 강화하기

- 신중하게 고민해보고 상대방을 위한 선물을 마련해보라.
- 상대방에게 고통을 주는 습관을 찾아보고 없애도록 노력하라.
- 뭔가를 시작하기 전에 그로 말미암아 생겨날 일들을 고려하라.
- 다른 사람들의 사려 깊은 행동에 충분히 감사를 표하라.

신뢰
Trustworthiness

진정 선택하고 싶은 최고의 남자는 강하고 믿음직한 남자이니라.
— 이슬람교의 《코란》, 28 : 26

♥

신뢰는 모든 책임을 온전하고 정직하게 담당할 수 있는 능력이다. 신뢰는 상대방의 말과 행동을 변함없이 믿는 것이다. 신뢰는 상대방에게 진실하고 정직한 것이다. 신뢰는 상대방과의 약속을 지키고, 믿음을 쌓으며, 험담이나 중상모략을 하지 않고, 다른 사람에게 영예로운 봉사를 하는 것이다. 신뢰는 또한 두 사람이 서로 믿는 것은 물론이고 다른 사람들도 두 사람의 약속을 믿게 하는 것이다. 신뢰는 다른 사람들에게 우리가 각자의 가치관에 일치하는 행동을 할 것이라는 믿음을 주는 것이다. 그리고 신뢰는 우리가 결혼생활, 가족, 사회의 더 큰 안위를 위한 선택을 하는 것이다. 신뢰는 의심이나 불신을 초래하는 행동을 하지 않는 것이다. 신뢰는 우리에게, 그리고 가족 구성원들에게 안정성과 일관성을 부여하므로 결혼생활에 매우 중요한 것이다.

♥

결국 우정만이 애정의 신뢰할 만한 재료이다.
— 마일즈 프랭클린, 《나의 생애는 파멸이다》

의논하고 행동에 옮기기

1. 신뢰 확인하기

   ① 무슨 일을 하겠다고 하고서 마무리 짓지 않은 적은 없는가?

   ② 책임을 맡고 나서 무책임하게 행동한 적은 없는가?

   ③ 다른 사람에게 무관심하고 자신만을 위해 살지는 않는가?

2. 신뢰의 오용 사례 확인하고 균형 맞추기

   ① 다른 사람이 자신을 신뢰할 만한 사람으로 봐주기를 지나치게
   바란 나머지 상대방을 곤란하게 하지는 않는가?

   ② 지키는 것이 이롭지 않고 오히려 해가 되는데도 맹세나 약속을
   비이성적으로 지키려고 하지는 않는가?

3. 언제 신뢰가 부족하거나 잘못 사용되어 갈등을 일으키는가?

4. 부부 사이에 신뢰가 깨진 상황에는 어떻게 대처하는가?

5. 상대방과 중요한 정보를 공유하는가? 친밀한 접촉을 허용하는가?

관계 강화하기

- 결혼생활에서 생기는 문제점은 두 사람만의 사적인 비밀로 간직할
  영역이라는 데 합의하자.
- 아직 지켜지지 않은 약속과 서약을 확인해보고 완벽하게 수행하라.
- 한 사람이 다른 사람의 눈을 가린 채 인도하여 장애물을 넘거나 혹
  은 장애물 주위로 이끌고 가보라.
- 미해결 상태인 재정 문제를 처리하라.

진실함
Truthfulness

진실함은 모든 인간이 갖춘 미덕의 기본이다. …… 이 성스러운 인성이 사람의 내면에 확립되면 모든 신성한 인성도 얻어질 것이다.
— 바하이교의 《편집본》 제2권

♥

진실함은 솔직한 언어로 말하고, 모든 주변 환경에 대해 무엇이 사실인지 탐구하는 것이다. 진실함은 자신의 내면에 있는 진실을 적극적으로 탐구하여 상대방과 공유하는 것이다. 자기 자신과 결혼생활에 대해 무엇이 진실인지 명확해지면 다른 사람에게 마음을 열고 자신의 진실을 공유할 수 있다. 진실함은 실수를 인정하고, 그에 대해 거짓말이나 혹은 심지어 변명조차 하지 않는 것이다. 일어나는 일에 대해 가상의 이야기를 꾸며내거나 상상하지 않고 사실을 바라보는 것이다. 진실함은 과장, 속임수, 거짓으로 생기는 피해나 파괴에서 우리를 보호한다. 제때 현명한 방법으로 진실을 이야기하려면 용기에 의지할 필요가 있다. 진실함은 삶에 평온함과 신뢰, 사랑을 가져다준다. 진실함은 우리가 훈련하는 모든 다른 인성을 계발하는 데 도움을 준다.

♥

우리 둘 사이에 진실이 영원토록 존재하게 하라.
— 랠프 월도 에머슨, 《처세론》 '행동양식'

의논하고 행동에 옮기기

1. 진실함 확인하기
    ① 원하는 것을 얻고자 거짓말을 하거나 그릇된 정보를 주는가?
    ② 정보를 잘못되게 조작하는 데 상상력을 사용하지는 않는가?
    ③ 왜곡된 정보를 이용하여 의논하지는 않는가?
2. 진실함의 오용 사례 확인하고 균형 맞추기
    ① 거칠고 무뚝뚝한 태도로 상대에게 상처를 주지는 않는가?
    ② 헐뜯거나 중상모략을 해놓고 자신은 진실을 이야기하는 것이라
       고 변명하지는 않는가?
3. 언제 진실함이 부족하거나 잘못 사용되어 갈등을 일으키는가?
4. 진실을 이야기할 때는 어떤 표시가 나타나는가? 거짓말을 할 때는?
   진실한 이야기를 들을 때는 어떠한가? 거짓을 들을 때는?

관계 강화하기

- 서로 헐뜯거나 중상모략하지 말고 솔직하게 이야기해보라.
- 자신이 하는 일의 진정한 의도를 전달하라.
- 두 사람이 함께 잡지에서 진정한 자신의 모습을 표현하는 단어들을
  콜라주해보고, 결혼생활을 표현하는 콜라주도 만들어보라.
- 어떤 문제를 바라보는 자신의 생각에 관해 진실을 이야기해보자.

조화
Unity

형제가 연합하여 동거함이 어찌 그리 선하고 아름다운고!
— 기독교의 《성경》, 시편 133 : 1

♥

조화는 의식적으로 사람들 사이에 유대감과 공통점을 찾는 것이다. 조화는 사랑과 약속과 협력 속에 사람들을 함께 묶어주는 것이다. 조화는 서로 동의할 수 있는 부분을 찾는 데 집중하는 것이다. 조화는 불화를 관계의 파괴로 간주하는 것이다. 또한 조화는 다른 사람의 강인한 능력에 의존하는 것이다. 조화는 의논하는 과정에서 차이점을 이해하게 해주는 수단으로 사용하여 마침내는 일치된 결론에 도달하는 것이다. 조화는 결혼생활의 성공이 한 사람의 희생으로 다른 한 사람의 목표를 달성하는 것보다 훨씬 중요하다는 것을 인식하는 것이다. 결혼생활에서 형성되는 유대감은 아이들과 다른 가족 구성원들에게 꼭 필요한 아주 중요하면서도 안정적인 기반이다. 그것은 우리를 방방곡곡에 있는 사람들과 연결해주는 힘이다. 그것은 결혼생활을 완전하고 강력하게 유지해주고 번창할 수 있게 해주는 유대 관계이다.

♥

훌륭한 결혼생활은 누가 옳고 그른가가 아닌 유대감 위에서 번창한다.
— 칼릴 카바리와 수 윌리스톤 카바리, 《영원히 함께》

의논하고 행동에 옮기기

1. 조화 확인하기
   ① 스스로 우월하다고 생각하는가?
   ② 함께 상의하는 대신에 우두머리가 되려고 들지는 않는가?
   ③ 사람들을 싫어한다고 마음먹고 그들과 떨어져 있거나 그들을 헐뜯고 중상모략하지는 않는가?
2. 조화의 오용 사례 확인하고 균형 맞추기
   ① 모두가 똑같은 일을 해야 한다고 고집해 어느 한 사람이 주도권을 잡을 수 있는 여지를 아예 없애버리지는 않는가?
   ② 유대감을 증진시키려 노력하면서 사람들 사이의 실질적인 차이나 자신과는 다른 가치관을 무시하지는 않는가?
3. 언제 조화가 부족하거나 잘못 사용되어 갈등을 일으키는가?
4. 조화가 깨졌다는 것을 알 수 있는 신호들은 무엇인가?

관계 강화하기

- 서로 간의 조화를 회복하게 하는 의식을 만들어보라.
- 조화를 꾀할 한 가지 수단으로 음악을 활용해보라.
- 어떻게 하면 유대감을 증진시킬 수 있을지 의논해보라.
- 함께 지내는 공간과 시간, 그리고 혼자 있는 시간의 필요성에 대해 의논해보라.

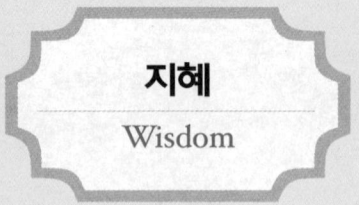

지혜
Wisdom

겸손하고 해를 주지 않으며 꾸밈이 없고 올바르게 행동하며 관대하라. …… 고통스러운 것과 즐거운 것을 조용히 맞이하라. …… 지식을 탐구하고 왜 그것을 탐구해야 하는지 명확히 이해하라. …… 그런 것들을 진정한 지혜의 뿌리라고 일컫느니라.
— 힌두교의《신의 노래 : 바가바드기타》, XIII

♥

지혜는 어떤 여건에서든 최선을 다해 행동하고 말할 수 있도록 경험과 지식에 의존하는 것이다. 우리는 상대방에게 배우고 함께 성숙해가므로 결혼생활을 하면서 지혜는 점점 깊어진다. 지혜는 반성, 식견, 훌륭한 판단, 상식을 사용하여 말과 행동이 시기적절하고 타당한지 평가하는 것이다. 특히 우리가 가야 할 길을 찾고자 지혜를 구한다. 지혜는 언제 도움을 청하고 지침을 내리며 행동을 시작하거나 조용히 멈춰야 하는지 알려준다. 진실을 보고 말하며 말과 행동으로 말미암아 발생할 수 있는 결과를 이해하려고 노력할 때 지혜가 쌓인다. 지식과 지혜는 정신과 과학의 원천에서 얻을 수 있다. 아무리 이해하려고 애를 써도 여전히 알 수 없는 것이 있다는 걸 인정할 만큼 충분히 겸손할 때 우리는 진정으로 지혜로워진다.

♥

말하는 것은 지식의 영토이고, 듣는 것은 지혜의 특권이다.
— 올리버 웬델 홈즈,《아침 식탁에서 읽는 시》

의논하고 행동에 옮기기

1. 지혜 확인하기
   ① 계획이나 반성 없이 행동하지는 않는가?
   ② 경험에서 배우고 개선하는 대신 오히려 역행하지는 않는가?
   ③ 지혜와 지침을 얻을 수 있는 다양한 원천을 무시하지는 않는가?
2. 지혜의 오용 사례 확인하고 균형 맞추기
   ① 다른 사람에게 충고하고 가르치고 이끌어주려고 하는가?
   ② 시간이 적절한지와 그 효과를 평가해보지 않고, 귀 기울여 듣지
   않는다고 다른 사람을 비판하지는 않는가?
3. 언제 지혜가 부족하거나 잘못 사용되어 갈등을 일으키는가?
   또, 어떻게 갈등을 해소하고 다시 관계를 회복하는가?
4. 결혼생활에서 어떤 값진 교훈을 얻었는가?
5. 지혜롭지 못한 결정이나 행동을 했다면 어떤 상황이었는가?

관계 강화하기

- 지혜롭고 고상하다고 알려진 사람들의 말을 인용한 글들을 읽고 각
  자 동의하는 것과 동의하지 못하는 것들에 대해 토론해보라.
- 아이들에게 전해주고 싶은 지혜로운 충고들은 따로 적어두어라.
- 부탁하지도 않은 충고를 해주어 당황해하는 사람에게 사과하라.
- 우리가 행동에 옮기려고 고심하고 있는 일의 적절성을 평가해보자.

메리드 인격
계발 활동과
연습문제

부록 1

대화의 기술: 부부 간에 의논하기

의논 과정에서 우리가 말하고, 듣고, 대답하는 방법은 서로에게 영향을 주고 두 사람이 합의하여 결론을 내리는 데 영향을 미친다.

1. 항목들을 자세히 살펴보고, 현재 얼마나 자주 그러한 행동을 하는지 각 항목에 1~5점까지 점수를 매겨보자. 각자 종이에 자신의 대답을 적고, 함께 의논하며 표를 완성해보라.
2. 각자 목록을 보며 더 많은 훈련과 기술 개발이 필요하고 행동을 바로잡아야 한다고 생각하는 항목의 점수 칸 오른쪽에 체크 표시(✔)하라.
3. 부부로서 서로 성장해야 할 부분에 대해 의논하며 확인해보자.

(결혼 전문가 케이벤 게울라(Keyvan Geula)가 이 연습 문제지를 작성하는 데 도움을 주었다.)

배우자와 의논할 때 얼마나 자주 그런가? 1. 거의 없다 2. 가끔 3. 보통 4. 자주 5. 늘 그렇다	점수	개선 필요
1. 빨리 결론을 내리는 데만 급급하다.		
2. 사실, 감정, 관점을 포함한 전체적인 정보를 수집한다.		
3. 문제 해결에 도움이 될 만한 지침과 인성들을 확인한다.		
4. 지혜, 명석함, 조화와 강인함을 얻기 위해 의논하기 전 혹은 중간에 기도한다.		
5. 한 번에 한 가지 주제에만 집중한다.		
6. 의논할 때 혼자서만 이야기하려고 한다.		
7. 과거의 문제들은 그대로 두고 현재의 문제에만 집중한다.		
8. 이미 이전에 이야기했던 문제들이었는지 신중하게 생각해보고 불필요한 반복을 피한다.		
9. 배우자의 생각이 옳다고 생각되면 상냥하게 받아준다.		
10. 나의 의견을 솔직하게 말하면서도 예의바르고 친절한 태도로 사랑과 호의를 담아 이야기한다.		
11. 진실을 밝히기 위해서가 아니라 배우자에게 도움을 주기 위해서 나의 의견을 말한다.		
12. 친절한 친구임을 보여주기 위해 의식적으로 어조와 제스처를 조절한다.		
13. 내가 배우자의 생각을 제대로 이해했는지 확인해보기 위해 잠시 판단을 보류한다.		
14. 진실이 묻히지 않도록 적극적으로 의견을 개진한다.		
15. 심하게 화가 나거나 좌절했다면 잠시 휴식 시간을 갖자고 요청하거나 또는 기도한다.		
16. 이야기할 때 시간 제한을 둔다.		

17. 배우자의 생각이 바르고 공정하다고 생각되면 바로 칭찬한다.		
18. 끈기 있게 배우자의 말을 들어준다.		
19. 배우자를 조정하려고 혹은 모욕하고 흠잡을 생각에서 아주 천천히 말하거나 아주 조용히 또는 아주 간략하게 말한다.		
20. 배우자보다 빠르고 큰 목소리로 말한다.		
21. 배우자의 말을 가로막거나 중단시킨다.		
22. 배우자가 내 의견에 동의하지 않으면 화를 낸다.		
23. 배우자의 이야기를 이해했다는 것을 확인하기 위해 대답하기 전에 그 사람이 한 말을 요약해 본다.		
24. 비웃는 말이나 제스처를 사용한다.		
25. 내가 한 말을 정확하게 이해했는지 확인하기 위해 배우자에게 내가 한 말을 요약해 달라고 겸손하게 부탁한다.		
26. 이해력과 인식을 넓히고자 나와 다른 견해와 아이디어를 찾아본다.		
27. 배우자와 다르게 생각하고 느끼는 차이점에 대해서만 말하지 않고 내가 생각하는 것을 정직하게 말한다.		
28. 두 사람이 협력해서 진실을 찾는 것이 한 사람만 옳은 사람이 되는 것보다 훨씬 중요하다는 것을 명심한다.		
29. 배우자에게 무엇은 해도 되는지, 무엇은 하면 안 되는지 말해주는 것을 회피한다.		
30. 대답하기 전에 잠시 생각해보고자 심호흡을 해본다.		
31. 배우자의 개인적인 공간을 존중해주고, 필요에 따라 뒤로 물러서거나 다가간다.		
32. 의논을 잠시 멈추고 내가 제대로 이해하고 있는지 진지하게 확인해 본다.		

33. 배우자의 감정을 눈치 채고, 처음 생각을 다시 생각해 본다.		
34. 딱딱한 대화 분위기를 풀기 위해 적절히 유머를 사용한다.		
35. 배우자에 대한 관심을 표현하기 위해 친절한 목소리와 매너를 발휘한다.		
36. 배우자의 관점을 이해하고 존중하고자 노력한다.		
37. 내 의견과 일치하지 않으면 배우자에게 불평하고 비난한다.		
38. 최근에 생긴 관심사에서 배우자의 의견이 더 좋으면 내 생각과 느낌은 접어둔다.		
39. 내 생각이 옳다고 주장하고 열렬히 옹호하는 행동은 피한다.		
40. 배우자의 생각이나 의견을 얕보지 않으려 노력한다.		
41. 내가 잘못했을 때 바로 사과한다.		
42. 배우자의 인성과 강점을 인정한다.		
43. 배우자의 입장에서 생각해보고 그 감정을 이해하려고 노력한다.		
44. 나의 감정을 이야기하고, 그 감정들에 책임감을 느낀다.		
45. 의논하는 과정이 지침과 새로운 아이디어를 찾기 위한 통로라고 믿는다.		
46. 대화하면서도 전화, 컴퓨터, 텔레비전, 비디오게임 등에 정신을 빼앗긴다.		
47. 차분하게 배우자에게 결정을 맡긴다.		
48. 신속한 결론을 내기 위해 스스로 나서서 의논을 추진하는 일은 피한다.		
49. 합의된 결론이 나면 그것을 평가해 본다.		
50. 합의된 결론을 언행일치하여 서로 충분히 지원해 준다.		

부록 2

대화의 기술 : 합의에 이르는 의논 연습하기

지침

1. 두 사람이 함께 기도하거나 정신 활동을 함으로써 하나가 되는 연습을 한다.

2. 각자 종이와 필기도구를 준비하여 의논하는 과정에서 하고 싶은 영적, 정신적, 감정적, 육체적 훈련에는 어떤 것이 있는지 집중적으로 자유롭게 토론해 본다. 이것은 혼자 하는 것과 부부가 함께 하는 것을 모두 포함한다. (예 : 시작하기 전에 기도하기, 중대한 문제를 의논해야 할 때는 식사 먼저 하기 등)

3. 잘못된 의사소통, 논쟁, 갈등 등을 막을 수 있는 것으로는 어떤 것들이 있을지 충분히 생각해본다.

4. 의견 일치를 얻을 최선의 방법은 무엇일지 자문해본다.

5. 의견이 일치하지 않으면 한 사람이 다른 사람에게 결론을 내려달라고 부탁해서 문제를 해결하는 것은 어떨지 생각해본다.

6. 1~5의 과정을 거쳐 각자 목록을 만들었으면 두 사람이 함께 그것을 자세히 살펴보고 의논하면서 부부에게 가장 의미 있는 훈련을 7가지 선택한다. 각각 선택한 것에 동의했다면, 다음에 나오는 표의 빈칸을 채워 보자.

우리는 의논하는 과정에서 다음의 행동들과 훈련들을 수행하기로 합의했다.

1.

2.

3.

4.

5.

6.

7.

주의: 목록에 7개보다 더 많이 적어도 좋다. 최종적으로 합의된 목록을 집 안 어딘가에 붙여놓아라.

의논 연습: 시간 활용에 대한 약속

주의: 이 연습 문제를 완성하기 전에 두 사람이 최근에 각자의 시간을 어떻게 보내고 있으며 전체 스케줄을 어떻게 관리하고 있는지 먼저 생각해보자.

지침: 이 연습 문제를 통해서 여러분은 자신에게 중요한 약속이 무엇인지 알아보고 시간을 더욱 잘 활용할 수 있게 될 것이다. 사람들은 대부분 다양한 조직에 속한 일원으로서 여러 가지 활동을 한다. 그런 탓에 '너무 바빠서' 배우자에게 무관심하고, 가족에게 소홀하고, 여유 있게 인생을 즐기는 것이 어려울 때가 있다. 이때, 여러분의 선택은 적절하고 균형 잡혀 있는가? 다음에 나오는 사항들을 생각해보자.

- 매주 그 활동에 할애하는 시간의 양
- 중요한 정도(이 우선순위는 개인적인 선호도나 종교상 지침이나 또는 직업 수행을 위한 필수 교육 과정을 근거로 하여 1~5점으로 나타낸다.)

두 사람이 함께 각 항목의 우선순위 칸에 순서를 매기며 다음의 표를 완성해보라. 표를 완성했으면 그 뒤에 나오는 질문들에 답해보라.

남편의 시간 활용 평가서

주요 활동과 약속	누구를 위한 활동인가? (자기 자신, 가족, 조직, 종교 기관)	주당 시간	우선 순위
예: 미팅	비영리 위원회 위원장	1시간	3

아내의 시간 활용 평가서

주요 활동과 약속	누구를 위한 활동인가? (자기 자신, 가족, 조직, 종교 기관)	주당 시간	우선 순위
예 : 정원 일	가족	2시간	4

부부의 공통된 주요 활동과 약속

주요 활동과 약속	누구를 위한 활동인가? (자기 자신, 가족, 조직, 종교 기관)	주당 시간	우선 순위
예 : 공부 모임	종교 모임	2시간	2

시간 활용에 대한 토의

1. 두 사람이 같은 활동에 참여하는 것이 여러분에게는 얼마나 중요한가? 또한 각자 다른 활동을 하는 것은 얼마만큼 중요한가?

2. 그 활동들에 참여하게 되는 동기는 무엇인가? 다른 사람들에게 봉사하고자 하는 것도 있는가?

3. 여러분을 행복하게 하는 활동은 어떤 것인가?

4. 시간만 들이고 진정한 기쁨과 만족감을 얻지 못하는 활동은 어떤 것인가?

5. 많은 시간을 할애하지만 우선순위가 낮은 활동은 어떤 것인가?

6. 다른 사람이 대신 해줄 수 있는 활동은 어떤 것인가?

7. 특별히 자신의 재능을 발휘해야 하는 활동은 어떤 것인가?

8. 시간, 기술, 능력을 최고로 사용한 대표적인 활동은 어떤 것인가?

9. 인성의 성장에 가장 많이 기여하는 활동은 어떤 것인가?

10. 여러분의 활동이 부부 관계와 가족에게 어떤 영향을 끼치는가?

11. 각각의 활동을 중단하면 어떤 일이 발생하는가?

12. 계속해서 전념하고 싶은 활동은 어떤 것인가? 그 이유는 무엇인가?

부록 4

의논 연습: 돈에 대한 인식과 가치관

지침 : 돈에 대해 이야기할 때는 아무래도 과거의 감정과 문제들에 대해 이야기하게 된다. 살면서 배운 모든 것은 결혼생활을 하면서 돈을 다루는 데 영향을 미친다. 각자 아래의 질문들과 그 뒤에 나오는 주의를 이용하여 자신의 재정 역사를 생각해보자. 그리고 질문에 대한 답이 완성되면 토론 부분을 함께 살펴보라.

생각해볼 문제

- 아껴 쓰는 편인가 아니면 헤프게 쓰는 편인가?
- 현명하게 투자하는 방법을 훈련받았는가?
- 종교나 자선 단체에 기부하는가?
- 어린 시절에 돈을 훔친 적이 있는가? 어떻게 처리했는가?
- 부모님이 은행을 신뢰했는가? 아니면 불신했는가?
- 할머니가 침대 밑이나 냉장고 안에 돈을 숨겼는가?
- 동네 깡패에게 점심값을 강제로 뺏긴 적이 있는가? 있었다면 그 문제를 어떻게 처리했는가?
- 현재만 생각하면 되고 미래는 계획할 필요가 없다고 배웠는가?

- 미래를 위해 저금하고, 현재의 즐거움을 위해서는 돈을 사용하지 말라고 배웠는가?
- 아이들은 가족을 위해 사랑하는 마음으로 일을 해주고 그런 자신의 행동에 대해 보상을 기대해서는 안 된다고 배웠는가?
- 용돈을 받았는가? 받았다면 얼마를 받았는가? 친구들은 여러분보다 많이 받았는가, 적게 받았는가? 용돈을 받고 기분이 어땠는가?
- 부모가 모든 대학 등록금을 다 대주고 자녀들에게 대학교에 다니는 동안은 일하지 말라고 하는 것이 옳다고 보는가?
- 18세 이상 된 사람들은 모든 비용을 자신이 다 대는 것이 마땅하며, 부모에게 의존해서는 안 된다고 생각하는가?
- 태도나 소비 습관에 영향을 줄 만큼 거금을 준 친척이 있는가?
- 어릴 때부터 일을 했는가? 아니면 나이가 들어서부터 일을 했는가? 그렇다면 몇 살 때부터인가? 수입은 어떻게 관리했는가?

주의 : 과거는 오늘날 여러분에게 어떤 영향을 미치는가? 돈을 어떻게 관리하는가? 배우자가 돈을 관리하는 것에 대해 어떻게 생각하는가?

토론 : 돈과 관련된 두 사람의 가치관을 이해하는 것이 어떻게 두 사람 관계에 생길 수 있는 갈등을 막아주는가? 새롭게 세우고 싶은 재정 계획에 대해 의논해보자.

여러분이라면 아래의 상황들에 어떻게 대처하겠는가?

1. 남편은 언제나 신용카드로 물건을 사는 반면에 아내는 즉시 지급할 수 있는 돈이 있는지 확인한 다음에 현금으로 사는 것을 선호한다. 무엇이 문제인가? 해결할 수 있는 방법은 무엇인가? 두 사람이 함께 이 문제를 의논해보고 돈을 어떻게 관리할 것인지 합의를 보라.

2. 아내의 남동생이 출퇴근용 자동차를 수리하는 데 필요하다며 150달러를 빌려달라고 부탁했다. 아내의 남동생에게 그 돈을 빌려주려면 두 사람의 공동 예금 계좌에서 돈을 빼 빌려줘야 한다. 그러므로 남편과 아내가 서로 동의해야만 돈을 빌려줄 수 있다. 그런데 그런 한편으로 아내의 남동생은 다섯 달 전에 빌려간 300달러도 아직 갚지 않은 상태이다. 그에게 돈을 빌려준다는 것은 신용카드 대금 지급을 미루는 것을 뜻한다. 무엇이 문제인가? 해결할 수 있는 방법은 무엇인가? 어떤 결정을 내리겠는가?

부록 5

대화의 기술 : 어조

지침 : 다음의 표현들을 다양한 어조와 여러 가지 표정으로 말해보자. 그리고 한 가지 표현을 호의적인 어조와 부정적인 어조로 말해보자. 이때 각기 다른 어조에 따라 듣는 사람의 반응이 어떻게 다른지 살펴본다. 이제 두 사람이 돌아가면서 말하고 들어보라.

1. 미안해요.
2. 실례합니다.
3. 그만하세요.
4. 건드리지 마세요.
5. 전화해주시겠어요?
6. 원하시는 대로.
7. 알겠어요. 제가 할게요.
8. 앉으세요.
9. 지금 말하고 싶지 않아요.
10. 안녕하세요.
11. 좋습니다.
12. 고맙습니다.
13. 함께 갑시다.
14. 무엇이 필요하십니까?
15. 왜 그렇게 하셨습니까?
16. 네, 여보.
17. 내 말이 들리세요?
18. 내버려두세요.
19. 저 좀 도와주시겠어요?
20. 좋은 아침입니다.

토론

1. 어떤 어조가 마음에 드는가?

2. 대화 도중에 사용하고 싶지 않은 것에는 어떤 것들이 있는가? (말할 때와 들을 때 모두)

3. 호의적인 어조로 말하기 어려운 표현들이 있었는가?

4. 더 호의적으로 들리도록 자연스럽게 "부탁드립니다."를 덧붙여 말한 표현들이 있었는가?

5. 문화적인 말투가 문장의 의미에 영향을 주지 않았는가?

6. 다른 어조로 말했을 때 어떤 느낌을 받았는가?

7. 어조의 차이에 따른 의사소통에서 무엇을 배웠는가?

부록 6

대화의 기술 : 합리적으로 부탁하기

상대방에게 걱정거리를 이야기하거나 도움을 요청할 때, 비판 없이 정답게 말하는 것도 중요한 대화의 기술이다.

부탁은 두 사람 간의 협력을 이끌어내고 해결 방안을 만들어낼 수 있다. 부탁을 할 때는 두 사람의 입장이 동등하다는 생각이 바탕에 깔려 있어야 한다. 두 사람이 어떤 관계를 맺고 있는 사이라면 분노, 긴장감, 불쾌감, 좌절과 슬픔과 같이 내면에서 생겨나는 신호로 상대방에게 문제를 제기하거나 부탁해야 할 때를 알려줄 수 있다. 예를 들어 자신이 불평하거나 긴장하고 있다고 느끼면, 직접적으로 상대방과 대화를 시작해보는 것이 좋다.

먼저 자신의 감정을 생각해보고, 해결해야 할 근본적인 문제와 그 문제에 대한 여러분의 느낌을 배우자가 쉽게 받아들이도록 전달하는 방법을 잘 생각해본 다음에 현명하게 판단해야 한다. 이런 것들을 고려하지 않으면 배우자가 무의식중에 나오는 여러분의 부정직한 이죠나 방어적이고 성난 태도를 먼저 느끼게 되어 문제를 더 악화시킬 수 있다. 대화를 나누면서 각자의 의사를 명확하게 전달하게 하는 것이 익숙해지면 두 사람 사이에 갈등과 오해가 크게 줄어들고 가정의 화목을 유지할 수 있다. 자기 생각을 말할 때는 비난조로 들릴 수 있는 '당신이' 로 문장을 시작하지 말고 '내가' 화법을 사용해보라.

직접적인 요청에 대한 예를 살펴보자.

"여보, 우리 이야기 좀 할까요? 나는 _____ 가 되어 있지 않아서 불행하고 _____ 기분이 들어요. _____ (날짜와 시간)까지 처리해줄 수 있을까요?"라거나 혹은

"여보, _____이 처리되어 있지 않아서 기분이 아주 좋지 않아요. 어떻게 하면 좋을지 같이 이야기해볼까요?"

우울함을 느낄 때 배우자에게 꽃을 사달라고 부탁해보는 것도 좋은 방법이다. 혹은 둘이서 어떤 문제를 처리하려고 애쓸 때, 서로 상대방에게 도움을 요청할 수 있다.

배우자에게 어떤 부탁을 하고 싶을 때, "당신이 _____ 해주면, 내가 _____하는 데 도움이 될 거예요."라고 말할 수 있다.

배우자에게 "무엇을 도와줄까요?"라고 직접적으로 도움을 제안해볼 수도 있다. 도움을 주고 또 상대방에게 필요한 것이 무엇인지 알아가는 것은 두 사람 사이에 신뢰와 애정을 쌓을 수 있는 좋은 기회이다. 상대방에게 기분이 어떤지 물어보고 솔직한 감정을 털어놓으면서 배우자가 말한 것을 마음으로부터 이해한다는 것을 표현하는 것만으로도 배우자에게 도움을 줄 수 있다.

지침 : 아래에 나와 있는 상황들에 관련되거나 두 사람에게 특히 중요한 문제에 대해 서로 번갈아가며 직접적인 부탁을 표현해보자. 문제를 해결하기 위해 잠시 동안 의논해보자. 부탁을 받는 사람은 여러 가지로 대답할 수 있다는 사실을 기억하라. "그래.", "아니.", "어쩌면."이라고 말하거나 문제를 해결할 수 있는 대책을 제시할 것이다.

상황

① 한 사람은 바닥에 더러운 옷을 쌓아두고, 다른 한 사람은 그것을 치워달라고 부탁한다.

② 한 사람은 직장이나 바깥 활동에서 우울하고 심신이 지친 상태로 집에 돌아왔는데 다른 한 사람은 소파에 앉기 전에 샤워나 목욕부터 먼저 하라고 부탁한다.

③ 한 사람은 대금을 제때 지급하는 것이 어렵다고 회피하고, 다른 한 사람은 함께 해결책을 궁리해보며 대금이 늦게 지급되는 것을 막아보려고 노력한다.

④ 한 사람이 다른 한 사람에게 저녁 때 혼자서 아이늘과 시간을 보내달라고 부탁한다.

부록 7

대화의 기술: 허황된 상상 중단하기

상대방의 상황을 충분하게 파악하지 않은 채 제멋대로 그 상황을 받아들인 탓에 함께 대화할 때 두 사람의 관계에 문제가 생길 때가 종종 있다. 이렇듯이 실제 상황이 아니라 상상에 근거하여 반응하면 문제가 복잡해지기 쉽다. 성급하게 단정해버리는 것도 여기에 속한다. 예를 들어 여러분이 내역을 알지 못하는 물건의 영수증이나 청구서를 보면 배우자가 돈을 부적절하게 사용했다고 상상하기 시작하는 것이다.

우리는 어떤 일을 머릿속으로만 생각하면서 그 상황에 어떻게 대응할 것인지에 대해 얼마든지 부정적인 시나리오를 꾸밀 수 있다. 또는 어떤 사소한 고민이 나중에는 아주 심각한 걱정으로 발전하기도 한다. 예를 들어, 남편이 늦은 시간까지 아무 연락도 없이 집에 오지 않으면 아내는 그가 사고가 나서 심하게 다친 상황을 상상하기 시작한다. 이런 상상으로 아내는 남편이 집에 돌아올 때까지 몹시 걱정하고, 심지어는 화가 났을지도 모른다. 객관적인 사실은 그가 늦었다는 것뿐이다. 또 다른 경우를 살펴보자. 창고에서 공구가 없어진 것을 발견한 남편은 누군가가 그것을 훔쳐갔거나 아니면 가족 중에 누군가가 부주의하게 다룬 것이라고 상상하기 시작한다. 이렇게 상상에 근거해 화가 났던 그는 잠시 후 자신이 그 공구를 어디에 두었는지 기억해낸다.

지침 : 이번 활동 과제의 목표는 실제로 일어나고 있는 일과, 상상 속에서 생겨난 상황에 대한 해석이 그 행동의 결과와 부부 사이에서 이루어지는 대화에 미치는 영향을 구별하도록 하는 것이다.

1. 아래에 나오는 시나리오 가운데 적어도 한 개를 선택하여 함께 역할놀이를 해보고, 서로의 행동을 분석해보자. 어떤 일에 부정적으로 반응하는 사람은 상대방이 들을 수 있도록 자신이 머릿속으로 어떤 상상을 하는지 큰 소리로 말해야 한다. 그러고 나서 어떻게 대답하는 것이 좋은지 이야기해보자.

① 남편이 일을 마치고 저녁 5시 15분에 아내에게 전화하기로 했는데 전화를 하지 않았다. 그녀의 머릿속에는 어떤 생각이 스쳐지나갈 것이며, 또 나중에 그와 대화할 때 어떤 반응을 보이게 될까? 그녀는 대화를 어떻게 이끌어가야 할 것인가?

② 남편은 아내에게 저녁 식사에 친구들을 초대하는 것이 어떻겠느냐고 물어본다. 그녀의 표정은 좋아 보이지 않았고, 내답도 하지 않은 채 이야기의 주제를 바꿔버렸다. 두 사람의 머릿속에는 어떤 생각이 스쳐지나갈 것이며, 이 일은 두 사람의 대화에 어떤 영향을 끼칠까? 두 사람은 대화를 어떻게 이끌어가야 할 것인가?

③ 아내가 남편에게 시장에 들러 아이의 생일 케이크에 입힐 아이싱을 사다달라고 부탁한다. 그런데 남편은 빈손으로 집에 왔다. 순간 두

사람의 머릿속에는 어떤 생각이 스쳐지나갈 것이며, 이 일이 두 사람의 대화에는 어떤 영향을 끼치게 될까? 두 사람은 대화를 어떻게 이끌어가야 할 것인가?

④ 남편이 실수로 200달러짜리 영수증을 떨어뜨렸는데, 그의 용돈이 부족하다는 것을 알고 있는 아내가 그것을 주웠다. 아내의 머릿속에는 어떤 생각이 스쳐지나갈 것이며, 또 이 일이 두 사람의 대화에 어떤 영향을 끼치게 될까? 두 사람은 대화를 어떻게 이끌어가야 할 것인가?

방침 : 위와 같은 패턴들을 경험한 적이 있는가? 있다면 결과는 어땠는가? 결과가 긍정적이었던 적이 있는가? 마음속에 자기만의 시나리오를 창작하는 이런 패턴들을 바꾸어 그 대신 실제로 일어나는 일에 집중하려면 어떻게 해야 할까?

2. 그동안 살아오면서 경험한 일들을 바탕으로 다음 장 첫 번째 줄의 동그라미에 실제 일어났던 일과 그 상황에 대한 자신의 해석, 그 결과 어떤 행동을 했는지 적어 넣는다. 두 번째 줄에는 그 상황을 좀 더 긍정적이고 자신감 있게 해석했다면 어떻게 행동했을지 적어 넣는다.

토론 : 이번 활동 과제를 통해 무엇을 배웠는가?

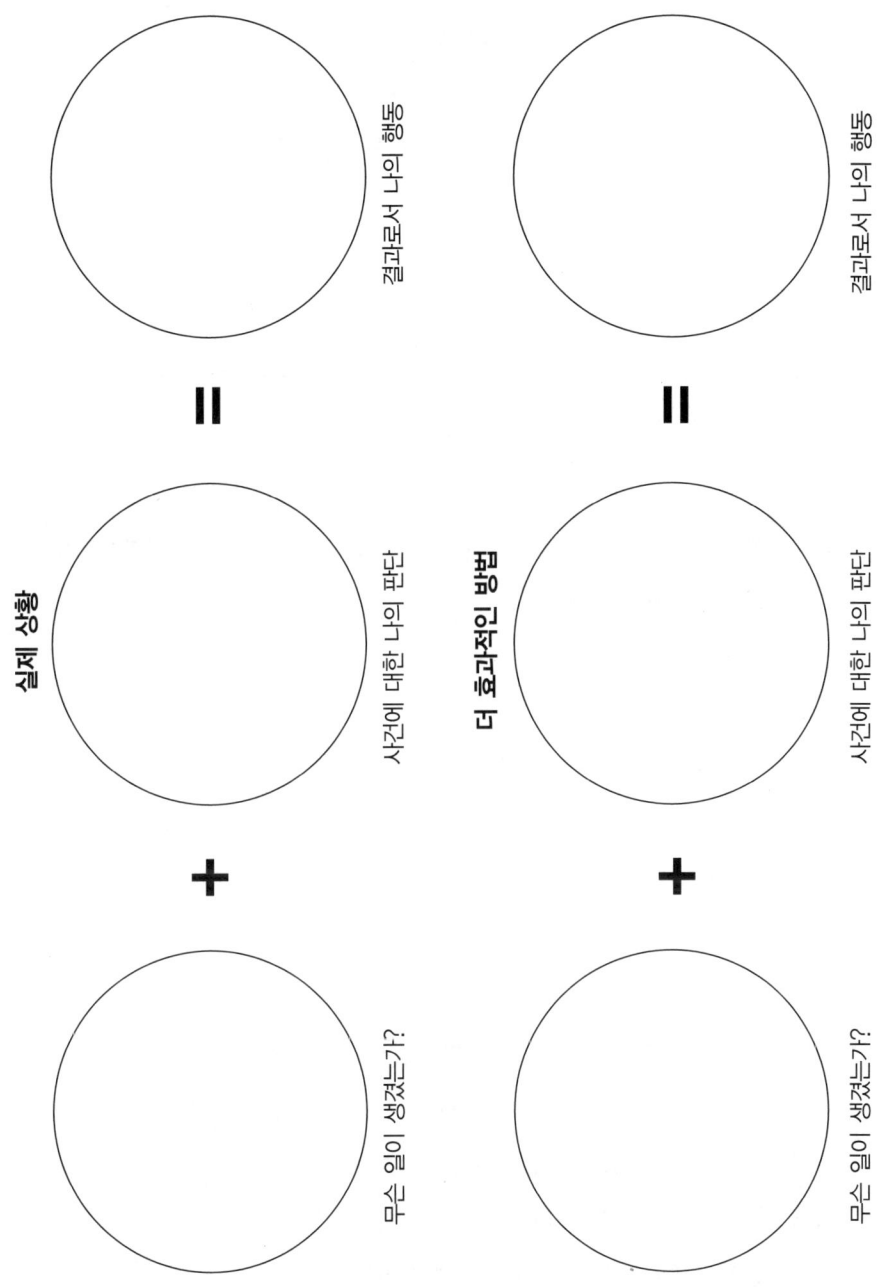

결과로서 나의 행동

실제 상황

사건에 대한 나의 판단

무슨 일이 생겼는가?

결과로서 나의 행동

더 효과적인 방법

사건에 대한 나의 판단

무슨 일이 생겼는가?

부록 8

대화의 기술 : 농담과 장난

지침 : 유머로써 즐거운 시간을 보내는 것은 결혼생활을 든든하게 해주고 두 사람의 사이를 더욱 가깝게 하는 힘이 있다. 아래 질문들을 읽고 토론하면서 여러분의 결혼생활에 유머와 즐거운 시간을 보내는 정도가 적절한지 이야기해보자. 그리고 여러분이 이 대화의 기술에 만족하는지도 생각해보라.

유머

1. 두 사람이 함께 웃는 것이 여러분에게는 중요한가?
2. 배우자를 웃게 하는 데 거의 성공하는 두 가지가 있다면?
3. (필요하다면) 더 많이 웃기 위해 할 수 있는 일은 무엇인가?

즐거움

1. 두 사람이 함께 하면서 즐거워하는 일은 무엇인가?
2. 결혼해서 즐거운 시간을 보내거나 데이트를 즐기거나 함께 사회활동을 하기 위해 어떤 노력을 하는가?
3. 새로 시도하고 싶은 활동은 무엇인가?
4. 일상의 즐거움을 어떻게 조절해야 하는가?

부록 9

메리드 인격의 활용 : 성적인 친밀감 높이기

다음에 나오는 자료 대부분은 작은 책자로 출판되었던 것들이다. 이 책자에 대해서는 다음과 같이 설명할 수 있다. "이 책은 모든 부부가 침대 머리맡에 두고 매일 밤 읽어야 한다. 이 책을 통해 부부의 성생활에 대한 매우 지혜롭고 특별하며 즉각적인 도움을 받을 수 있다."

— 다이앤 솔리(Diane Sollee), (웹사이트 smartmarriages.com의 창안자이자 책임자)

목표 : 부부의 성생활이 인성과 어떤 관계가 있는지 이해한다.

1. 아래에 나오는 인성들을 읽어보고, 현재 두 사람이 사랑을 나누는 데 어떻게 사용할 것인지 이야기해본다.
2. 세 가지 인성을 골라 다음 번 성관계 때 사용해본다.
3. 앞으로 성관계를 할 때 서로에게 원하는 것이 있다면 무엇인가?

다음에 나오는 내용은 두 사람의 성관계에 인성들을 적용할 수 있는 방법을 간단히 설명한 것이다. 이를 통해 결혼생활에 '높은 수준'의 성생활이 어떻게 의식적으로 친밀감을 키워주는지 알아보자. 여러분이 상상해왔던 것보다 큰 전율을 느끼게 하고 만족감을 줄 것이다.

수용력 — 이 세상에 완벽한 사람은 없다. 두 사람은 서로의 욕망, 육체와 영혼을 있는 그대로 받아들이는 자비를 베풀어라.

단호함 — 서로에게 무엇을 원하고 무엇이 필요한지 물어보자. 성적인 교감, 준비 시간, 전희, 신체 접촉, 포옹과 성교의 단계에서 서로가 원하는 것에 대해 이야기해본다. 서로 욕망을 느낄 때 언제 어떻게 전달하는 것이 좋은지에 대해서도 이야기해본다.

아름다움 — 배우자의 정신, 마음, 육체와 영혼의 아름다움을 진심으로 높이 평가하고 인정해주어라. 사랑을 나눌 때 편안하고 아름다운 장소를 확보해두어라. 모든 아름다움은 조물주가 빚어낸다는 사실을 함께 인정하라.

배려 — 배우자의 욕구와 바라는 것을 고려하면서 여러분이 배우자의 안위와 성생활 모두 굉장히 배려하고 있다는 것을 보여주어라.

정조 — 이것은 배우자에게 주는 영적, 정신적, 육체적 신의의 선물이다. 또한 배우자에게만 집중하며 성에 관련된 생각과 행위를 절제하고 순결을 지키며 다른 사람이 아닌 배우자에게만 마음을 기울이는 것이다. 혹시 다른 사람에게 끌리는 마음은 배우자를 향한 강력하고 긍정적인 사랑의 감정으로 대체하여 신성한 결혼생활을 되찾도록 하는 것이다.

약속 — 자신이 한 말을 실천에 옮기는 것은 두 사람의 관계에 서로 헌신적이라는 것을 보여주므로, 두 사람은 서로 영원히 함께할 것이라고 안심할 수 있다. 약속은 각자 그 어떤 문제도, 그것이 성에 관련된 문제라도 함께 헤쳐 나갈 수 있게 해준다.

동정심 — 때로는 삶이 고달파 성관계는 잠시 보류하고 배우자에게 안식처가 되어주어야 할 때가 있다. 이것은 배우자의 마음이 어떻고 기분이 어떠한지 들어주고 서로 합의 하에 성관계는 다음으로 미루는 것이다.

확신 — 충분히 서로 즐기고 만족할 수 있는 신체 접촉을 이어가며 행위를 시작함으로써 성관계에 적극적인 자세로 임하라.

만족감 — 시간이 흐르면서 두 사람의 육체가 점차 성관계의 자연스러운 리듬을 따라가면, 두 사람이 사랑을 나눌 때마다 새로운 경험을 하게 되고 생활도 변하기 시작한다. 만족감은 배우자에게 비상식적인 기대를 품지 않으면서 성관계의 리듬에 빠지는 것이다. 이는 최고 순간의 뒤에 따라오는 시련의 순간도 받아들일 수 있게 해준다.

협동심 — 일체감을 쌓는 데 필요한 협동심은 육체적 경험보다 더 광범위한 일이다. 이는 서로의 생각을 공유하고, 목표와 꿈을 향해 나아가도록 서로 도와주고, 마음속에 담고 있는 것을 들어주는 것이다.

용기 — 여러분이 필요로 하고 원하는 것을 용기 내어 배우자에게 말하고, 만족스러운 성생활을 위해 배우자에게 다가가 모험을 시도하며 관계를 맺고 배우자에게만 집중하는 것이다. 만약 과거에 어떤 경험이 여러분의 삶을 힘들게 했다면, 누군가와 육체적으로 친밀감을 느끼고 성관계를 맺는 데는 큰 용기가 필요하다.

예의 — 예의범절은 식당에서와 마찬가지로 침실에서도 중요하다. "부탁합니다." "고맙습니다."라는 한 마디 말과 서로에 대한 공손한 태도는 두 사람의 성생활에 도움이 될 것이다.

창의력 — 새로운 변화는 그것이 새로운 마음가짐이든, 새로운 자세나 장소이든, 음악을 트는 것이든 아주 다양한 방법으로 두 사람의 관계에 흥을 더해줄 수 있다. 창의력을 사용해 두 사람이 함께 특별한 경험을 만들어보라.

초연함 — 때로는 여러분이 당장 원하는 것에 초연해지고 배우자가 원하는 신체 접촉과 배려를 해줘야 할 때가 있다. 초연함은 비록 그날의 성관계가 만족스러웠지만 절정에 이르는 것이 가능하지 않거나 혹은 필요하지 않은 것을 받아들일 수 있게 해준다. 단지 때로는 그날이 알맞은 때가 아니었던 것이다.

통찰력 — 배우자의 유혹적이거나 냉담한 신호는 종종 미묘해서 알아차리기 어렵다. 이럴 때 필요한 것이 통찰력이다. 통찰력은 배우자에게 세심하게 주의를 집중할 수 있도록 해준다. 또 사랑을 나누는 과정에서 배우자의 반응에 더 신경을 쓰고 적절하게 조절하도록 해주기도 한다.

격려 — 어디를 어떻게 만져주는지와 횟수, 속도는 배우자의 격려와 긍정적인 피드백으로 더욱 만족스러워질 수 있다.

열정 — 아, 이제 힘이 되었어요! 좋은 시간 보내세요!

동등성 — 일방적이고 이기적인 성관계는 좋지 않다. 서로에 대한 존경심과 균형, 서로를 즐겁게 해주는 것이 훨씬 행복한 일이다.

완벽함 — 여러분이 누릴 수 있는 최고의 경험을 향해 노력하라. 이것은 가치 있는 목표이다. 여기에는 배우자의 이야기를 들어주고, 동정심을 갖고, 배우자를 돕고 보살펴주는 것이 포함된다.

신의 — 신의는 서로 충실한 것을 뜻하기도 하지만, 그와 더불어 신의 존재를 믿고 또한 성관계를 두 사람이 하나가 되는 신성한 경험으로 만들어주는 것을 뜻하기도 한다. 사랑을 나누기 전에 기도하고, 육체 간의 결합만이 아닌 마음과 영혼의 결합이라는 것을 알도록 하자.

융통성 — 여러분은 때때로 흥분되는 때가 있고 그렇지 않을 때가 있다. 때로는 잘 될 때가 있고 잘 안 될 때가 있다. 융통성은 관능적인 마사지나 좋은 대화와 같이 배우자와 관계를 맺는 데 창의적인 방법을 찾도록 도와준다.

용서 — 두 사람 사이에 해결되지 않은 문제가 있으면 서로 조화되기 어렵다. 용서는 배우자에게 분노하지 않고 비난하지 않게 하면서 두 사람의 관계와 성관계를 한 걸음 더 나아가도록 도와준다.

친절 — 함께 웃고, 단란한 시간을 보내고, 친구 사이처럼 서로 도와주는 것은 사랑을 나누는 데 필요한 중요한 토대이다. 그래서 성관계를 하면서 두 사람이 하나가 되는 경험은 두 사람의 우정을 강화해준다.

너그러움 — 배우자에게 가능한 한 모든 수단을 동원해 베풀면 배우자의 기쁨과 행복은 바로 여러분의 것이 된다.

상냥함 — 절대로 열정이 상처를 받아서는 안 된다. 그로 말미암아 생길 수 있는 고통은 진정한 기쁨을 망친다. 서로 가까워지고 접촉할 때는 상냥하고 사려 깊게 행동하라.

유익함 — 어떻게 하면 배우자를 편안하게 해주는지 알아차리거나 또는 직접 물어보고, 이전의 경험에 집중해 절정에 도달하도록 노력하라. 단, 각자의 욕망은 다양하므로 같은 행동이 매번 만족스러울 것이라고 생각해서는 안 된다.

정직 — 정직하게 서로의 생각을 공유하고 이야기를 들어주고 이해하는 것은 두 사람이 성관계를 맺을 때 어떤 것이 잘 맞고 어떤 것이 잘 맞지 않는지 알 수 있게 해준다. 이를 위해서는 두 사람 사이에 아무런 장벽도 두지 않고 분명하게 이해심을 키우는 것이 최선이다.

겸손함 — 가식 없이 정직하게 있는 그대로의 자신의 모습에 충실하라. 자존심은 침실 안에서 두 사람 사이를 돈독하게 해주지 못한다. 부부 간의 성관계는 무대에서 공연하는 것이 아니다. 겸손함은 서로에게 진실하고 충실하고 잘 맞는 상대가 되어주도록 한다.

이상주의 — 두 사람 사이에 일어날 수 있는 일에 대해 꿈꾸는 것은 매우 좋은 생각이다. 두 사람이 함께 그 꿈을 이루어나가고자 노력하라.

청렴 — 배우자와의 관계에 영향을 끼치는 일이라면 여러분의 과거, 경험했던 일들, 서로 간에 지켜야 할 약속과 의무들에 대해 확실하게 이야기를 나눠보라. 정직하고 개방적인 자세는 침실과 결혼생활에서 모두 두 사람 사이에 더 깊은 유대감을 형성해줄 것이다.

즐거움 — 성관계를 맺는 것은 즐겁고 흥분되는 일이며 두 사람 사이에 행복과 친밀감을 가져다준다. 여러분의 마음이 배우자에게 맞추어지고 인생의 선물에 고마움을 느낄 때 우리는 행복해진다.

공정함 — 침실 밖에서든 집에서든 자신에 대한 우월감이나 또 불공평하고 어리석고 해로운 행동 따위는 던져버려라. 공정함은 배우자와 동등한 관계를 맺도록 하고 배우자를 존경하는 마음으로 대할 수 있게 도와준다.

호의 — 사랑을 나눌 때 촛불을 컨다거나 서로 로션을 발라준다거나 마사지해주거나 물을 떠다주는 것과 같은 친절한 행동을 하라. 호의는 두 사람의 마음을 하나로 합쳐줄 것이다.

사랑 — 사랑은 자석과 같은 힘이 있어서 두 사람이 계속해서 서로를 끌어당기도록 해주고, 두 사람의 관계 안에서 다양한 방법으로 표현된다. 그 가운데 하나가 성관계로 공유하는 경험이다. 사랑은 서로 성관계를 할 때마다 두 사람의 유대관계를 지속적으로 재창조해준다.

충실함 — 친구들이나 친척들과 함께 있을 때 배우자에 대한 이야기를 한다면 반드시 주의해야 한다. 여러분이 배우자에게 충실하다면, 두 사람의 성생활에 대한 상세한 이야기는 비밀로 해두고 마음속에 담아두도록 한다.

자비 — 여러분의 기분과 감정이 두 사람의 관계에 영향을 줄 수 있으므로 배우자가 그것들을 조절할 시간과 장소를 주어야 한다. 때로는 둘 중 한 사람이 상대방만큼 참을성이 없거나 혹은 욕망이나 의욕이 덜할 수 있으므로 배우자에게 필요한 만큼 휴식 시간을 주어라.

절제 — 어떤 행동이 지나치면 그 행동만의 특별함을 잃는다. 두 사람이 함께 서로의 관능적이고 성적인 리듬이 균형을 맞추도록 노력하라. 살아가면서 절제를 훈련하면 성관계를 맺는 데 필요한 에너지와 집중력을 키우도록 도와줄 것이다.

끈기 — 때로는 두 사람이 사랑을 나누기에 가장 좋은 때까지 기다릴 필요가 있다. 그러면 이 기다리는 시간 동안 두 사람이 함께할 시간에 대한 기대가 높아질 것이다. 그리고 두 사람이 성관계를 맺을 때 끈기를 발휘하며 천천히 진행하면 즐거운 시간을 연장시킬 수 있다.

평온함 — 흥분되고 화나는 감정과 두 사람 사이의 갈등은 평화로운 침실 분위기를 조성하고 친밀하고 즐겁게 성관계하는 데 방해가 된다. 두 사람의 내적인 평화와 조화는 두 사람의 성생활에 평온함이 존재하도록 해준다.

인내 — 배우자의 신체, 정신, 마음, 영혼의 리듬을 알게 되는 데는 시간이 걸리므로 인내심을 발휘하여 계속 노력하라.

순수함 — 긍정적인 생각과 농기는 두 사람이 함께하는 경험을 향상시켜준다. 깨끗한 형태인 순수함은 육체적이고 정신적인 친밀감을 쌓는 데 매우 크게 기여한다. 이는 걱정 없이 배우자에게 접촉하는 것뿐만 아니라 배우자를 위해 자중하고 배려하는 마음의 척도이다.

결단성 — 여러분이 무엇을 하고 있고, 여러분과 배우자가 왜 서로를 만지고 있는지를 신중하게 생각해보는 것도 중요하다. 이 시간은 사업적인 전략을 세우고 머릿속으로 시장 봐올 목록을 작성하거나 두 사람의 경험에서 감정적으로 자기 자신을 제거할 때가 아니다. 긍정적인 방법으로 두 사람의 친밀감을 키우는 데 집중하라.

존경심 — 서로에게 존경심을 표현하는 것은 두 사람의 유대감을 유지시킬 뿐만 아니라 성생활에 매우 중요하다. 존경심은 자기 자신을 소중히 여기는 것으로 시작하고 그런 다음에 배우자의 욕구, 필요, 욕망을 소중하게 생각해주는 것이다. 존경심은 서로 더욱 친밀해지고 건전한 유대관계를 맺게 하며 동등한 관계를 유지시켜준다.

책임감 — 남성과 여성의 생물학적 기능에 대해 알아보는 것은 배우자와의 성생활을 제대로 하는 데 도움이 된다. 배우자를 질병에 노출시키지 않는 것, 계획되지 않은 임신을 포함해 여러분의 행동과 그 결과에 대해 책임감을 느끼는 것은 정직한 결혼생활에서 크게 중요한 부분이다.

자제력 — 자제심은 배우자에 대한 존경심을 보여주는 방법으로, 필요에 따라 끈기와 상냥함을 훈련할 수 있게 해준다.

봉사 — 봉사하고자 하는 마음가짐은 주변 상황을 정리하고 혼란을 줄이고 배우자를 편하게 해주는 방법을 찾는 데 도움이 된다. 가끔은 배우자가 좋아하는 일에 집중하고 여러분이 좋아하는 일은 잠시 미루도록 하라.

성실함 — 육체적 관계를 즐기고, 배우자에게 반응을 속이지 말아야 한다. 성실함은 두 사람 사이에 믿음이 쌓이게 한다.

영성 — 육체와 마찬가지로 두 사람의 영혼도 함께 그 상황을 즐길 수 있도록 하라. 성관계를 맺는 것은 두 사람에게 매우 강력한 결합이다. 이런 식으로 일체감을 얻는 것은 두 사람 모두에게 궁극적으로 쾌감을 느끼게 해줄 수 있다. 섹스는 결혼생활이 주는 숭고한 선물이다.

강인함 — 배우자에 대한 강한 열정을 보여주는 것은 두 사람의 관계에 매우 좋은 영향을 미친다. 그리고 여러분의 신체적 강인함은 많은 성적인 자세를 연구해볼 수 있게 한다. 물론 여러분의 강인함은 배우자를 돕는 데 쓰여야지 결코 다치게 해서는 안 된다.

재치 — 배우자의 부족한 점을 느낀 대로 직설적으로 말하는 것은 배우자에게 상처를 주고, 두 사람의 성생활이 발전하는 데 방해가 된다. 그러나 온화하고 친절하면서 솔직한 말들은 배우자가 새로운 방향으로 나아갈 수 있도록 해주고, 두 사람 사이에 성생활의 질을 향상시켜 줄 것이다.

감사 — 배우자와의 성관계에 만족하고 두 사람의 침대와 인생 안에서 배우자에게 감사를 표시하는 것은 좋은 생각이다.

사려 깊음 — 그날 하루 동안 쌓인 피로를 풀어주고 함께 시간을 보내거나 아니면 따로 혹은 같이 목욕하거나 샤워하는 등 좀 더 특별한 성적 혹은 관능적인 시간을 보내도록 미리 준비하라. 때로는 과거에 배우자가 겪었던 좋지 않은 경험에서 비롯한 두려움이나 정신적 충격에서 벗어나도록 도와줘야 한다. 그 방법에는 다른 자세를 취하거나 새로운 방식으로 신체 접촉을 시도하고, 또는 방 안에 불빛을 더욱 환하게 켜두는 방법을 시도해볼 수 있다. 또, 때로는 마음의 혼란을 최소화하고 아이들의 잠자리를 봐준 다음 둘만의 시간을 보내라.

신뢰 — 믿음은 둘 중 한 사람이 섹스에 대해 혹은 성관계 도중에 느낄 수 있는 두려움이나 걱정을 쫓아버리도록 도와준다. 배우자를 믿을 수 있으면 우선 마음이 편해지고, 여러분이 배우자에게 최대한 관심을 기울이고 있다는 것을 배우자가 알게 해준다. 신뢰는 정직과 신의로 쌓여간다.

진실함 — 진실한 마음은 다른 인성들의 기본이며, 배우자에 대한 커다란 믿음을 쌓을 수 있도록 해준다. 배우자에게 여러분이 생각하고 느끼는 것을 진실하게 말하면 배우자에 대해 더욱 자세히 알게 되고 우정도 깊어질 것이다.

조화 — 사랑을 나눔으로써 얻게 되는 가장 중요한 것은 높은 수준의 일체감이다. 두 사람의 삶이 조화로울수록 침실에서 더욱 조화를 이룰 수 있다.

지혜 — 성관계는 두 사람 관계에 매우 중요한 역할을 한다. 그러므로 긴 안목으로 보면 그 관계를 잘 유지하는 것이 아주 중요하다. 그러나 여러분은 배우자와 결혼할 때, 결혼생활에 성관계가 있든 없든 간에 평생을 함께 하겠다고 맹세했다.

저자 소개

수잔 M. 알렉산더(Susanne M. Alexander)와 크레이그 A. 판스워스(Craig A. Fransworth)는 1999년 8월에 결혼했고, 두 사람 다 두 번째 결혼이다. 두 사람은 50년 이상 결혼생활을 했고, 성인이 된 자녀 4명을 두고 있다.

수잔과 크레이그는 라이프 이노베이션스사(Life Innovations, Inc.)에서 나온 'PREPARE/ENRICH(커플 · 부부관계 심리검사)'로 증명된 결혼에 관한 교육자들이며, 수잔은 PREP사 프로그램으로 교육을 받았다. 그들은 모든 연령대의 사람들을 위해 결혼 준비와 성숙한 결혼에 대한 세미나를 개최한다. 수잔과 크레이그는 메리지 트랜스포메이션사(Marriage Transformation LLC.)의 대표들로, 온 세상에 행복하고 지속적이고 영적인 교감을 바탕으로 하는 결혼생활을 만들어가려고 한다.(www.marriagetransformation.com) 그들의 첫 번째 저서는 2003년에 출판된 《결혼생활은 영원할 수 있다―준비가 중요하다!(Marriage Can Be Forever―Preparation Counts!)》이며, 《긍정적인 메리드 인격을 위한 커플 심리》의 초판은 2004년에 출판되었다.

부부의 맹세는 결혼생활에 필요한 훈련을 전 세계적으로 퍼뜨리기 위한 것이다. 부부들은 두 사람 관계와 결혼생활에 도움이 될 만한 실용적인 방법과 효과적인 학습 기회들을 통해 훈련하게 된다. 이 훈련은 사람들이 결혼생활에 필요한 지식과 기술을 배우지 않고도 성공적인 부부 관계를 유지할 수 있다는 것은 꿈도 꾸지 못하는 문화를 만들어낸다.

수잔은 저널리스트이면서 작가이고, 오하이오에 있는 볼드윈-월러스 대학에서 통신학을 전공했다. 그녀의 논문들은 지금껏 〈결혼생활 강화하기(Strengthening Marriage)〉, 〈뉴스위크 일본판(Newsweek Japan)〉, 〈(클리블랜드의) 플레인 딜러(The (Cleveland) Plain Dealer)〉, 〈크레인의 클리블랜드 비즈니스(Crain's Cleveland Business)〉, 〈라이터즈 다이제스트(Writer's Digest)〉와 〈마사지 매거진(Massage Magazine)〉에 실렸다. 수잔은 미국 언론인 작가 사회(American Society of Journalists and Authors)의 회원이다. 또한 그녀는 2003년 7월에 출판된 대학교 교과서 《성공적인 대학생활과 직장생활을 위한 요약본(College&Career Success Simplified)》을 편찬한 작가 팀 소속이기도 하다. 수잔은 작가 회의의 단골 연사였고 1998~1999년에는 라디오 토크쇼의 공동 진행자를 맡기도 했다.

크레이그는 라딕스 와이어사(Radix Wire Company)의 전임 판매 매니저이며 오하이오에 있는 히람 대학(Hiram College)에서 물리학과 초등교육 학사 학위를 받았다. 그는 다양한 업계 출판물에 전문적인 논문을 실었다. 그는 미국 가스 기술자 사회(American Society of Gas Engineers) 소속이며, 국제기구 전문 회의(International Appliance Technical Conference)의 운영 위원회에서 일하고 있다. 음악가인 크레이그는 여러 종류의 플루트와 기타를 연주한다. 또한 성가대에서 베이스를 담당하며, 미국 카네기 홀에서 보이시즈 오브 바하 코어(Voices of Baha choir)와 공연하기도 했다.

존 S. 밀러(John S. Miller)는 인격 지도자로서 네브래스카 주 링컨에 자리한 유니언 대학에서 심리학을 전공했다. 존은 1994년에 가장 친한 친구였던 신디(Cindy)와 결혼했고, 두 사람 다 재혼이었다. 그는 대학에서 작품, 연구, 지적 능력을 연마하면서 최고의 교실은 진실에 대한 추구와 실제 경험이 결합된 곳이라고 생각했다. 그는 5대가 계속해서 이혼으로 불행을 겪은 집안에서 자랐기에 이혼이 어떤 식으로 가정을 파괴하는지 잘 이해하는 전문가이다.

더 나은 부부관계를 유지하기 위해 존은 타고난 개인의 욕구들을 바탕으로 25년 동안 인격과 갈등에 대해 연구했다. 그 결과 존과 그의 아내는 2005년에 솔빙 컨플릭사(Solving Conflicts LLC, 웹사이트 www.solvingconflicts.com)를 설립하고 인격을 평가할 수 있는 독특한 체계를 제시했다. 이는 갈등을 해결하기 위해 개인이 사용하는 인격과 존이 연구한 인격이 가지고 있는 각각의 장점들을 바탕으로 만들어진 것이다. 존과 신디는 11년 동안 성공적으로 결혼생활을 유지한 것은 모두 인격 평가 덕분이라고 말한다. 그리고 이 인격 훈련과 평가를 위한 최첨단 체계를 모든 사람이 이용하도록 하는 것이 이 부부의 사명이라고 한다.

긍정적인 메리드 인격을 위한

커플 심리

2012년 2월 10일 초판 1쇄 인쇄
2012년 2월 15일 초판 1쇄 발행

지은이 수잔 M. 알렉산더
옮긴이 송설희
편집주간 이화승
교정 홍미경, 이혜림, 이준표
제작 서동욱, 이경진
영업관리 윤국진
영업기획 김관호, 이장호
발행인 이원도
발행처 베이직북스
E-mail basicbooks@hanmail.net
주소 서울 마포구 동교동 165-8 LG팰리스 1508호
등록번호 제313-2007-241호
전화 02) 2678-0455
팩스 02) 2678-0454
ISBN 978-89-93279-98-6 13180
값 15,800원